Z-KAI

# 速読速聴・英単語 Basic 2400 ver.4

Vocabulary Building × Rapid Reading & Listening

単語1900＋熟語500

東京国際大学教授
**松本 茂 監修**
松本 茂, Gail Oura, Robert Gaynor 著

# はしがき

## —文脈主義の伝統を守りつつ，進化し続ける本書—

**『速読速聴・英単語』シリーズ**は，単語を単体で覚えるのではなく，文脈の中で単語に触れながら，その意味と使い方を身につけていくという**文脈主義**にもとづく単語集です。**単語力**，**熟語力**，**速読力**，**リスニング力**，そして**背景知識**の５つを無理なく身につけられるように設計しており，これまでに**175 万人**の皆様にご愛読いただいています。

今回の『Basic2400 ver. 4』（第４版）の発刊にあたりまして，さらに多くの英語学習の皆様にたくさんの英文を読んだり聴いたりしながら単語力を身につけていただき，そして英文をより速く読み，より速い英語を聴いて理解できるようになっていただくことを編集部一同願っております。

中学３年間で学ぶ基本単語は，一見すると，その多くが簡単に思えます。しかし，例えば本書のコラムで取り上げた13の「基本動詞」，10の「前置詞」，8の「助動詞」を見るとわかるように，実は非常に多義的で幅広い用法を持つ単語が数多く含まれています。ですから，英語力が高めの方も，本書に出てくる初級レベルのやさしいと思われる単語を再確認され，意識しなくても自在に使えるようになるまで活用されるのも英語力の基礎固めに役立つと思います。

単語の多様な意味・用法を学ぶには，さまざまな種類の文章の中でそれらの単語に巡り合うことが，単語の意味を理解するだけでなく，単語の使い方を理解でき，しかも記憶に残りやすくなると考えています。そのため，本書では**会話**，**スピーチ**，**メール**，**日記**，**物語**などさまざまな種類の文章を収録しています。

また，第３版でご好評いただいたPicture Dictionaryを今回も掲載しております。植物，魚介類，スポーツ，顔・身体の部位などに関連する単語は視覚的に学べるようにイラストとともに掲載しました。さらに果物，野菜，文房具といった身の回りにあるものや，料理，衣服，病気・症状など，日常生活という文脈の中で必要となる単語をグループごとにまとめて覚えられるように「More !」としてリストアップしてあります。ご活用ください。

ご自身の英語のレベルや学習時間などを考慮して，まずPART 1だけを集中的に学ぶのもいいでしょうし，PART 2から始めるのもよいでしょう。無理なくご活用ください。1つのPARTをやり通しただけでも，確かな手応えがあるものと確信しています。

日本における英語教育の在り方は大きな変化を遂げています。学校現場では，小学校で英語が5・6年生の教科になり，3・4年生は「外国語活動」として英語にふれています。中学校・高校では生徒同士のコミュニケーション活動が増えています。また，英語ができることで，大学進学や就職活動において選択の幅も広がる傾向がこれまで以上に強まっています。社会に出てからも英語ができることが，自らのキャリアにプラスの影響を与える可能性が高いと言えるでしょう。これまで以上に多くの人が英語を実際に使うようになった現在，英語の基礎力が求められています。

このように，英語力の基礎的な土台を作り直す，あるいは新たに作ることを考えていらっしゃる方を念頭において，今回の『Basic2400 ver. 4』を制作しました。この第4版では，見出し語の選定の際にCEFR（ヨーロッパ言語共通参照枠）と日本の小・中学校検定済教科書を参考にし，A1～A2レベルの単語，教科書で用いられている単語，そして生活基本単語を収録しています。また，より幅広い層の方々に「使ってよかった」「力がついた」と感じていただきたいという観点から，「単語のレベル，使用する文法や語数」の観点から3部構成に変更し，**段階的にレベルアップしていける**ようにしました。また，助動詞の多様な意味を学んでいただけるよう，助動詞コラムを新たに加えています。

**英文は約8割を新たに書き下ろしました**。難易度は，PART 3においても中学卒業程度レベルではありますが，英語を学び直したいという大人の方にとって身近な話題，実際にありそうなシーンを増やしています。中学生や，中学レベルの英語に挑戦したいという小学生にとっても，英語を使うことに対して興味・関心を広げるきっかけになると思います。

また，英文を新しくするとともに，英語を使って何をするのか，何ができるようになるのかを英文ごとに提示しました。アウトプットすることをイメージして，本書の英文を聴いて，読んでください。さらに，**内容把握のためのQ＆A**を設け，自己学習しやすい工夫も加えました。このように進化した『Basic2400 ver. 4』が，あなたの英語力向上の一助となることを願ってやみません。

最後になりますが，本書の改訂にあたり，監修・執筆をご快諾くださった松本茂氏をはじめ，Gail K. Oura 氏，Robert L. Gaynor 氏，松本祥子氏には大変お世話になりました。また，全訳の執筆では西田直子氏にお力添えいただきました。ご協力いただいたすべての皆様に，この場をお借りして厚く御礼申し上げます。

2023年3月　編集部

# CONTENTS

## Section 3



# PART 2

## Section 1

## Section 2



## Section 3

## PART 3

### Section 1



### Section 2

## Section 3

### ●基本動詞コラム



### ●前置詞コラム





### ●助動詞コラム



### ●Picture Dictionary



### ●More !

# 本書の構成

本書はPART 1 ～3の3部構成になっており，CEFR（ヨーロッパ言語共通参照枠）と小・中学校検定済教科書を参考にして，各PARTで使用する単語，文法・構文のレベルを段階的に上げています。

PART 1に収録している英文は，A1レベルの単語，文法・構文を扱っています。PART 2になるとA2レベルの単語，文法・構文も加わり，語数も増えます。最後のPART 3では，教科書に登場するA1・A2レベル以外の単語，文法・構文や，生活基本単語，英文トピックに深いかかわりのある単語も扱います。

※ CEFRでは，言語コミュニケーション能力を6つのレベル（A1，A2，B1，B2，C1，C2）に分類している。そのうち，A1はゆっくりとであれば発話を理解し応答できるレベル，A2は身近な日常の事柄について簡単なコミュニケーションを取ることができるレベルである。

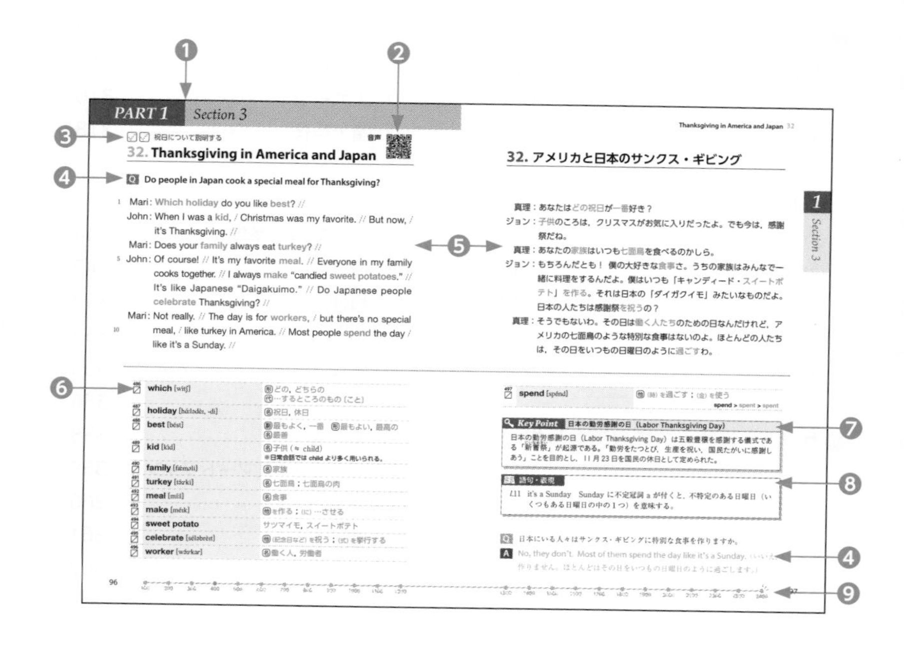
PART 1 Section 3

Thanksgiving in America and Japan 32

祝日について説明する

音声

## 32. Thanksgiving in America and Japan

Q Do people in Japan cook a special meal for Thanksgiving?

Mari: Which holiday do you like best? //
John: When I was a kid, / Christmas was my favorite. // But now, / it's Thanksgiving. //
Mari: Does your family always eat turkey? //
John: Of course! // It's my favorite meal. // Everyone in my family cooks together. // I always make "candied sweet potatoes." // It's like Japanese "Daigakuimo." // Do Japanese people celebrate Thanksgiving? //
Mari: Not really. // The day is for workers, / but there's no special meal, / like turkey in America. // Most people spend the day / like it's a Sunday. //

## 32. アメリカと日本のサンクス・ギビング

真理：あなたはどの祝日が一番好き？
ジョン：子供のころは，クリスマスがお気に入りだったよ。でも今は，感謝祭だね。
真理：あなたの家族はいつも七面鳥を食べるのかしら。
ジョン：もちろんだとも！ 僕の大好きな食事さ。うちの家族はみんなで一緒に料理をするんだよ。僕はいつも「キャンディード・スイートポテト」を作る。それは日本の「ダイガクイモ」みたいなものだよ。日本の人たちは感謝祭を祝うの？
真理：そうでもないわ。その日は働く人たちのための日なんだけれど，アメリカの七面鳥のような特別な食事はないのよ。ほとんどの人たちは，その日をいつもの日曜日のように過ごすわ。

|  |  |  |
|---|---|---|
| 486 | which [wítʃ] | 形 どの，どちらの 代 …するところのもの［こと］ |
| 487 | holiday [hάlədèɪ, -di] | 名 祝日，休日 |
| 488 | best [bést] | 副 最もよく，一番 形 最もよい，最高の 名 最善 |
| 489 | kid [kíd] | 名 子供（≒ child） ※日常会話では child より多く用いられる。 |
| 490 | family [fǽməli] | 名 家族 |
| 491 | turkey [tə́ːrki] | 名 七面鳥；七面鳥の肉 |
| 492 | meal [míːl] | 名 食事 |
| 493 | make [méɪk] | 他 を作る；(に) …させる |
| 494 | sweet potato | サツマイモ，スイートポテト |
| 495 | celebrate [séləbrèɪt] | 他 (記念日など) を祝う；(式) を挙行する |
| 496 | worker [wə́ːrkər] | 名 働く人，労働者 |
| 497 | spend [spénd] | 他 (時) を過ごす；(金) を使う spend > spent > spent |

Key Point 日本の勤労感謝の日（Labor Thanksgiving Day）

日本の勤労感謝の日（Labor Thanksgiving Day）は五穀豊穣を感謝する儀式である「新嘗祭」が起源である。「勤労をたつとび，生産を祝い，国民たがいに感謝しあう」ことを目的とし，11月23日を国民の休日として定められた。

語句・表現

l.11 it's a Sunday Sunday に不定冠詞 a が付くと，不特定のある日曜日（いくつもある日曜日の中の1つ）を意味する。

Q 日本にいる人々はサンクス・ギビングに特別な食事を作りますか。

A No, they don't. Most of them spend the day like it's a Sunday.（いいえ，作りません。ほとんどはその日をいつもの日曜日のように過ごします。）

96 97

### ❶ PART / Section

各 PART は 3 つの Section に分けてあります。Section 間に難易度の差はありませんので，前から順に学習を進めていくのがよいでしょう。

### ❷ 音声

ページ上部にある二次元コードをスマートフォンで読み込むと，音声再生ページに遷移(せんい)し，ストリーミング方式で音声を再生することができます。音声サイトのトップページへのリンクは p.20 に掲載しています。

英文は PART 1 は 100 ～ 110 wpm（words per minute：1 分あたりの英単語数），PART 2 は 120 ～ 130 wpm，PART 3 はナチュラルスピード（150 wpm 程度）で読み上げています。

※収録は，英文とその見出し語，「More!」「Picture Dictionary」「カタカナ英語として身近な英単語」のみです。

### ❸ 目的・場面

英語を使って何をするのか，何ができるようになるのかを提示しています。

### ❹ Q&A

**Q** で**英文内容を予測してから英文を聴いたり読んだり**しましょう。解答例は **A** に提示しています。**内容理解の確認**にご活用ください。

### ❺ 英文・和訳

覚えておきたい重要語（見出し語）とその和訳を**色太字**にしてあります。なお番号の若い英文に登場する重要語をすべてその英文中で見出し語扱いにすると，最初の方は 1 英文あたりの単語学習の負担が大きくなるため，後ろの方の英文にもある程度分散させています。

【英文作成基準】

1）限られた分量の中に重要語彙ができるだけ多く含まれていること

2）内容的に興味深いものであること

3）音読しやすいこと

### ❻ 単語

見出し語，発音記号，品詞，主な訳語を掲載しています。訳語は，定義の異なるものは「；」で，定義は同じだが訳語が多少異なるものは「,」で区切りました。

### ❼ Key Point

英文を読んだり会話をしたりする上で役立つ知識を掲載しています。

### ❽ 語句・表現

難易度が高い箇所や注意を要する語句を解説しています。単語の意味と訳を参照すれば大体の意味を推測できると判断したものは，解説を省略しました。

### ❾ 達成度ゲージ

達成度を確認できるように，累積見出し語数を色で表示してあります。

---

## ● 基本動詞コラム

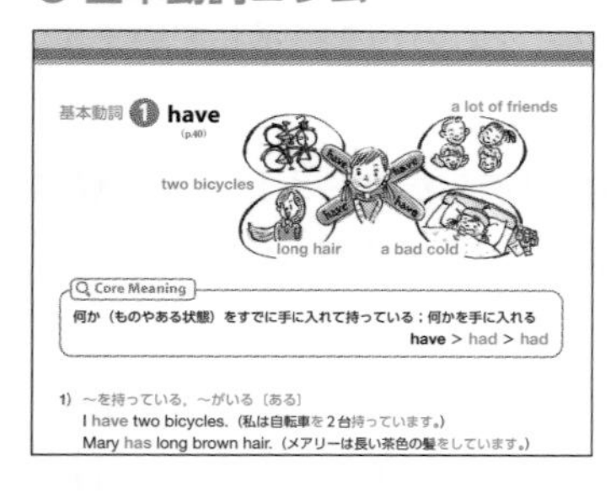
基本動詞 ❶ have
(p.40)

Core Meaning
何か（ものやある状態）をすでに手に入れて持っている；何かを手に入れる
have > had > had

1) ～を持っている，～がいる［ある］
I have two bicycles.（私は自転車を2台持っています。）
Mary has long brown hair.（メアリーは長い茶色の髪をしています。）

英語学習上，最も基本となる13の動詞について，その基本概念と主な用例を整理してまとめました。

## ● 前置詞コラム

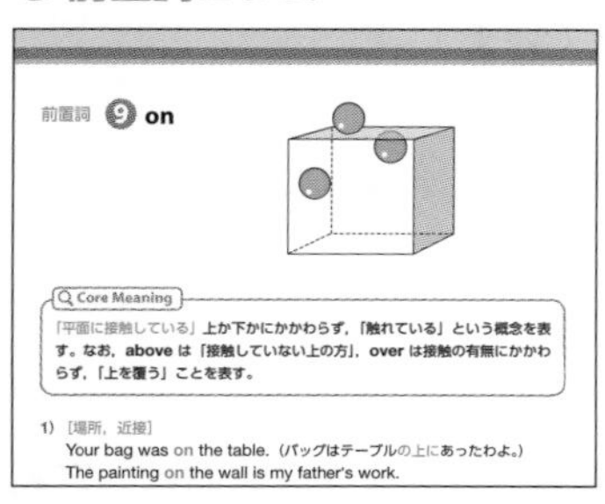
前置詞 ❾ on

Core Meaning
「平面に接触している」上か下かにかかわらず，「触れている」という概念を表す。なお，above は「接触していない上の方」，over は接触の有無にかかわらず，「上を覆う」ことを表す。

1) ［場所，近接］
Your bag was on the table.（バッグはテーブルの上にあったわよ。）
The painting on the wall is my father's work.

代表的な10の前置詞について，イラストを使って基本概念を示し，例文を掲載しました。

## ● 助動詞コラム

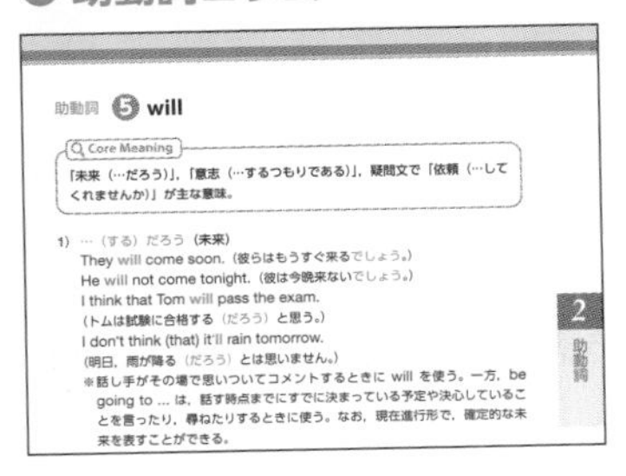

助動詞 ⑤ will

Core Meaning

「未来（…だろう）」，「意志（…するつもりである）」，疑問文で「依頼（…してくれませんか）」が主な意味。

1) …（する）だろう（未来）
They will come soon.（彼らはもうすぐ来るでしょう。）
He will not come tonight.（彼は今晩来ないでしょう。）
I think that Tom will pass the exam.
（トムは試験に合格する（だろう）と思う。）
I don't think (that) it'll rain tomorrow.
（明日，雨が降る（だろう）とは思いません。）
※話し手がその場で思いついてコメントするときに will を使う。一方，be going to ... は，話す時点までにすでに決まっている予定や決心していることを言ったり，尋ねたりするときに使う。なお，現在進行形で，確定的な未来を表すことができる。

2 助動詞

英語学習上，最も基本となる8つの助動詞について，その基本概念と主な用例を整理してまとめました。

## ● Picture Dictionary

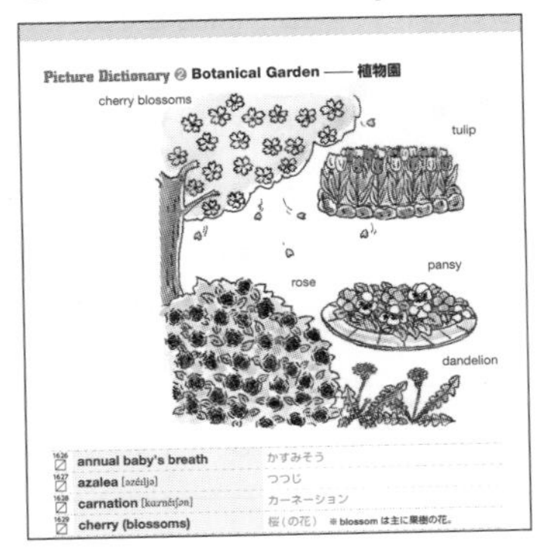

Picture Dictionary ② Botanical Garden —— 植物園



| | | |
|---|---|---|
| 1626 | annual baby's breath | かすみそう |
| 1627 | azalea [əzéɪljə] | つつじ |
| 1628 | carnation [kɑːrnéɪʃən] | カーネーション |
| 1629 | cherry (blossoms) | 桜（の花）　※ blossom は主に果樹の花。 |

植物，魚介類，スポーツ，顔・身体の部位などに関連する単語をイラストつきで載せました。イメージで覚えるのに役立ててください。

## ● More!

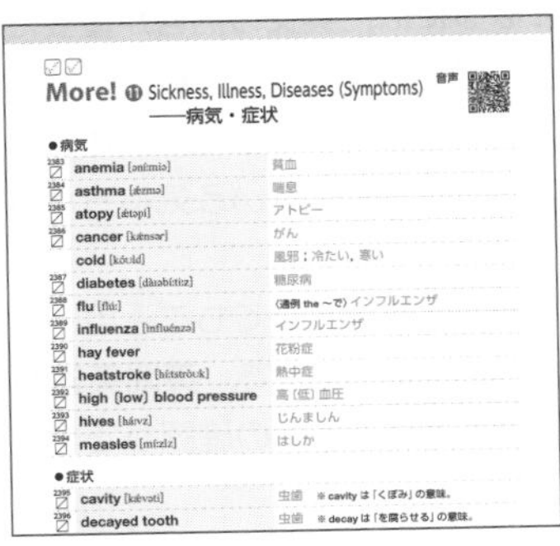

More! ⑪ Sickness, Illness, Diseases (Symptoms) ——病気・症状　音声

● 病気

| | | |
|---|---|---|
| 2383 | anemia [əníːmiə] | 貧血 |
| 2384 | asthma [ǽzmə] | 喘息 |
| 2385 | atopy [ǽtəpi] | アトピー |
| 2386 | cancer [kǽnsər] | がん |
| | cold [kóuld] | 風邪；冷たい，寒い |
| 2387 | diabetes [dàɪəbíːtiːz] | 糖尿病 |
| 2388 | flu [flúː] | 〈通例 the ～で〉インフルエンザ |
| 2389 | influenza [ìnfluénzə] | インフルエンザ |
| 2390 | hay fever | 花粉症 |
| 2391 | heatstroke [híːtstròuk] | 熱中症 |
| 2392 | high〔low〕blood pressure | 高〔低〕血圧 |
| 2393 | hives [háɪvz] | じんましん |
| 2394 | measles [míːzlz] | はしか |

● 症状

| | | |
|---|---|---|
| 2395 | cavity [kǽvəti] | 虫歯　※ cavity は「くぼみ」の意味。 |
| 2396 | decayed tooth | 虫歯　※ decay は「を腐らせる」の意味。 |

果物，野菜，文房具といった身のまわりにあるものや，料理，病気・症状など日常生活のなかで必要となる単語をまとめて載せました。こうした単語はグループごとにまとめて学習すると効率的に覚えられます。なお，通し No. のついていない単語は本文中に登場しているものです。

# 「使える英語力」の基礎づくりのための学習

## ■本書は「使える英語力」の基礎づくりに適しています！

**本書は単語を覚えるためだけに編纂された本ではありません。**

『速読速聴・英単語』というタイトルにもあるように，①英文を聴き，読みながら，単語・熟語を定着させ，そして②単語・熟語を身につけながら，より速いスピードの英語を聴いても理解できるようになり，より速く英語を読めるようになることを主眼として制作しました。**「使える英語」の土台をしっかりつくりたい**という方におすすめします。

**英検® 3級や準2級合格を目指す方，TOEIC® L&R TEST で500点突破を目指す方**を念頭において，**CEFR（ヨーロッパ言語共通参照枠）**と**日本の小・中学校検定済教科書を参考**にして，以下の図表にあるように，単語・熟語を選定し，文法項目，語数，そして内容の難易度を PART 1 から PART 3 までの3段階にレベル分けしました。ご自身の**立ち位置や目標を確認**し，**達成感**を味わいながらステップを踏んで学んでいただければ幸いです。

| | 単語・熟語 | 文法項目 | 語数（目安） |
|---|---|---|---|
| PART 1 | A1 | A1 | 30 ～ 60 語 |
| PART 2 | A1，A2 | A1，A2 | 70 ～ 120 語 |
| PART 3 | A1，A2，小・中学教科書，生活基本単語 | A1，A2，小・中学教科書 | 80 ～ 130 語 |

PART 1 は簡単だと思われる方は，音声を速いスピードで再生して聴いたり，やや早めの口調で音読したりするのを楽しんではどうでしょうか。

**単語・熟語を定着させてとっさに使えるようになるには，英文の内容が重要**だと考えます。今回の改訂においてはこれまで以上に，英文の内容を吟味しました。

まず，何ができるようになるかを英文ごとに明示しました。そして，やさしい英文であっても，おとなの好奇心や実際に使って話してみたいという気持ちが自然と刺激されるような内容にしました。

これまで通り，小中学生の英語教室での教材や自習用教材としてもご活用いただけます。英文内容に関する「Q & A」も新たに加えましたので，**英問英答ができる**ようになっています。英文を速読や速聴したあとに，理解の確認ができるようになっています。

この『Basic』に使われているレベルの英文を使いこなせるようになっている人

は実はとても少ないと思われます。背伸びをして難しい教材を使うのではなく，**まずは本書で基礎を固めましょう**。すでに英語を使って仕事をしていらっしゃるビジネスパーソンが，ネイティブ感覚で英語を使いこなすために，**ネイティブ・スピーカー（英語母語話者）が書き下ろした本書**を使っていただくのもよい学びにつながると思います。本書の英文が聴いて読んでわかる，そして話せる，書けるようになったら，かなりの英語レベルになります。ご自身の目標に応じたペースで楽しみながら続けましょう。

## ■学校の英語指導も大きく変わりつつあります！

日本の中学校，高校での英語の授業では，教師が説明する時間を極力減らし，生徒たちの英語の4技能･5領域（「聞く」「読む」「話す（やり取り)」「話す（発表)」「書く」）を伸ばすために生徒どうしで英語を使って活動をする時間を増やしています。これは，今求められているのは，**「使える英語力」**だからです。

大学入試においても，4技能の力を測る民間の英語資格・検定試験が活用されるようになっています。その指標として，CEFRも用いられています。つまり，**英語をバランスよく身につける**必要があります。さらに，小学校においては「外国語活動」を3･4年次に学年を下ろすとともに，5･6年次に「外国語（英語)」を「教科」にし，中学校で学ぶ英語のレベルはより高くなりました。PART 3でそのことを感じられると思います。

本書のMore!とPicture Dictionaryでは，日常生活で役立つ単語をまとめて紹介しています。**英語が共通語の環境で生活してみたいとお考えの方のニーズ**を満たすでしょう。また，本書に掲載した英文を理解する上で下支えする「基本動詞」「前置詞」「助動詞」のコラムを読んでいただくことで，守備範囲の広い単語の基本的な意味を感覚的に理解していただき，ひいては単語の定着もスムーズになるものと思います。

思い立ったが吉日。**本書を手に取ったが吉日。今日から前を向いて進みましょう！** ただ，スタート前に言っておきます。約3週間は，見えるところにテキストを置いておく，目次を見ながら実際に英語を使っているご自身をイメージする，歯を磨いたり身支度を整えたりしながら英文を聴くなどしてみてください。自分の生活リズムに合ったスタイルで英語に触れることを習慣化できたら大成功！ 3カ月続けていれば効果を感じ始めるはずです。

本書では前述したように，3 つにレベル分けがされています。PART 1 にも知らない単語や熟語が多くあるという方は，あせらずに，PART 1 を何度も学習してから PART 2 に進むとよいでしょう。PART 1 がやさしいと感じた方は，PART 1 はさっと読んで聴いて，すぐに PART 2 に進んでください。自分の英語力に合ったスピードで学習を進めてください。

いずれにしても，**スキマ時間を見つけて読んだり，通勤・通学途中で英文を聴いたりする**などして，ぜひ本書の利用を続けてください。

## ■「文脈主義」が効果的です！

この『速読速聴・英単語』シリーズで数多くの読者に絶大なる評価をいただいている「**文脈主義**」を本書でも採用しています。

明日の単語テストのためであれば（試験の形式にもよりますが），英単語ひとつに和訳ひとつを丸暗記するのが手っ取り早いでしょう。しかし，テストが終わるとほとんど忘れてしまいます。どうせ時間をかけるなら，**単語をどう使うのか，単語はどういうニュアンスをもっているのか**，といったことが記憶に刻み込まれる方法で学びませんか。

本書は単語・熟語を覚えることの先を見ています。**単語・熟語をなぜ覚えるのかというと，英語を使えるようになるためです**。野球がうまくなりたければ，野球用語やルールを覚えただけや上手な選手の動画を観るだけでは不十分です。あくまでも試合でよいプレーができることを念頭において，仲間と一緒に実際にボールに触りながら練習するわけです。英語も同じです。**英語を使っている自分をイメージ**し，一人での勉強に加え，仲間や先生などと練習し，そしてときどき実際に英語を使ってみることが大切です。

## ■「読むこと」と「聴くこと」を結び付けて学習するのが効果的

本書を読むと言っても，いろいろな読み方が考えられます。音声を活用して，以下のような順番で読み込む方法がおすすめです。

**①だいたいの意味を考えながら，音声だけを聴く（本は閉じておく）**
**②音声を聴きながら，英文を黙読する**

**③音声を聴いて，ポーズをとりながら音読する（Repeating）**
**④音声を聴きながら，あとを追うように音読する（Overlapping）**
**⑤本を閉じて，音声を聴きながら，ほぼ同時に声に出して英語を言う（Shadowing）**
**⑥音声を使わずに黙読する（わからない箇所は日本語訳を見る）**
**⑦単語・熟語の意味を確認する**

①から⑦まですべて行わないといけないということではありませんし，この順番でやらなければいけないということでもありません（音読については p.19 の解説もご参照ください）。ご自身独自の利用法を編み出してもかまわないと思います。

いずれにしても，理解するスキルを向上させるためには，内容に関する知識と，**「聴くこと」と「読むこと」を結び付けた学習**が効果的です。そのためにも**初級レベルの学習者には，聴いた英語をまねして音声化することが不可欠**です。

本書には，初級レベルの学習者のために，会話，スピーチ，メール，日記，カード，物語，広告など，さまざまな英文を収めてあります。いずれも音読するのに適した英文になることを意識して作成してあります。音声も活用した上で音読してください。

## ■文法の知識ももちろん大切です！

英語力の基礎を固めるには，基礎的な文法項目を整理した上で理解し，活用できるようになる必要があります。「文法か英会話か」といった論争がありますが，英会話上手になるためにも文法知識は不可欠です。ただ，文法用語を知っていても英語を使えるようになりません。問題演習にしか役に立たない知識はあまり意味がありません。あくまでも**英語を使うのに役立っているか**どうかがポイントです。

本書では，CEFR と小・中学校検定済教科書を参考にして，文法・構文レベルも 3 段階に分けて提示しています。ですから，文脈を通して文法や構文を無理なく学べる設計になっています。文法も文脈主義で学びましょう。ぜひ楽しみながら学習して，基礎固めをしてください。Keep up the good work!

松本　茂

# 本書の効果的活用法

以下，2つの方法をご紹介します。**基本編**が基本的活用法，**応用編**は発展的活用法ですから，ご自分のレベルに合わせて参考にしてください。全員の方が応用編まで行う必要はありません。

**【基本編】**

**目標：英文内容把握＆単語確認**

①英文を読む前に，テキストを見ずに音声を2～3回聴いてみる。

②今度はテキストを開いて，英文を目で追いながら，また2～3回聴いてみる。

③次に自分で音読してみる。

④テキストでの単語学習と英文内容把握を行う。具体的には，英文と和訳，語句・表現や見出し語解説を参照しながら，各見出し語の意味を確認し，英文の内容を理解するよう努める。

⑤単語の発音と英文内容を確認しながら，音声をもう一度聴く。その後，音読してみる。

**【応用編】**

**目標：速読＆速聴**

①音声を聴きながら，英文を黙読する。目的は，「英文の内容再確認」と「速読」。耳で聴くスピードで黙読できるようになるまで，何度でも繰り返す。

②テキストを見ずに，音声を聴く。目的は，頭の中に話の内容を「絵として思い描く」こと。これにより，速聴の基礎が養われる。

③ shadowing（※）を行う。慣れないうちはついていけない部分が多いかもしれないが，何度も繰り返す。ついていけなかった部分はテキストで確認し，また閉じて再チャレンジする。

（※注：shadowing ＝英文を見ずに聞こえてくる音を「追いかける」ように，口に出して読む）

### ◆効果的な音読法

英文を繰り返し音読することは，英文の内容を理解するだけでなく，聴く力・話す力などあらゆる英語力を強化するのに有効です。本書に掲載されている英文を活用し，さまざまな音読のやり方を試しながら，自分にあった「楽しく続けられる音読法」を見つけましょう。

ここでは以下の英文を使って，音読練習の一例をご紹介します。音声を聴きながら練習しましょう。

(1. Meeting a New Neighbor)

Sue: Good morning. It's a beautiful day.
Mike: I think so, too. Are you our new neighbor?
Sue: Yes, I just moved in this week.
Mike: Nice to meet you. I'm Mike.
Sue: Nice to meet you, too. I'm Sue.

**STEP 1** 英文を読む前に，本を閉じたまま音声を聴き，概要を理解しましょう。
↓
**STEP 2** 本を開いて，音声を聴きながら英文を黙読しましょう。
↓
**STEP 3** 本を開いたまま，一文ずつポーズを取り，音声に続いて音読しましょう。
(overlapping)
↓
**STEP 4** 本を開いたまま，音声にあわせて，ほぼ同時に音読しましょう。
(shadowing)
↓
**STEP 5** 本を閉じ，音声にあわせて同じように言ってみましょう。

適宜，各 STEP を何度も繰り返し練習しましょう。

音読の練習の流れはこの一つのパターンだけではありません。自分にあったやり方を工夫してみてください。

## 本書で用いた記号

**【品詞】**

[他] 他動詞　[自] 自動詞　[動] 動詞　[自] 助動詞　[名] 名詞　[代] 代名詞
[形] 形容詞　[副] 副詞　[前] 前置詞　[接] 接続詞　[間] 間投詞

**【記号・略語】**

▶ 参考にすべき語，関連語　[♪] 発音に注意すべき語
《複》複数形　《米》アメリカ英語　《英》イギリス英語　《口語》くだけた言葉
≒　類義語（ほぼ同じ意味・用法）　⇔　反意語（ほぼ反対の意味・用法）
＞　不規則動詞の活用形
〔　〕言い換え可　（　）省略可　〈　〉機能などの補足説明
～　名詞（句）の代用　...　動詞や節の代用
to ...　to 不定詞　...ing　動名詞または現在分詞
*one*'s　名詞や代名詞の所有格（例：Bob's, his, their など）
※ *one*'s などイタリック表示の部分は，実際には具体的な名詞などが入ることを意味する。

**【発音記号・アクセント】**

原則として米語音。　[弱] 弱形　[強] 強形
[´ `] ´ が第 1 アクセント，` が第 2 アクセント　[*r*] イタリック部分は省略可

## 音声コンテンツと利用法

### ◆ストリーミングの場合

英文・単語ページの上部にある二次元コードを，スマートフォンで読み込んでください。音声再生ページに遷移(せんい)し，音声をストリーミング方式で聞くことができます。各ページの二次元コードがスマートフォン付属のカメラで読み取りづらい場合は，他の二次元コードリーダーなどを試してみてください。音声サイトのトップページには下記 URL または右記二次元コードからアクセスすることができます。　https://www.zkai.co.jp/books/basic4/

### ◆ダウンロードの場合

上記 URL または二次元コードからアクセスする音声サイトで，ダウンロード用の音声を提供しています。

# PART 1

☑☑ 初対面のあいさつをする

音声 

# 1. Meeting a New Neighbor

**Q** **Did Sue and Mike meet each other for the first time?**

1 Sue: **Good morning.** // It's a **beautiful day**. //
Mike: **I think so, too.** // Are you our new **neighbor**? //
Sue: **Yes**, / I **just moved in** / this **week**.
Mike: **Nice to meet you.** // I'm Mike. //
5 Sue: Nice to meet you, too. // I'm Sue. //

| No. | 語句 | 意味 |
|---|---|---|
| 1 | **Good morning.** | おはようございます。 |
| 2 | **beautiful day** | いい天気 |
| 3 | ▶ **beautiful** [bjúːtəfl] | 形 素晴らしい；美しい |
| 4 | ▶ **day** [déɪ] | 名 日，1日；昼間 |
| 5 | **I think so, too.** | 私もそう思う。 |
| 6 | ▶ **think** [θíŋk] | 他 と思う；を考える　自 思う；考える<br>think > thought > thought |
| 7 | ▶ **so** [sóʊ] | 副〈前述の言葉を指して〉そのように；とても，非常に；〈程度を表して〉それほど<br>接 それで；だから |
| 8 | ▶ **too** [túː] | 副 ～もまた；（あまりにも）…すぎる |
| 9 | **neighbor** [néɪbər] | 名 近所の人 |
| 10 | **yes** [jés] | 副 はい |
| 11 | **just** [dʒʌ́st] | 副 ちょうど…したばかり；きっかり；ちょっと |

# 1. 新しい隣人に会う

スー：おはようございます。いいお天気ですね。
マイク：僕も，そう思います。あなたは新しいお隣さんですか。
スー：ええ，私は今週，引っ越してきたばかりです。
マイク：あなたにお会いできてうれしいです。僕はマイクです。
スー：私もあなたにお会いできてうれしく思います。私はスーです。

|  |  |  |
| --- | --- | --- |
| 12 | **move** [mú:v] | 自引っ越す，移動する；動く　他を動かす<br>※ moveの基本イメージは「動く，動かす」。本文では「引っ越す」の意味で用いている。move in〔out〕(引っ越してくる〔いく〕) |
| 13 | **week** [wí:k] | 名週；1週間 |
| 14 | **Nice to meet you.** | お会いできてうれしいです。 |
| 15 | ▶ **meet** [mí:t] | 他に〔と〕会う　自会う，集まる<br>meet > met > met |

**Key Point**　Nice to meet you. と Nice to see you. の使い分け

"Nice to meet you." は，基本的には初対面の人に会ったときに使うフレーズ。一方，"Nice to see you." は，初めてではなく，以前に会ったことがある人に再び会ったときに使い，Nice to see you again. のように文末に again を付けて言うことが多い。

**Q** スーとマイクはお互いに初めて会いましたか。

**A** Yes, they did.（はい，そうです。）

1300 1400 1500 1600 1700 1800 1900 2000 2100 2200 2300 2400

☑ ☑ 再会のあいさつをする　　　　音声

## 2. The neighbors see each other again.

**[Q] Do both Mike and Sue ride bikes?**

Mike: Hi, / Sue. // How's it going? //
Sue: Great!
Mike: I like your bicycle. // It's so cool. //
Sue: Thanks. // Your bike looks nice, too. //
Mike: Yeah, / I like it. //

| | | |
|---|---|---|
| 16 ⧄ | **see each other** | 顔を合わせる |
| 17 ⧄ | ▶ **see** [síː] | [他]に会う；を見る；(医者) に診てもらう<br>[自]見える　　**see** > saw > seen |
| 18 ⧄ | ▶ **each other** | お互い (に；を) |
| 19 ⧄ | ▶ **one another** | お互い (に；を) |
| 20 ⧄ | **hi** [háɪ] | [間]やあ，こんにちは |
| 21 ⧄ | **How's it going?** | 《口語》調子はどう。，元気ですか。<br>≒ How are you doing? |
| 22 ⧄ | ▶ **how** [háʊ] | [副]どんな具合で，どのように；どのくらい |
| 23 ⧄ | **great** [gréɪt] | [形]とてもいい；偉大な；大きい |
| 24 ⧄ | **like** [láɪk] | [他]が好きである　[前]～のような〔に〕 |

# 2. 隣人たちは再び顔を合わせます

マイク：こんにちは，スー。調子はどう。
スー：すごくいいですよ！
マイク：あなたの自転車，好きだな。とてもかっこいいですよ。
スー：ありがとう。あなたの自転車もすてきですね。
マイク：ええ，これ，気に入っているんです。

| | | |
|---|---|---|
| 25 ☐ | **bicycle** [báɪsəkl] | 名 自転車（≒ bike） |
| 26 ☐ | **cool** [kúːl] | 形《口語》かっこいい，おしゃれな；冷静な；涼しい，冷たい　他 を冷やす |
| 27 ☐ | **Thanks.** | 《口語》ありがとう。<br>※ Thank you. のくだけた表現。 |
| 28 ☐ | **bike** [báɪk] | 名 自転車；オートバイ |
| 29 ☐ | **look** [lʊ́k] | 自〈look＋形容詞〉～に見える；〈at～で〉～を見る<br>名 見ること；顔つき；外観 |
| 30 ☐ | **nice** [náɪs] | 形 すてきな，よい；親切な |

**Q** マイクとスーはどちらも自転車に乗りますか。

**A** Yes, they do.（はい，乗ります。）

1300 1400 1500 1600 1700 1800 1900 2000 2100 2200 2300 2400

[✓] [✓] 別れのあいさつを言う　　音声

## 3. A guest says goodbye.

[Q] **Are Ben and his aunt at the airport?**

Aunt : I'm leaving for the airport now. //

Ben : Aunt Carol, / I really enjoyed our time together. // I'll miss you. //

Aunt : I'll miss you, too, / Ben. //

Ben : Please come and visit us again / soon. //

Aunt : Thanks, / Ben. // Take care. //

| | | |
|---|---|---|
| 31 | **guest** [gést] | [名]客 |
| 32 | **say** [séɪ] | [他]を言う，を話す　[自]〈say to 人 that ...〉(人に…と) 言う；〈間投詞的に〉ねえ，そういえば<br>※三人称単数現在 says の発音は [séz]。<br>say > said > said |
| 33 | **goodbye** [gùdbáɪ] | [名]別れのあいさつ　[間]さようなら |
| 34 | **leave** [líːv] | [自]〈for ～で〉(～へ) 出発する　[他](場所・人のいる所) を去る；を残す；を置き忘れる<br>leave > left > left |
| 35 | **airport** [éərpɔ̀ːrt] | [名]空港 |
| 36 | **now** [náʊ] | [副]今 (は)　[名]今，現在 |
| 37 | **aunt** [ǽnt] | [名]おば |
| 38 | ▶ **uncle** [ʌ́ŋkl] | [名]おじ |
| 39 | **really** [ríːli, ríli, ríːjəli] | [副]本当に |
| 40 | **enjoy** [ɪndʒɔ́ɪ, en-, ən-] | [他]を楽しむ |
| 41 | **time** [táɪm] | [名]時間；〈～ times で〉～回 |

## 3. 来客が別れを告げます

おば：今から，空港に出発するわね。

ベン：キャロルおばさん，一緒に時間を過ごせて本当に楽しかった。おばさんがいないと寂しくなるだろうな。

おば：私も寂しくなるわ，ベン。

ベン：またすぐに遊びに来てね。

おば：ありがとう，ベン。じゃあね。

| | | |
|---|---|---|
| 42 | together [təgéðər] | [副]一緒に |
| 43 | miss [mís] | [他]がいなくて寂しい；に乗り遅れる；（機会）を逃す |
| 44 | come and visit ～ | ～のところに遊びに来る<br>※come visit ～，come to visit ～とも言う。 |
| 45 | ▶ come [kʌ́m] | [自]〈to ～で〉（～に）来る<br>come > came > come |
| 46 | ▶ visit [vízət] | [他]を訪れる，を訪問する；を見舞う<br>※その場所で過ごすことを表すので，visit to ～ とは言わない。<br>[名]訪問；見学；見舞い |
| 47 | soon [sú:n] | [副]もうすぐ，近いうちに；（予定より）早めに |
| 48 | Take care. | 《口語》じゃあね。，元気でね。 |

**Q** ベンと彼のおばさんは空港にいるのですか。

**A** No, they aren’t.（いいえ，いません。）

1300 1400 1500 1600 1700 1800 1900 2000 2100 2200 2300 2400

☑☑ 調べものの提案をする

音声

# 4. Let's find the answer together.

**Q** **Will these two people use the Internet together to get an answer?**

1 John : Do dogs **dream**? //

Nancy : That's a good **question**. // I don't **know**. //

John : **Let's check** the **Internet** together. //

Nancy : **All right**! // Let's do that. //

| | | |
|---|---|---|
| 49 ☐ | **dream** [drí:m] | 自夢を見る　名夢，理想 |
| 50 ☐ | **question** [kwéstʃən] | 名質問，疑問 |
| 51 ☐ | **know** [nóʊ] | 自知っている，わかっている<br>他を知っている，をわかっている；と知り合いである<br>**know** > know > known |
| 52 ☐ | **Let's ...** | …しよう |
| 53 ☐ | ▶ **let** [lét] | 他（人など）に…させる<br>**let** > let > let |



100 200 300 400 500 600 700 800 900 1000 1100 1200

# 4. 答えを一緒に見つけましょう

ジョン：犬は夢を見るのかな。
ナンシー：それはいい質問ね。私はわからない。
ジョン：一緒にインターネットで調べてみようよ。
ナンシー：よし！ そうしましょう。

| | | |
|---|---|---|
| 54 ☐ | **check** [tʃék] | [他] を調べる，を確かめる |
| 55 ☐ | **Internet** [íntərnèt] | [名] 〈the を伴って〉インターネット |
| 56 ☐ | **all right** | 〈返事で〉よし，いいですよ；わかったよ（≒ OK） |

[Q] この二人は，答えを得るために一緒にインターネットを使うでしょうか。

[A] Yes, they will.（はい，この二人はそうします。）

☑☑ 道を尋ねる　　音声

## 5. Asking How to Get to the Subway Station

**[Q] Did Sue tell the man where the subway station is?**

Man: Excuse me. // Do you know / where the **subway station** is? //

Sue: Well, just **go down** this **street** / to the **corner**. // Then **turn left** / and **walk a little more**. // You'll **find** the **sign** for the station / there. // It's **right by** the **church**. //

Man: Thanks for your help. //

| | | |
|---|---|---|
| 57 ⧄ | **ask** [ǽsk] | [他]に（～を）聞く；〈人に…するよう〉頼む<br>[自]尋ねる |
| 58 ⧄ | **get to ～** | ～に到着する，～に達する；〈get to ...〉…するようになる |
| 59 ⧄ | **subway** [sʌ́bwèɪ] | [名]《米》地下鉄；《英》（歩行者用）地下道 |
| 60 ⧄ | **station** [stéɪʃən] | [名]駅；放送局；局 |
| 61 ⧄ | **go down ～** | ～（通り・通路など）をずっと行く |
| 62 ⧄ | ▶ **go** [góʊ] | [自]行く；通う；〈物事が〉進行する<br>go > went > gone |
| 63 ⧄ | ▶ **down** [dáʊn] | [前]～に沿って，～を通って；～の下に<br>[副]下に〔へ〕 |
| 64 ⧄ | **street** [stríːt, ʃtríːt] | [名]通り |
| 65 ⧄ | **corner** [kɔ́ːrnər, kɔ́ː-] | [名]角，コーナー |
| 66 ⧄ | **turn** [tə́ːrn] | [自]曲がる；振り返る；回る　[他]を回転させる；を回す　[名]回転；曲がること |

1 Section 1

# 5. 地下鉄の駅への行き方を尋ねる

男性：すみません。地下鉄の駅がどこにあるかわかりますか。

スー：ええと，このままこの通りをあの角までまっすぐ行くだけですよ。それから左に曲がって，もう少し歩いてください。そこで駅を示す標識を見つけるでしょう。駅は教会のすぐそばにあります。

男性：助けてくださり，ありがとうございます。

| | | |
|---|---|---|
| 67 ☐ | **left** [léft] | [副]左に [形]左の [名]左 ⇔ right |
| 68 ☐ | **walk** [wɔ́ːk] | [自]歩く [名]歩くこと |
| 69 ☐ | **a little more** | もう少し |
| 70 ☐ | **find** [fáɪnd] | [他]を見つける；…だとわかる<br>**find** > found > found |
| 71 ☐ | **sign** [sáɪn] | [名]標識；形跡；身振り；記号<br>[他]に署名する [自]署名する |
| 72 ☐ | **right** [ráɪt] | [副]〈次にくる副詞（句）を強める〉すぐに；ちょうど；右へ [形]正しい；右の [名]右 |
| 73 ☐ | **by** [báɪ] | [前]～のそばに；～によって；～で；～を経由して [副]そばに |
| 74 ☐ | **church** [tʃə́ːrtʃ] | [名]教会 |

**Q** スーは男性に地下鉄の駅がどこにあるか教えましたか。

**A** Yes, she did.（はい，教えました。）

☑☑ プレゼントを買う　　音声

# 6. A Present for Grandma

**[Q] Why is Ben buying flowers?**

(At the flower shop) //

Salesperson: May I help you? //

Ben: Yes. // I want to buy some flowers / for my grandma. // It's her birthday. //

Salesperson: How about these lovely roses? //

Ben: Wow! // They are very nice. // How much are they? //

Salesperson: They're ten dollars. //

| | | |
|---|---|---|
| 75 | **present** [préznt] | [名]贈り物，プレゼント |
| 76 | **May I help you?** | いらっしゃいませ。，何かお手伝いしましょうか。 |
| 77 | **want** [wá:nt] | [他]〈want to ... で〉…したい；が欲しい；を望む　[名]欲しいもの |
| 78 | **buy** [bái] | [他]を買う　**buy > bought > bought** |
| 79 | **some** [sʌ́m] | [形]いくつかの，いくらかの<br>※数を特定せずにちょうどよい量（適量）や複数存在していることを意味する。<br>[代]いくらかのもの；（全体の中の）ある人々，ある物 |
| 80 | **flower** [fláuər] | [名]花 |
| 81 | **grandma** [grǽnmɑ̀:, grǽmmɑ̀:, grǽnd-] | [名]《口語》おばあちゃん，祖母 |
| 82 | ▶ **grandmother** [grǽnmʌ̀ðər] | [名]祖母，おばあさん |
| 83 | **birthday** [bə́:rθdèi] | [名]誕生日 |

# 6. おばあちゃんへの贈り物

(生花店にて)

販売員:いらっしゃいませ。

ベン:どうも。僕の祖母に何本か花を買いたいんですが。今日は彼女の誕生日なんで。

販売員:こちらのすてきなバラはいかがですか。

ベン:わあ!とてもすてきですね。(それらは)いくらですか。

販売員:10 ドルです。

|  |  |  |
|---|---|---|
| 84 ☐ | **How about ~?** | ~はどうですか。 |
| 85 ☐ | **lovely** [lʌ́vli] | 形すてきな,愛らしい,かわいらしい |
| 86 ☐ | **rose** [róuz] | 名バラ |
| 87 ☐ | **very** [véri] | 副とても,非常に　形まさにその |
| 88 ☐ | **how much** | いくら;〈数えられない名詞について〉どのくらい |
| 89 ☐ | **dollar** [dɑ́:lər] | 名ドル |

**Key Point** some の用法

some は不定の数や量を漠然と指し,やんわりと表現したいときにも用いることができる。
I want to have some coffee.(コーヒーでも飲みたいな。)
Have some tea.(紅茶でもどうぞ。)

**Q** ベンはなぜ花を買っているのですか。

**A** Because it's his grandmother's birthday.(彼の祖母の誕生日だからです。)

感謝を伝える　　音声

# 7. Thanking Someone for a Birthday Present

**[Q] Did Ben send flowers to his grandmother for her birthday?**

(The **phone rings**.) //
Ben: **Hello**? //
Grandma: Hi, Ben. // It's your grandma. // **Thank you** for the flowers. // They're beautiful. //
Ben: I'm **glad** / you like them. //
Grandma: Oh, I do. // These roses are a very **special** birthday **gift**. // I **love** them. //
Ben: That's great. // **Happy birthday**, / Grandma! //

|  |  | Meaning |
|---|---|---|
| 90 | **phone** [fóʊn] | [名]電話　[他]に電話する　[自]電話する |
| 91 | **ring** [ríŋ] | [自]鳴る　[他]（ベルなど）を鳴らす<br>[名]ベルの音　**ring > rang > rung** |
| | ▶ **ring** [ríŋ] | [名]指輪；輪 |
| 92 | **hello** [helóʊ, hə-, hél-] | [間]〈電話で〉もしもし；こんにちは |
| 93 | **thank you** | ありがとう　※'thank＋人'で「人に感謝する」。 |
| 94 | **glad** [glǽd] | [形]うれしい |
| 95 | **special** [spéʃl] | [形]（普通とは異なり）特別な<br>[名]特別な物〔人〕，（レストランの）お勧めメニュー，特別料理 |

# 7. 誕生日の贈り物をくれた人に感謝する

（電話が鳴る。）

ベン：もしもし。

おばあちゃん：こんにちは，ベン。おばあちゃんよ。お花をありがとう。きれいだわ。

ベン：気に入ってくれてうれしいよ。

おばあちゃん：ええ，気に入りましたよ。このバラは本当に特別な誕生日の贈り物ね。大好きだわ。

ベン：それはよかった。お誕生日おめでとう，おばあちゃん！

| | | |
|---|---|---|
| 96 ☐ | **gift** [gíft] | 名 贈り物 ※**present**より改まった語；天賦の才能 |
| 97 ☐ | **love** [lʌ́v] | 他 が大好きである；を愛している<br>名 愛情 |
| 98 ☐ | **Happy birthday.** | お誕生日おめでとう。 |
| 99 ☐ | ▶ **happy** [hǽpi] | 形 幸せな；うれしい |

**Q** ベンは祖母の誕生日に花を送りましたか。

**A** Yes, he did.（はい，送りました。）

☑☑ 食べ物を勧める

# 8. Visiting Grandma

**Q** **Did Ben's grandmother give him some cookies?**

1 Ben: Hi, Grandma. // **It's good to see you.** //
Grandma: Good to see you, too. // Would you like **a bowl of soup**? // Your **favorite vegetable** soup. //
Ben: **No, thank you.** // I just had lunch at home. //
5 Grandma: Well, / how about some **chocolate cookies**, / **then**? //
Ben: **Sure**! // They look so good. // ... Oh, / these are **delicious**. //

| | | |
|---|---|---|
| 100 ☐ | **It's good to see you.** | 会えてうれしいです。 |
| 101 ☐ | **a bowl of ～** | 一杯の～ |
| 102 ☐ | ▶ **bowl** [bóʊl] | ㊔ボウル，深い鉢 |
| 103 ☐ | **soup** [súːp] | ㊔スープ |
| 104 ☐ | **favorite** [féɪvərət] | ㊎大好きな，お気に入りの ㊔お気に入り |
| 105 ☐ | **vegetable** [védʒtəbl, védʒə-] | ㊔野菜 |
| 106 ☐ | **No, thank you.** | いいえ，結構です。 |
| 107 ☐ | **chocolate** [tʃɔ́(ː)kələt] | ㊔チョコレート<br>※ **hot chocolate** は飲み物 |

# 8. おばあちゃんを訪ねる

ベン：こんにちは，おばあちゃん。会えてうれしいな。

おばあちゃん：私もうれしいよ。スープを一杯いかが。あなたの好物の野菜スープよ。

ベン：ううん，いいよ。家でお昼ご飯を食べたばかりなんだ。

おばあちゃん：えーと，それなら，チョコレートクッキーはどうかしら。

ベン：うん！ すごくおいしそうだね。… ああ，とてもおいしいよ。

| | | |
|---|---|---|
| 108 ☐ | **cookie** [kúki] | [名] クッキー |
| 109 ☐ | **then** [ðén] | [副] それなら；それから；その時 |
| 110 ☐ | **sure** [ʃúər, ʃə́ːr] | [副] もちろん，わかりました ※強い肯定の返答。フォーマルな場面でも使える。 [形] 確信して |
| 111 ☐ | **delicious** [dɪlíʃəs, də-] | [形] (とても) おいしい |

**Q** 祖母はベンにクッキーをあげましたか。

**A** Yes, she did.（はい，あげました。）

外出時のやりとりをする

音声

# 9. Going Out for Dinner

**Q** Is Emma's mother going out for pizza?

1 Dad: Your mother is working late / tonight. // So, / how about going out / for pizza? //

Emma: That's a great idea! // I'll get my coat / and be right back. // Just give me three more minutes. //

5 Dad: OK. // But remember to turn off the light. //

Emma: I will. //

|  |  |  |
|---|---|---|
| 112 | **mother** [mʌ́ðər] | 名母親，お母さん |
| 113 | **work** [wə́ːrk] | 自働く；勉強する；〈物事が〉うまくいく<br>他（機械）を動かす　名仕事；勉強；作品 |
| 114 | **late** [léɪt] | 副遅く；遅れて<br>形〈時刻が〉遅い；遅れた；最近の |
| 115 | **tonight** [tənáɪt, tʊ-, tu-] | 副今夜（は）　名今夜 |
| 116 | **go out** | 出かける |
| 117 | **pizza** [píːtsə] | 名ピザ |
| 118 | **idea** [aɪdíːə] | 名考え；思い付き |
| 119 | **get** [gét] | 他（物）を持ってくる，（人）を連れてくる；を得る；を買う　自（～の状態に）なる；達する　get > got > got〔gotten〕 |
| 120 | **coat** [kóʊt] | 名コート<br>他を〈～で〉覆う，に〈～を〉かぶせる |
| 121 | **be right back** | すぐに戻る |

# 9. 夕食を食べに出かける

お父さん：お母さんは，今夜は遅くまで仕事をするんだ。そういうわけで，ピザを食べに出かけるのはどうだい。

エマ：それはすごくいい考えだわ！ コートを取ってきて，すぐに戻るね。あと 3 分だけちょうだい。

お父さん：わかった。ただし忘れずに明かりを消してね。

エマ：消すわ。

|  |  |  |
|---|---|---|
| 122 | ▶ **back** [bǽk] | 副もとのところに，帰って；後ろへ 形後ろの 名背中；背面 |
| 123 | **give** [gív] | 他を与える　**give > gave > given** |
| 124 | **minute** [mínət] | 名分（ふん） |
| 125 | **remember** [rɪmémbər] | 他を思い出す，を覚えている；〈**remember to ... で**〉忘れずに…する 自覚えている；思い出す |
| 126 | **turn off ～〔turn ～ off〕** | ～（電気など）を消す，～（スイッチ）を切る ⇔ turn on |
| 127 | **light** [láɪt] | 名（人工的な）明かり，電灯；光；（交通）信号 形明るい；〈色が〉薄い 他（場所・もの）を明るくする；に火をつける |

**Q** エマのお母さんは，ピザを食べに出かけますか。

**A** No, just Emma and her dad are.（いいえ，エマと彼女のお父さんだけです。）

1300 1400 1500 1600 1700 1800 1900 2000 2100 2200 2300 2400

今日あった出来事を伝える

音声

# 10. Emma’s News

**Q** **Did Emma’s team win the game?**

Emma: Dad, / I **have** some **exciting news**. //

Dad: **What** is it? //

Emma: Our girls’ **soccer team** / **won** the **big game today**. // The score was 2 to 1. //

Dad: Really? // That’s great! //

Emma: Yeah, / **everyone** is really **excited**! //

| | | |
|---|---|---|
| 128 | **have** [hǽv] | [他] を持っている；がいる〔ある〕；を経験する；を食べる，を飲む **have** > had > had |
| 129 | **exciting** [ɪksáɪtɪŋ, ek-, ək-] | [形] わくわくするような，興奮させる，とてもおもしろい |
| 130 | **news** [n(j)ú:z] | [名] 知らせ；ニュース |
| 131 | **what** [wʌ́t, hwɑ́:t] | [代] 何，どんなもの |
| 132 | **soccer** [sɑ́:kər] | [名] サッカー |
| 133 | **team** [tí:m] | [名] チーム |
| 134 | **win** [wín] | [他] (試合，ゲームなど) に勝つ [自] 勝つ [名] 勝利 **win** > won [wʌ́n] > won |
| 135 | **big** [bíg] | [形] 重要な；大きな |
| 136 | **game** [géɪm] | [名] 試合，ゲーム；競技 |

# 10. エマの報告

エマ：お父さん，私，わくわくするような報告があるの。
お父さん：それは何だい。
エマ：私たちの女子サッカーチームが今日，大切な試合に勝ったのよ。
スコア（得点）は 2 対 1 だったわ。
お父さん：本当かい。それは素晴らしい！
エマ：そうなの，みんな，本当に興奮しているわ！

| | | |
|---|---|---|
| 137 ☐ | **today** [tədéɪ, tʊ-, tu-] | 副今日（は） 名今日 |
| 138 ☐ | **everyone** [évriwʌ̀n] | 代皆（≒ everybody） |
| 139 ☐ | **excited** [ɪksáɪtɪd, ek-, ək-] | 形わくわくして，興奮して |

**Key Point** exciting と excited の使い分け

exciting news は「人を興奮させる〔わくわくするような〕知らせ」，Everyone is excited ... は「みんなは興奮させられた→興奮している」という意味になる。
I have some exciting news.　（×）I have some exited news.
Everyone is excited about the news.　（×）Everyone is exciting about the news.

**Q** エマのチームは試合に勝ちましたか。

**A** Yes, they did.（はい，勝ちました。）
※チームの構成員に焦点を当てて they で受けている。

1300 1400 1500 1600 1700 1800 1900 2000 2100 2200 2300 2400

# Quiz
## PART 1　Section 1

空所に当てはまる単語を選びましょう。

【1】 ※2カ所ある(2)には同じ単語が入ります。

Aunt: I'm ( 1 ) for the airport now.
Ben: Aunt Carol, I really enjoyed our time together. I'll ( 2 ) you.
Aunt: I'll ( 2 ) you, too, Ben.
Ben: Please come and visit us again soon.
Aunt: Thanks, Ben. ( 3 )

(1) (a) asking　(b) leaving　(c) moving　(d) working
(2) (a) buy　(b) go　(c) miss　(d) win
(3) (a) How's it going?　(b) Nice to meet you.
(c) May I help you?　(d) Take care.

【2】

Man: Excuse me. Do you know where the ( 1 ) station is?
Sue: Well, just go down this street to the corner. Then ( 2 ) left and walk a little more. You'll ( 3 ) the sign for the station there. It's right by the church.
Man: Thanks for your help.

(1) (a) bike　(b) gift　(c) phone　(d) subway
(2) (a) see　(b) turn　(c) visit　(d) want
(3) (a) find　(b) give　(c) know　(d) love

**Answers**

※選択肢の記号の後の番号は英文番号を表します。

【1】No.3 参照
(1) (b) その他の選択肢：(a) → 5　(c) → 1　(d) → 9 参照
(2) (c) その他の選択肢：(a) → 6　(b) → 5　(d) → 10 参照
(3) (d) その他の選択肢：(a) → 2　(b) → 1　(c) → 6 参照

【2】No.5 参照
(1) (d) その他の選択肢：(a) → 2　(b) → 7　(c) → 7 参照
(2) (b) その他の選択肢：(a) → 2　(c) → 3　(d) → 6 参照
(3) (a) その他の選択肢：(b) → 9　(c) → 4　(d) → 7 参照

【3】

(At the flower shop)

Salesperson: May I help you?

Ben: Yes. I want to buy some flowers for my grandma. It's her ( 1 ).

Salesperson: ( 2 ) these lovely roses?

Ben: Wow! They are very nice. ( 3 ) are they?

Salesperson: They're ten dollars.

(1) (a) birthday (b) question (c) sign (d) tonight
(2) (a) How about (b) How much
(3) (a) How about (b) How much

【4】

Dad: Your mother is working ( 1 ) tonight. So, how about going out for pizza?

Emma: That's a great idea! I'll get my coat and be right back.
Just give me three more ( 2 ).

Dad: OK. But ( 3 ) to turn off the light.

Emma: I will.

(1) (a) favorite (b) great (c) late (d) sure
(2) (a) minutes (b) neighbors (c) news (d) questions
(3) (a) enjoy (b) look (c) remember (d) ring

---

【3】No.6 参照

(1) (a) その他の選択肢：(b) → 4 (c) → 5 (d) → 9 参照
(2) (a) その他の選択肢：(b) → 6 参照
(3) (b) その他の選択肢：(a) → 6 参照

【4】No.9 参照

(1) (c) その他の選択肢：(a) → 8 (b) → 2 (d) → 8 参照
(2) (a) その他の選択肢：(b) → 1 (c) → 10 (d) → 4 参照
(3) (c) その他の選択肢：(a) → 3 (b) → 2 (d) → 7 参照

# More! ❶ Month, Day, Season ——月・曜日・季節

## ●月

|  |  |  |
|---|---|---|
| 140 | **January** [dʒǽnjuèri] | 1月 |
| 141 | **February** [fébjuèri, fébu-, fébru-] | 2月 |
| 142 | **March** [mɑ́ːrtʃ] | 3月 |
| 143 | **April** [éɪprəl] | 4月 |
| 144 | **May** [méɪ] | 5月 |
| 145 | **June** [dʒúːn] | 6月 |
| 146 | **July** [dʒuláɪ] | 7月 |
| 147 | **August** [ɔ́ːgəst] | 8月 |
| 148 | **September** [septémbər, səp-] | 9月 |
| 149 | **October** [ɑːktóʊbər] | 10月 |
| 150 | **November** [noʊvémbər] | 11月 |
| 151 | **December** [dɪsémbər] | 12月 |

## ●曜日

|  |  |  |
|---|---|---|
| 152 | **Sunday** [sʌ́ndeɪ, -di] | 日曜日 |
| 153 | **Monday** [mʌ́ndeɪ, -di] | 月曜日 |
| 154 | **Tuesday** [t(j)úːzdeɪ, -di] | 火曜日 |
| 155 | **Wednesday** [wénzdeɪ, -di] | 水曜日 |
| 156 | **Thursday** [θə́ːrzdeɪ, -di] | 木曜日 |
| 157 | **Friday** [fráɪdeɪ, -di] | 金曜日 |
| 158 | **Saturday** [sǽtərdeɪ, -di] | 土曜日 |

## ●季節

|  |  |  |
|---|---|---|
| 159 | **spring** [spríŋ] | 春 |
| 160 | **summer** [sʌ́mər] | 夏 |
| 161 | **autumn** [ɔ́ːtəm] | 秋　※《米》では fall とも言う。 |
| 162 | **winter** [wíntər] | 冬 |

# More! ❷ Pronoun——代名詞

音声

● 人称代名詞

| | | 主格<br>～は〔が〕 | 所有格<br>～の | 目的格<br>～を〔に〕 |
|---|---|---|---|---|
| 1人称（単数） | 私 | 163 I | 164 my | 165 me |
| 2人称（単数） | あなた | 166 you | 167 your | you |
| 3人称（単数） | 彼 | 168 he | 169 his | 170 him |
| | 彼女 | 171 she | 172 her | her |
| | それ | 173 it | 174 its | it |
| 1人称（複数） | 私たち | 175 we | 176 our | 177 us |
| 2人称（複数） | あなたたち | you | your | you |
| 3人称（複数） | 彼ら〔それら〕 | 178 they | 179 their | 180 them |

● 所有代名詞・再帰代名詞

| | | 所有代名詞<br>～のもの | 再帰代名詞<br>～自身を〔に，で〕 |
|---|---|---|---|
| 1人称（単数） | 私 | 181 mine | 182 myself |
| 2人称（単数） | あなた | 183 yours | 184 yourself |
| 3人称（単数） | 彼 | his | 185 himself |
| | 彼女 | 186 hers | 187 herself |
| | それ | — | 188 itself |
| 1人称（複数） | 私たち | 189 ours | 190 ourselves |
| 2人称（複数） | あなたたち | yours | 191 yourselves |
| 3人称（複数） | 彼ら〔それら〕 | 192 theirs | 193 themselves |

● 指示代名詞

| | 単数 | | 複数 | |
|---|---|---|---|---|
| 近いもの | 194 this | これ | 195 these | これら |
| 遠いもの | 196 that | それ，あれ | 197 those | それら，あれら |

服が似合うと伝える

音声

# 11. Choosing a New Jacket

**Q Did Ben's mother like the second jacket?**

Ben: Well, / Mom, / what about this jacket? //

Mom: Hmm … // I think / you need something bigger. // Here, / try this on. //

Ben: OK. // How do I look? //

Mom: You look wonderful! //

| | | |
|---|---|---|
| 198 | **What about ～?** | ～はいかがですか。; ～についてどう思いますか。 ※提案したり，相手の意見を求める際などに用いる。How about ～? とも言う。 |
| 199 | **jacket** [dʒǽkɪt] | [名] ジャケット，上着 |
| 200 | **need** [níːd] | [他] を必要とする [助] …する必要がある [名] 必要 |
| 201 | **something** [sʌ́mθɪŋ] | [代] 何か |
| 202 | **here** [híər] | [間] はい，さあ ※相手が探しているものや必要としているものを手渡すときの呼びかけ [副] ここに〔で〕 |

# 11. 新しいジャケットを選ぶ



ベン：ねえ，ママ，このジャケットはどうかな。

ママ：うーん… あなたにはもっと大きいものが必要だと思うわ。ほら，これを試着してごらんなさい。

ベン：わかった。似合っていると思う？

ママ：すてきよ！

| | | |
|---|---|---|
| 203 | try ～ on〔try on ～〕 | ～を試着する |
| 204 | How do I look? | (外見について) どう思う？，似合っていると思う？ |
| 205 | wonderful [wʌ́ndərfl] | 形 とてもすてきな；素晴らしい |

**Q** ベンのお母さんは2つ目のジャケットが気に入りましたか。

**A** Yes, she did.（はい，気に入りました。）

1300 1400 1500 1600 1700 1800 1900 2000 2100 2200 2300 2400

子供を励ます 音声

## 12. Mother helps her son swim.

**Q** Did Joey begin his swimming lesson?

(In the swimming pool) //

Mother: Are you ready to learn / how to swim? //

Joey: Mommy, / I'm a little afraid. //

Mother: Don't worry. // I'm right here / to help you. //

Joey: OK. // I'll do it. //

Mother: Now, / hold my arm. // Let's practice kicking … // Yes, / that's very good. // Great job! //

| | | |
|---|---|---|
| 206 | **son** [sʌ́n] | [名]息子 |
| 207 | ▶ **daughter** [dɔ́ːtər] | [名]娘 |
| 208 | **swimming pool** | スイミング〔水泳〕プール |
| 209 | ▶ **swimming** [swímɪŋ] | [名]水泳 |
| 210 | **ready** [rédi] | [形]〈**ready to …**〉(…する) 準備ができて |
| 211 | **learn** [lə́ːrn] | [他]を学ぶ, を習う [自]学ぶ |
| 212 | **how to …** | … (する) 方法 |
| 213 | **a little** | 少し |
| 214 | ▶ **little** [lítl] | [副]ほとんど…ない<br>[形]ほとんどない；小さい |
| 215 | **afraid** [əfréɪd] | [形]怖がって；心配して；(残念だが) …ではないかと思う |
| 216 | **worry** [wə́ːri] | [自]心配する [他]を心配させる [名]心配 |
| 217 | **help** [hélp] | [他]を手伝う, を助ける [自]手伝う, 助ける<br>[名]助け |

# 12. 母親が息子が泳ぐのを手助けします



(スイミングプールの中で)

母親：泳ぎ方を習う準備はできているかしら。

ジョーイ：ママ，僕，ちょっと怖いよ。

母親：心配することはないわよ。あなたを手伝うために，私はここにいるからね。

ジョーイ：わかった。やってみるよ。

母親：さあ，ママの腕をつかんで。バタ足を練習してみましょう…そうよ，とても上手だわ。よくできたわね！

| No. | 語句 | 意味 |
|---|---|---|
| 218 ☐ | **hold** [hóuld] | 他を握る；を手に持っている；を所有する；(会など) を催す　**hold** > held > held |
| 219 ☐ | **arm** [ɑ́ːrm] | 名腕 |
| 220 ☐ | **practice** [prǽktɪs] | 他を練習する　自練習する<br>名練習，訓練 |
| 221 ☐ | **kick** [kík] | 自足を蹴るように動かす；蹴る<br>他を蹴る　名蹴ること，キック |
| 222 ☐ | **Great job.** | がんばったね。，よくやった。 |
| 223 ☐ | ▶ **job** [dʒɑ́ːb] | 名仕事 |

**語句・表現**

*l.* 4　right here「(ちょうど) ここに」right が 副詞の here を強めている。

**Q** ジョーイは水泳のレッスンを始めましたか。

**A** Yes, he did.（はい，始めました。）

1300 1400 1500 1600 1700 1800 1900 2000 2100 2200 2300 2400

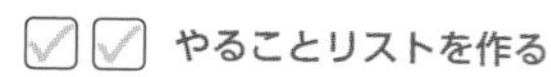
やることリストを作る

音声 

# 13. Mary's To-Do List

**Q** **Does Mary need to write a letter to her mother?**

1 I need to do the following things / today: //
1.Go shopping at the supermarket //
-- Buy bread, orange juice, yogurt, and eggs //
2.Stop at the bank //
5 3.Write a letter to Mom //
4.Wash the dirty clothes //

| No. | 語句 | 意味 |
|---|---|---|
| 224 | **following** [fάːloʊɪŋ] | 形 (後に続く) 次の，下記の |
| 225 | **shopping** [ʃάːpɪŋ] | 名 買い物，ショッピング |
| 226 | **supermarket** [súːpərmὰːrkət] | 名 スーパーマーケット |
| 227 | **bread** [bréd] | 名 パン |
| 228 | **orange juice** | オレンジジュース |
| 229 | **yogurt** [jóʊgərt] | 名 ヨーグルト　※**yoghurt, yoghourt** ともつづる。 |
| 230 | **egg** [ég] | 名 卵 |
| 231 | **stop at ～** | ～に立ち寄る (= stop by ～) |



100 200 300 400 500 600 700 800 900 1000 1100 1200

# 13. メアリーのやることリスト



今日，次のことをする必要があります：

1. スーパーマーケットに買い物に行く
   -- パン，オレンジジュース，ヨーグルト，卵を買う。
2. 銀行に寄る
3. お母さんに手紙を書く
4. 汚れた服を洗う

|  |  |  |
|---|---|---|
| 232 | ▶ **stop** [stáːp] | 自 止まる　他 を止める<br>名 止まること；停留所 |
| 233 | **bank** [bǽŋk] | 名 銀行 |
| 234 | **letter** [létər] | 名 手紙；文字 |
| 235 | **dirty** [dɚ́ːrti] | 形 汚い，汚れた |

**Q** メアリーは母親に手紙を書く必要がありますか。

**A** Yes, she does.（はい，あります。）

1300 1400 1500 1600 1700 1800 1900 2000 2100 2200 2300 2400

手伝いを頼む

音声 

# 14. Asking for a Neighbor's Help

**Q** **Is Sue going on a vacation with Mike?**

1 Sue: **Will you do me a favor?** //
Mike: Sure. // What can I help you with? //
Sue: I'm **going on vacation** / for a week. // **Could you pick up** the newspaper / at my **front door** / on Monday and
5 Wednesday**?** //
Mike: Yes, / **I'd be happy to** do that. //

|  |  |  |
|---|---|---|
| 236 | **Will you do me a favor?** | お願いを聞いてくれないかな。, お願いがあるんだけど。 |
| 237 | ▶ **Will you ...?** | …してくれませんか。 |
| 238 | ▶ **do ～ a favor** | ～（人）の頼み〔願い〕を聞いてあげる |
| 239 | ▶ **favor** [féɪvər] | ㊔親切な行為, 手助け；好意 |
| 240 | **go on vacation** | 休暇を取る |
| 241 | ▶ **vacation** [veɪkéɪʃən] | ㊔休暇 |
| 242 | **Could you ...?** | …していただけませんか。 |



100 200 300 400 500 600 700 800 900 1000 1100 1200

# 14. 隣人に手伝いを求める

スー：お願いがあるんだけど。

マイク：いいよ。何を手伝ったらいいかな。

スー：1週間ほど休暇を取る予定なの。月曜と水曜にうちの玄関のところの新聞を取りに来てくれないかしら。

マイク：わかった，喜んでやるよ。

| | | |
|---|---|---|
| 243 | pick up ～ | ～を拾い上げる，～を取り上げる |
| 244 | ▶ pick [pík] | ㊀を選ぶ；を摘む |
| 245 | front door | 正面玄関，玄関口 |
| 246 | ▶ front [frʌ́nt] | ㊁正面の；前の　㊂正面；前部 |
| 247 | I'd be happy to ... | 喜んで…します |

**Q** スーはマイクと一緒に休暇を取りますか。

**A** No, she isn't.（いいえ，取りません。）

1300 1400 1500 1600 1700 1800 1900 2000 2100 2200 2300 2400

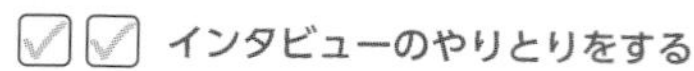

# 15. Survey about Television

**Q** **Did Luke answer the interviewer's questions?**

1 **Interviewer**: Excuse me. // I'm doing a **survey** about **television**. // **May I** ask you some questions? //

**Luke**: OK. // What **would** you **like to** know? //

**Interviewer**: **How often** do you watch TV? //

5 **Luke**: Every **evening**. //

**Interviewer**: What **programs** do you usually watch? //

**Luke**: I watch news and **drama** programs. // My favorite is *Law & Order*. //

**Interviewer**: Oh! // That's a great drama. // Well, / **thank you for**

10 **your time**. //

|  |  |  |
|---|---|---|
| 248 | **interviewer** [íntərvjùːər] | ㊔インタビュアー |
| 249 | **survey** ㊔ [sə́ːrveɪ, səːrvéɪ] (動) [-ˊ, ˊ-] | ㊔調査 (他)を調査する |
| 250 | **television** [téləvìʒən] | ㊔テレビ |
| 251 | **May I ...?** | …してもよいですか。 |
| 252 | **would like to ...** | …したい ※want to ...より丁寧。 |
| 253 | **How often ...?** | どのくらいの頻度で…か。 |
| 254 | **evening** [íːvnɪŋ] | ㊔夕方，晩 |
| 255 | **program** [próʊgræm] | ㊔番組，プログラム |

# 15. テレビに関するアンケート



インタビュアー：失礼します。テレビについての調査をしています。いくつか質問してもよろしいでしょうか。

ルーク：いいですよ。何をお知りになりたいのでしょうか。

インタビュアー：どのくらいの頻度でテレビを見ますか。

ルーク：毎晩です。

インタビュアー：普段どのような番組を見ていますか。

ルーク：ニュースやドラマの番組を見ます。一番好きなのは『ロー＆オーダー』です。

インタビュアー：ああ！ 素晴らしいドラマですよね。それでは，お時間をいただき，ありがとうございました。

| | | |
|---|---|---|
| 256 ☐ | **drama** [drάːmə] | ㊔ドラマ；演劇 |
| 257 ☐ | **Thank you for your time.** | お時間をいただき，ありがとうございました。 |

**語句・表現**

*l.8* *Law & Order* アメリカで放送された刑事ドラマ。law は「法律」，order は「秩序」の意味。

**Q** ルークはインタビュアーの質問に答えましたか。

**A** Yes, he did.（はい，答えました。）

☑☑ 友人にメールを書く

音声

## 16. An Autumn Walk

**Q** **Does Mary want to enjoy walking with Ann?**

1 Ann, /

The **leaves** are **changing** color / and falling to the ground. // I love to walk **outside** / when it's **like this**. // These **tall trees once** had **green** leaves. // Now / I find orange, red, and yellow ones /
5 everywhere. // It's a wonderful time of beautiful change. // Come and join me / for a walk / soon. // You **will** really enjoy it. //

Take care, /
Mary //

|  |  |  |
|---|---|---|
| 258 | **leaf** [lí:f] | 名葉 《複》leaves |
| 259 | **change** [tʃéɪndʒ] | 他を変える 自変わる<br>名変更；変化；小銭；釣り銭 |
| 260 | **outside**<br>副前 [àʊtsáɪd] 名 [⌐⌐] | 副屋外で〔へ，に〕，外側へ<br>前～の外に〔で〕 名外側 |
| 261 | **like this** | このような〔に〕 |
| 262 | **tall** [tɔ́:l] | 形背が高い ⇔short<br>※山やフェンスや波などのように幅の広いものについては，high を用いる。 |
| 263 | **tree** [trí:] | 名木，樹木 |



100 200 300 400 500 600 700 800 900 1000 1100 1200

# 16. 秋の散歩



アン，

葉は色を変え，地面に舞い落ちています。このようなときに外を歩くのが大好きです。これらの高い木々はかつては緑の葉をつけていました。今ではオレンジや赤，黄色の葉をあちらこちらで見かけます。美しい変化を楽しむのに素晴らしい時期です。近いうちに私と一緒にお散歩しましょう。あなたは本当に楽しめるでしょう。

またね
メアリー

| | | |
|---|---|---|
| 264 ☐ | **once** [wʌ́ns] | 副かつて；一度；いったん |
| 265 ☐ | **green** [gríːn] | 形緑色の　名緑色 |
| 266 ☐ | **will** [wíl] | 助…だろう；…するつもりだ<br>名意志；遺言 |

**語句・表現**

*l*.5　Come and join me for ～.「私と一緒に～をしましょう。」

**Q** メアリーはアンと散歩を楽しみたいですか。

**A** Yes, she does.（はい，そうです。）

見た夢のことを話す

# 17. A Dream about Grandpa

音声

**Q** **Is this dream about life with Grandpa and Grandma?**

1 I had a dream last night. // In the dream / I heard a **noise**. // It **came from** the **living room**. // I went there / and found my grandpa. // He **sat** in his favorite **chair** / and **listened** to the **radio**. // He had a big smile on his face. //

5 Grandpa is **no longer** with us. // But this dream felt so **real**. // I will always **carry** my love for him / in my **heart**. //

|  |  |  |
|---|---|---|
| 267 | **noise** [nɔ́ɪz] | 名 物音，（耳障りな）音；騒音 |
| 268 | **come from ～** | ～から来る；～の出身である |
| 269 | **living room** | 居間 |
| 270 | **sit** [sít] | 自 座る　他 を座らせる　sit > sat > sat |
| 271 | **chair** [tʃéər] | 名 いす |
| 272 | **listen** [lísn] | 自〈listen to ～で〉（（じっと）～を）聞く，（～に）耳を傾ける |
| 273 | **radio** [réɪdioʊ] | 名 ラジオ |
| 274 | **no longer ...** | もう〔もはや〕…ない |
| 275 | **real** [ríːjəl, ríːl] | 形 現実の，本物の |
| 276 | **carry** [kǽri] | 他 を持っている；を持ち歩く；を運ぶ |
| 277 | **heart** [hάːrt] | 名 心；心臓；中心 |



100 200 300 400 500 600 700 800 900 1000 1100 1200

# 17. おじいちゃんについての夢



昨晩，私は夢を見ました。夢の中で物音が聞こえました。それは居間から聞こえてきました。行ってみると，おじいちゃんがいました。おじいちゃんはお気に入りのいすに座って，ラジオを聴いていました。満面の笑みを浮かべていました。

おじいちゃんはもう私たちと一緒にはいません。でも，この夢はとてもリアルに感じられました。私はいつもおじいちゃんへの愛を胸に抱いているでしょう。

**Key Point** dream (夢)

眠っているときに見る夢も実現したい夢も同じ dream で表す。
I had a dream about my grandpa last night.（昨晩，おじいちゃんの夢を見た。）
My dream is to be like my grandpa.（私の夢はおじいちゃんのようになることだ。）

**Key Point** sit on ～ と sit in ～ の違い

sit on〔in〕a chair はどちらも「いすに座る」だが，木のいすのように座面が沈まないいすの場合は on，ひじ掛けいすなどのように座面が沈み，体がすっぽりとはまるようないすの場合は in を用いる。

**Q** この夢は，おじいちゃんとおばあちゃんとの暮らしに関するものですか。

**A** No, it is not.（いいえ，違います。）

1300 1400 1500 1600 1700 1800 1900 2000 2100 2200 2300 2400

 家族の話をする

音声

# 18. My Wife is a Writer.

**Q** **Does Jeff want to introduce Karen to his wife?**

1 Jeff is talking with his new neighbor, / Karen. //

Jeff: Yeah ... / And my **wife** Lisa is a **writer**. // She writes stories / about the lives of **successful** people. // Her new book will be about a **poor man**. // He becomes **rich** / **through** lots of
5 hard work. // **Look in** the window / over there. // You can see her now / at her **desk**. // **Come on in** / and I'll **introduce** you to her. //

Karen: Maybe next time. // She must be busy / **at work** now. //

|  |  |  |
|---|---|---|
| 278 ☐ | **wife** [wáɪf] | 名妻 ⇔ husband (夫) |
| 279 ☐ | **writer** [ráɪtər] | 名作家；書き手 |
| 280 ☐ | **successful** [səksésfl] | 形成功を収めた，うまくいった |
| 281 ☐ | **poor** [púər, pɔ́ːr] | 形貧しい；気の毒な；下手な |
| 282 ☐ | **man** [mǽn] | 名男性 《複》men |
| 283 ☐ | **rich** [rítʃ] | 形裕福な；豊かな |
| 284 ☐ | **through** [θrúː] | 前～を通じて；～を通り抜けて；～の至るところに |

# 18. 妻は作家です



ジェフは新しい隣人のカレンと話をしています。

ジェフ：ええ…。それから，僕の妻のリサは作家なんです。彼女は成功者の人生についての物語を書いているんです。彼女の新しい本は，ある貧しい男の話になる予定です。彼は多大な努力によって金持ちになるんです。あそこの窓の中を見てください。彼女が今，机に向かっているのが見えるでしょう。さあどうぞ入って。あなたを彼女に紹介しますよ。

カレン：また今度にします。彼女は今仕事中で忙しいでしょうから。

| | | |
|---|---|---|
| 285 | look in ～ | ～の中を見る |
| 286 | desk [désk] | 名 机 |
| 287 | come on in | さあさあ中に入って　※come in より親しみがあり積極的な印象。 |
| 288 | introduce [ìntrəd(j)úːs] | 他 を紹介する；を導入する |
| 289 | at work | 仕事中で；職場で |

**Q** ジェフはカレンを妻に紹介したいのでしょうか。

**A** Yes, he does.（はい，そうです。）

☑☑ レストランで注文する

# 19. At a Restaurant

**Q** Does Mike have potatoes with his sandwich and soup?

1 Server: Good afternoon. // Ready to order? //
Mike: I'm really hungry. // What's today's lunch special? //
Server: Today / we have a cheese sandwich / with tomato soup. // It comes with potatoes / or fruit. //
5 Mike: OK. // I'll have that / with fruit. // And some tea, / please. //
(Later) //
Server: Here you are. // There is more fruit / on that table. // Help yourself. //
Mike: Thank you. // Oh, / excuse me. // Can I have some milk, /
10 not cream / for my tea? //

|  |  |  |
|---|---|---|
| 290 | **restaurant** [réstərɑ:nt] | 名 レストラン |
| 291 | **Good afternoon.** | こんにちは。 |
| 292 | **order** [ɔ́:rdər] | 他 を注文する　名 注文 |
| 293 | **hungry** [hʌ́ŋgri] | 形 空腹で |
| 294 | **lunch special** | お勧めランチ |
| 295 | ▶ **lunch** [lʌ́ntʃ] | 名 ランチ，昼食 |
| 296 | **cheese** [tʃí:z] | 名 チーズ |
| 297 | **sandwich** [sǽndwɪtʃ] | 名 サンドイッチ |
| 298 | **tomato** [təméɪtoʊ] | 名 トマト |
| 299 | **it comes with ～** | 〈レストランなどで料理に〉～が付いてくる |
| 300 | **potato** [pətéɪtoʊ] | 名 ポテト，ジャガイモ |
| 301 | **fruit** [frú:t] | 名 果物 |



100 200 300 400 500 600 700 800 900 1000 1100 1200

# 19. レストランにて



接客係：こんにちは。ご注文はよろしいですか。
マイク：すごくお腹が空いているんですよね。本日のお勧めランチは何ですか。
接客係：本日はチーズサンドイッチをトマトスープとともにご用意しております。それにはポテトか果物が付いてきます。
マイク：わかりました。それを果物と一緒にいただきます。それから紅茶をお願いします。
(しばらくして)
接客係：はいどうぞ。あちらのテーブルの上に果物がもっとございます。ご自由にお召し上がりください。
マイク：ありがとう。ああ，すみません。紅茶にクリームではなく，ミルクをもらえますか。

| | | |
|---|---|---|
| 302 ☐ | **tea** [tíː] | 名 紅茶（≒ black tea） |
| 303 ☐ | **Here you are.** | はいどうぞ。；はいここにあります。 |
| 304 ☐ | **more** [mɔ́ːr] | 形 もっと多くの　副 もっと<br>名 より多くのもの〔人〕 |
| 305 ☐ | **Help yourself.** | ご自由にどうぞ。，おかわり自由です。 |
| 306 ☐ | **Excuse me.** | すみません。 |
| 307 ☐ | **milk** [mílk] | 名 ミルク，牛乳 |
| 308 ☐ | **cream** [kríːm] | 名 クリーム |

**Q** マイクはサンドイッチやスープと一緒にポテトを食べますか。

**A** No, he doesn't. He has fruit.
（いいえ，食べません。彼は果物を食べます。）

☑☑ 週末の予定を話し合う　音声

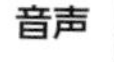

## 20. Making Plans Based on the Weather

**[Q] Will Mike and Gina go to the beach on Saturday?**

Mike: What will the **weather** be like / this **weekend**? //

Gina: It'll be **rainy** and **cold** / on Saturday, / but **maybe** not / on Sunday. //

Mike: Well, / **why don't we** go to the **library** / on Saturday / and look for some nice **art books?** // I know / you **are interested in** art. //

Gina: That's a good **suggestion.** //

Mike: Then, / **if** it's **sunny** and **warm** / on Sunday, / let's go to the **beach.** //

Gina: Oh, yes. // I **hope** we can. //

| | | |
|---|---|---|
| 309 ☐ | **based on 〜** | 〜に基づいて |
| 310 ☐ | **weather** [wéðər] | [名]天気 |
| 311 ☐ | **weekend** [wíːkènd, ⸗⸗] | [名]週末 |
| 312 ☐ | **rainy** [réɪni] | [形]雨天の |
| 313 ☐ | **cold** [kóʊld] | [形]寒い；冷たい　[名]風邪 |
| 314 ☐ | **maybe** [méɪbi, -biː] | [副]たぶん，おそらく |
| 315 ☐ | **Why don't we ...?** | …しませんか。，…しようよ。 |
| 316 ☐ | **library** [láɪbrèri] | [名]図書館 |
| 317 ☐ | **art** [ɑ́ːrt] | [名]芸術；美術；美術品 |
| 318 ☐ | **book** [bʊ́k] | [名]本；帳簿　[他]を予約する　[自]予約する |
| 319 ☐ | **be interested in 〜** | 〜に興味がある |
| 320 ☐ | ▶ **interested** [íntərəstɪd, -èstɪd] | [形]興味を持った |
| 321 ☐ | **suggestion** [səgdʒéstʃən, sədʒés-] | [名]提案，提言 |



100 200 300 400 500 600 700 800 900 1000 1100 1200

# 20. 天気をもとに計画を立てる



マイク：今週末，お天気はどうなるかな。
ジーナ：土曜日は雨で寒くなるけれど，たぶん日曜日はそうはならないわ。
マイク：じゃあ，土曜日は図書館へ行って，何冊かよさそうな美術の本を探すのはどうだい。君が美術に興味があるのを知っているんだ。
ジーナ：それはいい提案だわ。
マイク：それから，もし日曜日が晴れて暖かかったら，海辺へ行こうよ。
ジーナ：ああ，そうね。そうできることを願うわ。

|  |  |  |
|---|---|---|
| 322 | **if** [ɪf, íf] | 接 もし…ならば；…かどうか |
| 323 | **sunny** [sʌ́ni] | 形 晴れた，日の当たる |
| 324 | **warm** [wɔ́ːrm] | 形 暖かい；温かい　他 を温める |
| 325 | **beach** [bíːtʃ] | 名 海辺，浜 |
| 326 | **hope** [hóʊp] | 他 〈hope (that) ...〉(…ということ) を望む〔願う〕<br>自 希望する　名 希望 |

**語句・表現**

*l*.2　maybe not on Sunday　→ maybe it will not be rainy and cold on Sunday ということ。

**Q** マイクとジーナは土曜日に海辺へ出かけますか。

**A** No, they won't.（いいえ，出かけません。）

# Quiz
## PART 1 Section 2

空所に当てはまる単語を選びましょう。

【1】

I need to do the following things today:

1. Go shopping at the supermarket -- Buy bread, orange juice, ( 1 ), and eggs
2. ( 2 ) at the bank
3. Write a ( 3 ) to Mom
4. Wash the dirty clothes

(1) (a) noise (b) restaurant (c) survey (d) yogurt
(2) (a) Sit (b) Stop (c) Pick (d) Worry
(3) (a) leaf (b) letter (c) library (d) jacket

【2】

Interviewer : Excuse me. I'm doing a ( 1 ) about television. May I ask you some questions?
Luke : OK. What would you like to know?
Interviewer : ( 2 ) do you watch TV?
Luke : Every evening.
Interviewer : What ( 3 ) do you usually watch?
Luke : I watch the news and drama programs.

(1) (a) radio (b) survey (c) vacation (d) weather
(2) (a) How often (b) Will you
(3) (a) breads (b) favors (c) letters (d) programs

**Answers**

【1】No.13 参照
(1) (d) その他の選択肢：(a) → 17 (b) → 19 (c) → 15 参照
(2) (b) その他の選択肢：(a) → 17 (c) → 14 (d) → 12 参照
(3) (b) その他の選択肢：(a) → 16 (c) → 20 (d) → 11 参照

【2】No.15 参照
(1) (b) その他の選択肢：(a) → 17 (c) → 14 (d) → 20 参照
(2) (a) その他の選択肢：(b) → 14 参照
(3) (d) その他の選択肢：(a) → 13 (b) → 14 (c) → 13 参照

【3】

The leaves are ( 1 ) color and falling to the ground. I love to walk ( 2 ) when it's like this. These tall trees once had ( 3 ) leaves. Now I find orange, red, and yellow ones everywhere. It's a wonderful time of beautiful change.

(1) (a) carrying (b) changing (c) introducing (d) picking
(2) (a) at work (b) evening (c) ready (d) outside
(3) (a) dirty (b) front (c) green (d) warm

【4】

I had a dream last night. In the dream. I heard a noise. It came from the ( 1 ). I went there and found my grandpa. He ( 2 ) in his favorite chair and ( 3 ) the radio. He had a big smile on his face.

(1) (a) bank (b) desk (c) living room (d) vacation
(2) (a) introduced (b) needed (c) ordered (d) sat
(3) (a) changed (b) listened to (c) picked up (d) stopped at

---

【3】No.16 参照
(1) (b) その他の選択肢：(a) → 17 (c) → 18 (d) → 14 参照
(2) (d) その他の選択肢：(a) → 18 (b) → 15 (c) → 12 参照
(3) (c) その他の選択肢：(a) → 13 (b) → 14 (d) → 20 参照

【4】No.17 参照
(1) (c) その他の選択肢：(a) → 13 (b) → 18 (d) → 14 参照
(2) (d) その他の選択肢：(a) → 18 (b) → 11 (c) → 19 参照
(3) (b) その他の選択肢：(a) → 16 (c) → 14 (d) → 13 参照

## 基本動詞 1 have

(p.40)

**Core Meaning**

何か（ものやある状態）をすでに手に入れて持っている；何かを手に入れる

**have** > had > had

**1)** ～を持っている，～がいる〔ある〕

I **have** two bicycles.（私は自転車を２台持っています。）

Mary **has** long brown hair.（メアリーは長い茶色の髪をしています。）

She **has** a lot of friends.（彼女には友達がたくさんいます。）

**2)** ～を食べる，～を飲む

What time do you **have** breakfast?（何時に朝食を食べますか。）

I'll **have** *soba* for lunch.（私は昼食にそばを食べます。）

**3)** ～を経験する

We **had** a lot of rain this summer.

（今年の夏は，雨がたくさん降りました。）

We **had** a good time at the party.

（私たちはパーティーで楽しい時を過ごしました。）

**4)** ～（病気）にかかっている，～を患う

My sister **has** a bad cold.（姉はひどい風邪をひいています。）

**5)** ‘人’に…してもらう，‘人’に…させる

I'll **have** my employee pick up the guests.

（従業員にお客様を迎えに行かせましょう。）

**6)** ‘物’を…してもらう，‘物’を…される

I **had** my hair cut by my friend.（私は友人に髪を切ってもらいました。）

## 基本動詞 ② get
(p.38)

**Core Meaning**

何か（ものやある状態）を手に入れる；‘人’に何かをしてもらう

**get** > got > got〔gotten〕

1）～を受け取る，～を得る，～を手に入れる，～を買う
I **got** an e-mail from my brother.（弟からメールを受け取りました。）
Did you **get** a present for him?（彼のプレゼントを買ったの？）

2）～を取って〔連れて〕くる
Go and **get** me a cup, please.（私にカップを取ってきてちょうだい。）
I'll go and **get** him at the airport.（彼を迎えに空港に行きます。）

3）《口語》～を理解する
I **got** it.（わかりました。）
I couldn't **get** the point of her speech.
（私は彼女のスピーチの要点を理解できませんでした。）

4）～（ある状態）になる　※状態・状況が変化することを表す。
It's **getting** dark.（暗くなってきた。）
My father **got** angry with me.（父は，私に腹を立てました。）

5）たどり着く，達する
How can I **get** to the station?（駅へはどう行けばいいですか。）
She usually **gets** home at 6.（彼女はいつも 6 時に家に着きます。）

6）‘人’に…してもらう，‘人’に…させる
I'll **get** John to help you.（ジョンにあなたの手伝いをしてもらいます。）

## 基本動詞 3 go
(p.30)

**Core Meaning**

**主語が他の場所へ動く** **go > went > gone**

**1)** 行く，出かける，立ち去る
Let's go to the post office together.（一緒に郵便局に行きましょう。）
I have to go now.（もう出かけないと〔失礼しないと〕いけません。）
Let's go home together.（一緒に家に帰りましょう。）※ home は副詞。

**2)** …しに行く
〈go ...ing〉 ※スポーツやレジャーに関する動詞が多い。
I went camping with friends yesterday.
（私は昨日友達とキャンプをしに行きました。）
I often go fishing.（私はよく釣りに行きます。）
〈go to *do*〉 ※働いたり，手伝ったり，教えに行ったりする場合が多い。
I went to help my grandmother.（私は祖母を手伝いに行きました。）
〈《口語》go and *do*〉 ※ go *do* のように and を省略することもある。
Go (and) get some coffee.（コーヒーを買いに行ってきて。）

**3)** ～（の状態）になる
※〈go ＋形容詞〉の形で用いる。ふつう好ましくないことを言う。
This apple will go bad soon.
（このりんごはもうすぐ腐る（←腐った状態になる）でしょう。）

**4)** （物事が）進行する ※進捗状況などを尋ねる。
How did the meeting go?（会議はどうでしたか？）
It went well.（うまくいきました。）

(p.27)

**Core Meaning**

話し手・聞き手のいる場所へ移動する；ある状態になる

come ＞ came ＞ come

**1)** (話し手の方へ) 来る，(こちらへ) やって来る

Come here, please. (こちらに来てください。)

I want you to come to my son's birthday party.

(息子の誕生日パーティーに来てほしいな。)

Please come and see me next week.

(どうぞ来週，遊びに来てください。)

**2)** (相手の方へ) 行く

"Dinner is ready." "I'm coming, Mom."

(「夕飯，できたわよ。」「今行くよ，お母さん。」)

I will come to Canada in November. (11 月にカナダへ行きます。)

※話し相手がカナダにいる場合。

**3)** やって来る，めぐって来る，(〜まで) 達する

The newspaper didn't come this morning. (今朝，新聞が来ませんでした。)

Spring is coming soon. (もうすぐ春がやって来ます。)

The water came up to my knees. (水が私のひざの高さまで達しました。)

**4)** (ある状態) になる　※〈come ＋形容詞〉の形で用いる。

My father's dream came true. (父の夢は実現しました。)

I don't want the tape to come loose.

(テープが緩まないようにしたいのです。)

## 基本動詞 5 give

(p.39)

**Core Meaning**

相手に与える　　**give** > **gave** > **given**

1) ～を与える，～を贈る，～を渡す

My baby was crying, so I **gave** him some milk.
(赤ん坊が泣いていたのでミルクをあげました。)

I **gave** Chris a picture book for his birthday.
(私はクリスの誕生日に絵本を贈りました。)

**Give** it to me, please. (それを私にください。)

2) ～（感情，思いつきなど）を感じさせる，～を生じさせる

What **gives** you that idea?
(なぜそう考えるのですか。← 何があなたにその考えを生じさせるのですか。)

Studying English **gives** me pleasure.
(英語の勉強は楽しい。← 英語の勉強は私に楽しみをくれます。)

3) ～（演説・授業・講演など）を行う

I'm going to **give** a speech at the party on Friday.
(金曜日，私はパーティーでスピーチをします。)

Mrs. Johnson **gave** me a piano lesson yesterday.
(昨日，ジョンソンさんが私にピアノのレッスンをしてくれました。)

4) ～（会など）を開く

We **gave** a party for our grandmother.
(私たちは祖母のためにパーティーを開きました。)

## 基本動詞 6 take
(p.134)

**Core Meaning**

積極的に働きかけて自分のものにする　　**take** > took > taken

1) ～を手に取る，～をつかむ，～を手に入れる
I **took** my grandmother's hand and walked with her.
(私は祖母の手を取って一緒に歩きました。)
I'll **take** this one. (これをいただきます。)

2) (薬など) を飲む，(息など) を吸い込む
**Take** this medicine every morning. (毎朝この薬を飲んでください。)

3) ～を理解する，～を受け止める
Please don't **take** my words in the wrong way.
(私の言葉を悪く受け取らないでください。)
**Take** it easy! (気楽に行きましょう！)

4) ～を連れていく，～を持っていく
Please **take** me to the hospital. (私を病院まで連れていってください。)
It's going to rain today, so **take** your umbrella with you.
(今日は雨が降るから，傘を持っていきなさい。)

5) 〈交通手段として〉～を利用する，～(乗り物) に乗って行く
I **took** a taxi from the airport to the hotel.
(空港からホテルまでタクシーに乗って行きました。)

6) ～(時間など) がかかる
It **takes** five minutes to walk from my house to the station.
(家から駅まで歩いて５分かかります。)

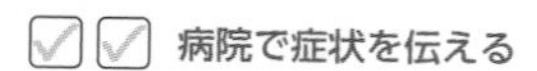

☑☑ 病院で症状を伝える　音声

# 21. At the Doctor's Office on Monday

**[Q] Did Ben's headache start yesterday?**

Doctor: Good morning. // How are you **feeling**? //
Ben: Well, / I have a bad **headache**. // It's **terrible**. //
Doctor: When did it **start**? //
Ben: Two days **ago**. //
Doctor: **Open** your **mouth**. // ... It's a little **red**. //
Ben: I can't be sick. // I have a tennis **match** / on Saturday. //
Doctor: You just **caught a cold**. // **Sleep well** and you'll **get better**.

| | | |
|---|---|---|
| 327 ☐ | **doctor** [dɑ́:ktər] | [名]医者　see a doctor（医者にかかる，診てもらう） |
| 328 ☐ | **feel** [fí:l] | [自]感じる　[他]を感じる；を触ってみる　**feel** > felt > felt |
| 329 ☐ | **headache** [hédèɪk] | [名]頭痛 |
| 330 ☐ | **terrible** [térəbl] | [形]ひどく悪い，嫌な |
| 331 ☐ | **start** [stɑ́:rt] | [自]始まる；始める　[他]を始める　[名]始まり |
| 332 ☐ | **ago** [əgóʊ] | [副]〈今から〉～前に |
| 333 ☐ | **open** [óʊpn] | [他]を開く；を始める　[自]開く；始まる |
| 334 ☐ | **mouth** [máʊθ] | [名]口；〈場所などの〉出入口 |
| 335 ☐ | **red** [réd] | [形]赤い　[名]赤 |
| 336 ☐ | **match** [mǽtʃ] | [名]試合，競技；競争相手 |
| 337 ☐ | **catch a cold** | 風邪をひく |

# 21. 月曜日に診療所にて



医師：おはようございます。具合はいかがでしょうか。

ベン：あの，ひどい頭痛がします。ひどいんです。

医師：それはいつ始まりましたか。

ベン：2日前です。

医師：口を開けてください。… 少し赤いですね。

ベン：病気になるわけにはいきません。土曜日にテニスの試合があるんです。

医師：ただ風邪をひいただけですよ。よく寝たらよくなるでしょう。

| | | |
|---|---|---|
| 338 ☐ | **sleep** [slíːp] | 自眠る　名眠り，睡眠<br>**sleep** > slept > slept |
| 339 ☐ | **well** [wél] | 副よく；うまく　形申し分のない；健康な　間ええと；さて；なるほど |
| 340 ☐ | **get better** | 〈健康状態が〉よくなる |

**語句・表現**

*l*.6　I can't be sick.　この can't は「…のはずがない，…であっては困る」の意。助動詞コラム① can を参照。

**Q**　ベンの頭痛は昨日始まったのですか。

**A**　No, it didn't. It started two days ago.
（いいえ，そうではありません。2日前に始まりました。）

心配事を相談する

音声

## 22. Father's memory is bad.

**Q** **Is Gina's father having some memory problems?**

1 Gina: I want to **tell** you something / **about** my **father**. // He's starting to have some **memory problems**. //
Mike: Oh, / **I'm sorry to hear that.** //
Gina: When I **talked** to him **yesterday**, / he **forgot** / what he **ate**
5 for **breakfast**. // He **also** didn't remember / what **city** we **lived** in **before**. //
Mike: Hmmm ... // I think he **needs to** see a doctor. //
Gina: Yes, / I'll **call** his doctor / **right away**. //

| No. | 語句 | 意味 |
|---|---|---|
| 341 | **tell** [tél] | ㊀(〜に)を話す，を伝える，を教える<br>㊁話す；〈通例 can を伴って〉わかる<br>tell > told > told |
| 342 | **about** [əbáʊt] | ㊂〜について　㊃およそ |
| 343 | **father** [fɑ́ːðər] | ㊄父親 |
| 344 | **memory problem** | 記憶力の問題，記憶障害 |
| 345 | ▶ **memory** [méməri] | ㊄記憶(力)；メモリ |
| 346 | ▶ **problem** [prɑ́ːbləm, -lem] | ㊄問題 |
| 347 | **I'm sorry to hear that.** | それを聞いて気の毒に思う。 |
| 348 | ▶ **sorry** [sɑ́ːri, sɔ́ːri] | ㊅残念に思って；すまなく思って |
| 349 | ▶ **hear** [híər] | ㊀を聞いて知る，を聞く<br>㊁聞こえる，聞く |
| 350 | **talk** [tɔ́ːk] | ㊁話す，しゃべる　㊄話；おしゃべり |
| 351 | **yesterday** [jéstərdeɪ, -di] | ㊃昨日(は)　㊄昨日 |
| 352 | **forget** [fərgét] | ㊀を忘れる　㊁忘れる<br>forget > forgot > forgotten〔forgot〕 |
| 353 | **eat** [íːt] | ㊀を食べる　㊁食べる，食事をする<br>eat > ate > eaten |



100 200 300 400 500 600 700 800 900 1000 1100 1200

# 22. 父の記憶力がよくありません



ジーナ：私の父について，あなたに話したいことがあるの。父は何だか記憶力の問題を抱え始めているのよ。

マイク：まあ，お気の毒に。

ジーナ：昨日父に話をしたとき，朝食に何を食べたのか忘れていたの。以前私たちがどの街に住んでいたのかも，覚えていなかったのよ。

マイク：うーん…お父さんは医者に診てもらう必要があると思うな。

ジーナ：そうね，すぐにお医者さんに電話をかけるわ。

| No. | 語句 | 意味 |
|---|---|---|
| 354 | **breakfast** [brékfəst] | 名 朝食 |
| 355 | **also** [ɔ́ːlsoʊ] | 副 ～もまた |
| 356 | **city** [síti] | 名 都市，都会；市 |
| 357 | **live** 動 [lív] 形 [láɪv] | 自 暮らす　形 生きている；生放送の |
| 358 | **before** [bɪfɔ́ːr, bə-] | 副 以前に　接 …する前に　前 ～の前に |
| 359 | **need to ...** | …する必要がある |
| 360 | **call** [kɔ́ːl] | 他 に電話する；を呼ぶ　自 電話をかける<br>名 電話 |
| 361 | **right away** | ただちに |

**語句・表現**

*l*.5　we lived → ジーナと父親が話をした時より前の出来事なので文法的には we had lived となるが，カジュアルな会話では過去時制を使うことが多い。

**Q** ジーナのお父さんは記憶力の問題を抱えていますか。

**A** Yes, he is.（はい，抱えています。）

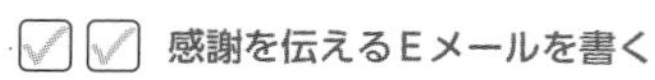

感謝を伝えるEメールを書く

音声 

# 23. Email Thanking a Guest Speaker

**Q Did the members at the meeting enjoy the speech?**

1 Subject: Thanks for being our guest speaker //

Dear Ms. Collins, /

Thank you for your interesting speech / at our women's club meeting this week. // Our members enjoyed your topic / on
5 women's health very much. //

We're so glad that you joined us. // Please come back / and visit us again soon. //

Yours truly, /
Mary Morgan //

|  |  |  |
|---|---|---|
| 362 | **dear** [díər] | 形〈手紙の書き出し Dear ～, で〉親愛なる～様；大切な，いとしい 名いとしい人 |
| 363 | **interesting** [íntərəstɪŋ] | 形興味深い，おもしろい |
| 364 | **speech** [spíːtʃ] | 名演説，スピーチ；話すこと |
| 365 | **woman** [wúmən] | 名女性 《複》women |
| 366 | **club** [klʌ́b] | 名クラブ，(同好) 会 |
| 367 | **meeting** [míːtɪŋ] | 名会合；会議，打ち合わせ |
| 368 | **topic** [tɑ́ːpɪk] | 名テーマ，話題，トピック |



100 200 300 400 500 600 700 800 900 1000 1100 1200

# 23. ゲストスピーカーに感謝を伝える電子メール



件名：ゲストスピーカーになっていただきありがとうございます

親愛なるコリンズ様,

今週は当ウィメンズクラブの会合での興味深い講演をありがとうございました。当会員たちは，女性の健康に関するあなたのテーマをおおいに楽しみました。

ご参加いただき，大変うれしく思っています。また近いうちにどうぞこちらにお越しください。

敬具

メアリー・モーガン

| | | |
|---|---|---|
| 369 | **health** [hélθ] | 名 健康 |
| 370 | **join** [dʒɔ́ɪn] | 他 に参加する，に加わる；をつなぐ<br>自 加わる，結合する |
| 371 | **please** [plíːz] | 間 どうぞ…（して）ください |
| 372 | **Yours truly,** | 敬具 |

**Q** 会合に出席した会員たちは講演を楽しみましたか。

**A** Yes, they did.（はい，楽しみました。）

1300 1400 1500 1600 1700 1800 1900 2000 2100 2200 2300 2400

☑☑ 感謝を伝えるEメールを書く（親しい人に）

音声 

## 24. Email Thanking a Good Friend

**Q** **Did Sue plan the picnic?**

1 Subject: Sending a big "Thank You" //

Hi Mary, /

The picnic this past weekend / was great. // Thanks for planning this event. // Everybody had so much fun. // We laughed
5 together / and shared stories with each other. //

Again, / thank you, / my dear friend. // You did a super job! // And it was a wonderful idea. // I hope / we can go back to the park / with all our classmates / again sometime. //

Take care, /
10 Sue //

| | | |
|---|---|---|
| 373 ☐ | **picnic** [píknɪk] | 名ピクニック |
| 374 ☐ | **past** [pǽst] | 形過去の，以前の　名過去　前～を過ぎて |
| 375 ☐ | **thanks for ～** | 《口語》～をありがとう<br>※ **Thank you for ～** よりくだけた言い方。 |
| 376 ☐ | **plan** [plǽn] | 他を計画する　名計画；設計図 |
| 377 ☐ | **event** [ɪvént, ə-] | 名イベント，行事；出来事 |
| 378 ☐ | **everybody** [évribɑ̀ːdi] | 代皆（≒ everyone） |
| 379 ☐ | **have so much fun** | 大いに楽しむ |
| 380 ☐ | ▶ **much** [mʌ́tʃ] | 形〈数えられないものについて〉多くの，たくさんの　副とても，ずっと　名多量 |
| 381 ☐ | ▶ **fun** [fʌ́n] | 名楽しみ；おもしろいもの〔事・人〕 |
| 382 ☐ | **laugh** [lǽf] | 自（声を出して）笑う　名笑い |



100 200 300 400 500 600 700 800 900 1000 1100 1200

# 24. 仲のよい友人に感謝を伝える電子メール



件名：「ありがとう」の気持ちを込めて

こんにちは，メアリー，

先週末のピクニックは楽しかったね。このイベントを計画してくれてありがとう。みんなとても楽しんだわ。私たちは一緒に笑って，お互いに話を共有したね。

もう一度，ありがとう，私の大切な友だち。あなたは最高の仕事をしたのよ！しかもそれはすてきなアイデアだった。またいつか，あの公園へ同級生みんなと行くことができたらいいなと思っているわ。

元気でね。
スー

| | | |
|---|---|---|
| 383 ☐ | **share** [ʃéər] | [他]を共有する，を分かち合う<br>[名]分け前；役割 |
| 384 ☐ | **story** [stɔ́:ri] | [名]話，物語 |
| 385 ☐ | **again** [əgén, əgéɪn] | [副]再び |
| 386 ☐ | **friend** [frénd] | [名]友人 |
| 387 ☐ | **super** [sú:pər] | [形]素晴らしい，最高の |
| 388 ☐ | **park** [pá:rk] | [名]公園 |
| 389 ☐ | **classmate** [klǽsmèɪt] | [名]同級生，クラスメート |

[Q] スーがピクニックを計画しましたか。

[A] No, she didn't. Mary did.
（いいえ，しませんでした。メアリーが計画しました。）

1300 1400 1500 1600 1700 1800 1900 2000 2100 2200 2300 2400

☑☑ 家族について話す

音声

# 25. A mother believes in her son.

**Q** Does Sam's mother think her son will be successful?

When my son Sam was a child, / we knew that he was smart. // He learned things quickly. // In school, / he was always a bright student. // He loves science / and wants to study it in college. // His goal now is to become a scientist / in the future. // I'm sure / he will do it. //

| | | |
|---|---|---|
| 390 | **believe in ～** | ～を信じる |
| 391 | **child** [tʃáɪld] | [名]子供 《複》children |
| 392 | **smart** [smáːrt] | [形]賢い；しゃれた |
| 393 | **thing** [θíŋ] | [名]もの；こと |
| 394 | **quickly** [kwíkli] | [副]速く；すぐに |
| 395 | **school** [skúːl] | [名]学校 |
| 396 | **always** [ɔ́ːlweɪz] | [副]いつも |
| 397 | **bright** [bráɪt] | [形]利口な；明るい；〈色が〉鮮やかな |
| 398 | **student** [st(j)úːdnt] | [名]生徒，学生 |
| 399 | **science** [sáɪəns] | [名]（自然）科学；理科；～学 |
| 400 | **study** [stʌ́di] | [他]を勉強する，を研究する [自]勉強する，研究する [名]勉強；研究 |

## 25. 母親は自分の息子を信じています



私の息子のサムが子供の頃，私たちは彼が賢いと自覚していました。彼は物事をあっという間に習得したのです。学校では，彼はいつも頭のよい生徒でした。科学が大好きで，大学ではそれを勉強したいと思っています。彼の今の目標は，将来，科学者になることです。私は，サムはそうなるだろうと確信しています。

| | | |
|---|---|---|
| 401 ☐ | **college** [kɑ́:lɪdʒ] | ㊔大学；学部<br>※いろいろな学部（college）がある総合大学を university と言う。 |
| 402 ☐ | **goal** [góʊl] | ㊔目標；ゴール；〈ゴールに入れて得る〉得点 |
| 403 ☐ | **become** [bɪkʌ́m, bə-] | ㊐〈…に〉なる　**become > became > become** |
| 404 ☐ | **scientist** [sáɪəntəst] | ㊔科学者 |
| 405 ☐ | **in the future** | 将来は，今後は |
| 406 ☐ | **be sure (that) ...** | …と確信している |

**Q** サムの母親は自分の息子が成功するだろうと考えていますか。

**A** Yes, she does.（はい，考えています。）

1300 1400 1500 1600 1700 1800 1900 2000 2100 2200 2300 2400

☑☑ 休暇の過ごし方について話す

音声 

## 26. John's Vacation

**Q** **Does Mari want to stay on a farm?**

1 John is telling Mari about his vacation plans / at lunch time. //

John : I want to **stay** on a **farm** / this summer. //
Mari : A farm? // What are you going to do **there**? //
John : I'm going to work with **farmers** / in their **garden**. // We'll get
5 some vegetables / and **cook** them for **dinner**. //
Mari : OK. // **What else** will you do**?** //
John : Well, / I'm planning to **ride** a **horse** / **every day**. // I can't
wait! //

| | | |
|---|---|---|
| 407 ☐ | **stay** [stéɪ] | 自滞在する；〈stay ～(形容詞・名詞)〉～のままでいる　名滞在 |
| 408 ☐ | **farm** [fá:rm] | 名農場<br>※畑に加え，家畜の飼育場所，納屋などを含む。 |
| 409 ☐ | ▶ **field** [fí:ld] | 名（広大な）畑，牧草地 ※牧場を含まない；野原；競技場 |
| 410 ☐ | ▶ **yard** [já:rd] | 名庭，芝地 |
| 411 ☐ | **there** [ðéər] | 副そこで〔に；へ〕 |
| 412 ☐ | **farmer** [fá:rmər] | 名農家の人；農場主 |
| 413 ☐ | **garden** [gá:rdn] | 名庭，（花，野菜などの）菜園 |
| 414 ☐ | **cook** [kúk] | 他〈加熱して〉を料理する；(人) に〈食べ物〉を料理してあげる　自〈食べ物が〉料理される　名料理人 |
| 415 ☐ | **dinner** [dínər] | 名夕食 |

# 26. ジョンの休暇



ジョンは昼食時に，休暇の計画について真理に話しています。

ジョン：今年の夏は農場に滞在したいと思っているんだ。
真理：農場ですって。そこで何をするつもりなの？
ジョン：農家の人たちと一緒に菜園で働くつもりだよ。野菜をとって，夕食にそれらを料理するんだ。
真理：そうなんだ。他に何かするつもりなの？
ジョン：実は，毎日馬に乗る予定なんだ。待ちきれないよ！

| No. | 語句 | 意味 |
|---|---|---|
| 416 | **What else ...?** | 他に何か…なのか？ |
| 417 | ▶ **else** [éls] | 副 その他に |
| 418 | **ride** [ráɪd] | 他 (乗り物, 馬) に乗る<br>※車を自分が運転する場合は **drive**。<br>自 〈**on ; in**〉 (乗り物に) 乗る　ride on〔in〕a train（電車に乗る），ride in a taxi（タクシーに乗る）　**ride > rode > ridden**<br>名 乗ること |
| 419 | **horse** [hɔ́ːrs] | 名 馬 |
| 420 | **every day** | 毎日 |
| 421 | ▶ **every** [évri] | 形 毎～；すべての |

**Q** 真理は農場に滞在したいですか。

**A** No, she doesn't. John wants to stay on a farm.
（いいえ，したくありません。ジョンが農場に滞在したいのです。）

1300 1400 1500 1600 1700 1800 1900 2000 2100 2200 2300 2400

☑☑ 寝ている人を起こす

音声

# 27. Grandma's Birthday Breakfast

**[Q] Did Grandpa cook breakfast for Grandma and Ben?**

Grandma: Ben, / it's eight **o'clock**. // Are you **awake yet**? //

Ben: Ten more minutes, / please, // Grandma. //

Grandma: You **already** said that / ten minutes ago. //

Ben: I'm sorry, Grandma, / I'm really **tired** / and I can't **get up**. //

Grandma: You'll miss my birthday breakfast. // **Grandpa** cooked it for us. //

Ben: Grandpa cooked it? // I'm afraid to eat it. // Maybe I need to sleep **another hour**. //

| | | |
|---|---|---|
| 422 ⧄ | **o'clock** [əklɑ́ːk. oʊ-] | [副] ～時 |
| 423 ⧄ | **awake** [əwéɪk] | [形] 目が覚めて [自] 目が覚める<br>[他] を目覚めさせる |
| 424 ⧄ | **yet** [jét] | [副] 〈疑問文で〉すでに；〈否定文で〉まだ |
| 425 ⧄ | **already** [ɔːlrédi] | [副] 〈ふつう肯定文で〉すでに，もう |
| 426 ⧄ | **tired** [táɪərd] | [形] 疲れて；〈tired of ～で〉～にうんざりして |
| 427 ⧄ | **get up** | 起きる，（寝床から）起き上がる |
| 428 ⧄ | **grandpa** [grǽnpɑ̀ː, grǽmpɑ̀ː, grǽnd-] | [名] 《口語》おじいちゃん，祖父 |

# 27. おばあちゃんの誕生日の朝食



おばあちゃん：ベン，8時だよ。もう目を覚ましているかい。

ベン：あと10分，お願い，おばあちゃん。

おばあちゃん：あなたはすでに10分前にそう言ったわよ。

ベン：ごめんね，おばあちゃん。僕は本当に疲れていて，起き上がれないんだ。

おばあちゃん：私の誕生日の朝食を食べそこないますよ。おじいちゃんが私たちのために料理してくれたのよ。

ベン：おじいちゃんが料理したって？ 食べるのが怖いな。たぶん僕はあと1時間眠らないと。

| | | |
|---|---|---|
| 429 ☐ | ▶ **grandfather** [grǽnfɑ̀:ðər, grǽnd-] | 名 祖父，おじいさん |
| 430 ☐ | **another** [ənʌ́ðər] | 形 もう1つ〔1人〕の，別の<br>代 もう1つの物〔人〕，別の物（人） |
| 431 ☐ | **hour** [áuər] | 名 1時間；（何かをするための）時間 |

**Q** おじいちゃんはおばあちゃんとベンのために朝食を作りましたか。

**A** Yes, he did. He cooked it for them.
（はい，作りました。彼は2人のために料理してくれました。）

1300 1400 1500 1600 1700 1800 1900 2000 2100 2200 2300 2400

☑☑ 家族のことを話す

音声 

# 28. A Memory of My Grandfather

**Q** **Did the speaker cook fish for his grandfather?**

1 When my grandfather was young, / we usually stayed / near Lake Michigan / in summer. // He was good at fishing / and often caught a lot of fish. // He always cooked them later / and we ate them together. // Before going to bed, / we enjoyed looking at the
5 stars in the night sky, / and we talked a lot. //

| | | |
|---|---|---|
| 432 ☐ | **young** [jʌ́ŋ] | 形若い；年下の |
| 433 ☐ | **usually** [júːʒuəli, júːʒəli] | 副いつもは，通常は |
| 434 ☐ | **near** [níər] | 前〜の近くに　形近い，近くの |
| 435 ☐ | **lake** [léɪk] | 名湖 |
| 436 ☐ | **be good at 〜** | 〜が得意である |
| 437 ☐ | **fishing** [fíʃɪŋ] | 名釣り |
| 438 ☐ | **often** [ɑ́ːfn, ɑ́ːftn, ɔ́ːf-] | 副しばしば，よく |
| 439 ☐ | **catch** [kǽtʃ] | 他(魚)を釣る，を捕まえる；(バス・列車などに)に間に合う　名とらえること<br>**catch > caught > caught** [kɔ́ːt] ♪ |
| 440 ☐ | **a lot of 〜** | たくさんの〜 |



100 200 300 400 500 600 700 800 900 1000 1100 1200

# 28. 祖父の思い出



僕の祖父が若かった頃，僕たちはたいてい，夏にミシガン湖の近くに滞在しました。彼は釣りが得意だったので，よくたくさんの魚を釣りました。祖父はいつもあとでその魚を料理し，僕たちは一緒にそれを食べました。ベッドに入る前には，夜の空の星を見るのを楽しみ，たくさんおしゃべりをしました。

| | | |
|---|---|---|
| 441 ☐ | **fish** [fɪʃ] | ㊔魚　※単複同形。 ㊐釣りをする |
| 442 ☐ | **go to bed** | 寝床に入る，就寝する，寝る |
| 443 ☐ | **star** [stáːr] | ㊔星；〈芸能・スポーツ分野での〉花形，スター |
| 444 ☐ | **night** [náɪt] | ㊔夜 |
| 445 ☐ | **sky** [skáɪ] | ㊔空 |
| 446 ☐ | **a lot** | 《口語》たくさん，とても　※副詞的に使う。 |
| 447 ☐ | ▶ **lot** [láːt] | ㊔たくさんのこと〔物〕；(土地の) 一区画 |

**Q** 話し手は祖父のために魚を料理しましたか。

**A** No he didn't. His grandfather cooked the fish.
(いいえ，しませんでした。彼の祖父が魚を料理しました。)

店員に頼む

音声 

## 29. Do you have a bigger size?

**Q** **Was the pink shirt with brown buttons too tight?**

1 Mari is shopping at a store. //

Mari: Excuse me. // Can I see that **skirt**? //
Salesperson: The **yellow** one? //
Mari: Yeah. //
5 Salesperson: Here you are. // You can try it on / **over there**. //
Mari: Thanks. // Oh, / can I see that **pink shirt** / with **brown buttons**, too? //
Salesperson: Sure. //
Mari: (Later) Hmm … // This skirt is a little **tight**. // Do you
10 have a bigger **size**? //
Salesperson: Here, / this one is a size bigger. //

|  |  |  |
|---|---|---|
| 448 | **skirt** [skə́ːrt] | 名スカート |
| 449 | **yellow** [jéloʊ] | 形黄色い，黄色の 名黄色 |
| 450 | **over there** | あちらで〔に〕，向こうに |
| 451 | **pink** [píŋk] | 形桃色の，ピンク色の 名桃色，ピンク色 |
| 452 | ▶ **color** [kʌ́lər] | 名色 |
| 453 | **shirt** [ʃə́ːrt] | 名シャツ，ワイシャツ；（女性用の）ブラウス |
| 454 | **brown** [bráʊn] | 形茶色い，茶色の，褐色の 名茶色，褐色 |

# 29. もっと大きいサイズはありますか



真理は店で買い物中です。

真理：すみません。あのスカートを見せてもらえますか。
販売員：あの黄色いのですか。
真理：そうです。
販売員：はい，どうぞ。それはあちらで試着できますよ。
真理：ありがとう。ああ，茶色いボタンがついたあのピンク色のシャツも見せてもらえますか。
販売員：もちろんです。
真理：（後で）うーん…このスカートは少しきついわ。もっと大きいサイズはありますか。
販売員：はいどうぞ，こちらがワンサイズ大きいものです。

| | | |
|---|---|---|
| 455 | **button** [bʌ́tn] | 名〈衣服の〉ボタン；押しボタン |
| 456 | **tight** [táɪt] | 形〈服・靴などが〉きつい；ぴんと張った<br>副しっかりと，きつく |
| 457 | **size** [sáɪz] | 名サイズ，大きさ |

Q 茶色いボタンがついたピンク色のシャツはきつすぎましたか。

A No, the yellow skirt was too tight.
（いいえ，黄色いスカートがきつすぎました。）

1300 1400 1500 1600 1700 1800 1900 2000 2100 2200 2300 2400

☑☑ 情報を求める

音声 

## 30. What can I do in one day?

**Q** **Is the river near the tourist information office?**

1 Emi is at a tourist information office. //

Staff member: Hello. // Do you need some **information**? //
Emi: Yes, / please. // I'm only staying in your **town** today. // What can I do in one day? //
5 Staff member: Well, / the weather is very nice. // You can walk **along** the **river**. //
Emi: I love that idea! // But I don't have a **car**. // Is the river near here? //
Staff member: Yes, / it's only three **blocks away**. // It's here on this
10 **map**. // And there are some nice restaurants and **shops** / by the river. // You must **try** our **candy store**, / **Sweet Tooth**. //
Emi: Thank you very much. // I'm going to have a great day! //

|  |  |  |
|---|---|---|
| 458 ☐ | **information** [ìnfərméɪʃən] | 名情報；(駅・ホテルなどの) 案内所〔係〕 |
| 459 ☐ | **town** [táʊn] | 名街，町 |
| 460 ☐ | **along** 前 [əlɔ́(:)ŋ] 副 [-´] | 前～に沿って 副進んで |
| 461 ☐ | **river** [rívər] | 名川，河川 |
| 462 ☐ | **car** [kɑ́:r] | 名自動車；車両 |
| 463 ☐ | **block** [blɑ́:k] | 名ブロック，1区画；大きな塊<br>他をふさぐ |
| 464 ☐ | **away** [əwéɪ] | 副先に；離れて；不在で；消え去って |
| 465 ☐ | **map** [mǽp] | 名地図 |
| 466 ☐ | **shop** [ʃɑ́:p] | 名店 自買い物をする |
| 467 ☐ | **try** [tráɪ] | 他を試す 自試みる 名試し，試み |
| 468 ☐ | **candy store** | お菓子屋さん |



100 200 300 400 500 600 700 800 900 1000 1100 1200

# 30. 1日でどんなことができるでしょうか



絵美は観光案内所にいます。

職員：こんにちは。何か情報がご必要ですか。
絵美：ええ，お願いします。この街には今日しか滞在しない予定なのです。1日でどんなことができるでしょうか。
職員：そうですね，お天気がとてもいいですし。川に沿って歩くことができますよ。
絵美：そのアイディアはすごくいいですね！でも私は車を持っていないのです。その川はこの近くでしょうか。
職員：ええ，たった3ブロック先ですよ。この地図のここです。それから川沿いにはいくつかすてきなレストランやお店があります。当地のお菓子屋さんの「スウィートトゥース（甘いもの好き）」をぜひ試してください。
絵美：ありがとうございます。素晴らしい1日になりそうです！

| | | |
|---|---|---|
| 469 | ▶ **candy** [kǽndi] | ㊔キャンディ；砂糖菓子（キャラメルなど）<br>㊟を砂糖漬けにする |
| 470 | ▶ **store** [stɔ́ːr] | ㊔店，商店 |
| 471 | **sweet tooth** | 甘いもの好き，甘党　have a sweet tooth（甘いもの好きである） |
| 472 | ▶ **sweet** [swíːt] | ㊕甘い |
| 473 | ▶ **tooth** [túːθ] | ㊔歯　《複》teeth |

**語句・表現**

*l.*11 You must ... →「ぜひ…してください」という気持ちを親しみを込めて表現している。助動詞コラム⑧ must を参照。

**Q** 川は観光案内所の近くですか。

**A** Yes, it is.（はい，そうです。）

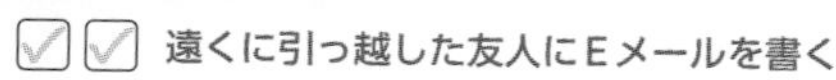

遠くに引っ越した友人にEメールを書く

音声

# 31. Email to an American Friend

**Q** Does Jen have a new boyfriend?

1 Hi Jen, /

How are you doing? // I can't **believe** / you left Japan for America / six **months** ago. // **Time flies**! // We have a **new** American worker / in our **office**. // His name is John. // He's a nice **guy**, / but we **still**
5 miss you a lot! //
Thank you for **sending** me / the **picture** of you and your new **boyfriend**. // He's really **handsome**. // Now you won't feel so **lonely**! //

Take care / and write soon, /
10 Mari //

|  |  |  |
|---|---|---|
| 474 | **believe** [bɪlíːv, bə-] | 他 を信じる，を本当だと思う　自 信じる |
| 475 | **month** [mʌ́nθ] | 名 月，一カ月 |
| 476 | **Time flies** | 光陰矢の如し |
| 477 | ▶ **fly** [flάɪ] | 自 飛ぶ；飛行機で行く　他 を飛ばす<br>名 ハエ |
| 478 | **new** [n(j)úː] | 形 新しい |
| 479 | **office** [άːfəs] | 名 会社，事務所；職場 |
| 480 | **guy** [gάɪ] | 名《口語》男（の人）　※複数形のguysは男女を問わず，呼びかけに使える。 |
| 481 | **still** [stíl] | 副 今でも，まだ；それでも |
| 482 | **send** [sénd] | 他 を送る，を届ける；を送信する<br>send > sent > sent |



100 200 300 400 500 600 700 800 900 1000 1100 1200

# 31. アメリカ人の友人への電子メール



こんにちはジェン,

元気でやっていますか。あなたが 6 カ月前にアメリカに向けて日本を出発したなんて，信じられないわ。光陰矢のごとし！ 私たちの事務所には，新しいアメリカ人の従業員がいるの。彼の名前はジョンよ。彼は感じのいい男性だけれど，私たちは今でもあなたがいなくてとても寂しく思っているわ！あなたとあなたの新しいボーイフレンドの写真を送ってくれてありがとう。彼は本当にハンサムだわ。もうあなたはそれほど心細いと感じることはないでしょうね！

体に気を付けて，近いうちにお返事をください。
真理

| | | |
|---|---|---|
| 483 ☐ | picture [píktʃər] | 名 写真；絵 |
| 484 ☐ | boyfriend [bɔ́ɪfrènd] | 名 ボーイフレンド |
| 485 ☐ | ▶ girlfriend [gə́ːrlfrènd] | 名 ガールフレンド |
| 486 ☐ | ▶ partner [páːrtnər] | 名 パートナー，相棒；配偶者 |
| 487 ☐ | handsome [hǽnsəm] | 形 ハンサムな |
| 488 ☐ | lonely [lóʊnli] | 形 心細い，寂しい；孤独な |

**Q** ジェンには新しいボーイフレンドがいますか。

**A** Yes, she has a new boyfriend.
（はい，彼女には新しいボーイフレンドがいます。）

1300 1400 1500 1600 1700 1800 1900 2000 2100 2200 2300 2400

☑☑ 祝日について説明する　音声 

## 32. Thanksgiving in America and Japan

**Q** **Do people in Japan cook a special meal for Thanksgiving?**

1 Mari: **Which holiday** do you like **best**? //
John: When I was a **kid**, / Christmas was my favorite. // But now, / it's Thanksgiving. //
Mari: Does your **family** always eat **turkey**? //
5 John: Of course! // It's my favorite **meal**. // Everyone in my family cooks together. // I always **make** "candied **sweet potatoes**." // It's like Japanese "Daigakuimo." // Do Japanese people **celebrate** Thanksgiving? //
Mari: Not really. // The day is for **workers**, / but there's no special
10 meal, / like turkey in America. // Most people **spend** the day / like it's a Sunday. //

| | | |
|---|---|---|
| 489 ☐ | **which** [wítʃ] | 形 どの，どちらの<br>代 …するところのもの〔こと〕 |
| 490 ☐ | **holiday** [há:lədèɪ, -di] | 名 祝日，休日 |
| 491 ☐ | **best** [bést] | 副 最もよく，一番　形 最もよい，最高の<br>名 最善 |
| 492 ☐ | **kid** [kíd] | 名 子供（≒ child）<br>※日常会話では child より多く用いられる。 |
| 493 ☐ | **family** [fǽməli] | 名 家族 |
| 494 ☐ | **turkey** [tə́:rki] | 名 七面鳥；七面鳥の肉 |
| 495 ☐ | **meal** [mí:l] | 名 食事 |
| 496 ☐ | **make** [méɪk] | 他 を作る；（に）…させる |
| 497 ☐ | **sweet potato** | サツマイモ，スイートポテト |
| 498 ☐ | **celebrate** [séləbrèɪt] | 他（記念日など）を祝う；（式）を挙行する |
| 499 ☐ | **worker** [wə́:rkər] | 名 働く人，労働者 |

# 32. アメリカと日本のサンクス・ギビング



真理：あなたはどの祝日が一番好き？

ジョン：子供のころは，クリスマスがお気に入りだったよ。でも今は，感謝祭だね。

真理：あなたの家族はいつも七面鳥を食べるのかしら。

ジョン：もちろんだとも！ 僕の大好きな食事さ。うちの家族はみんなで一緒に料理をするんだよ。僕はいつも「キャンディード・スイートポテト」を作る。それは日本の「ダイガクイモ」みたいなものだよ。日本の人たちは感謝祭を祝うの？

真理：そうでもないわ。その日は働く人たちのための日なんだけれど，アメリカの七面鳥のような特別な食事はないのよ。ほとんどの人たちは，その日をいつもの日曜日のように過ごすわ。

500 ☐ **spend** [spénd] 他 (時) を過ごす；(金) を使う

spend > spent > spent

**Key Point** 日本の勤労感謝の日（Labor Thanksgiving Day）

日本の勤労感謝の日（Labor Thanksgiving Day）は五穀豊穣を感謝する儀式である「新嘗祭（にいなめさい）」が起源である。「勤労をたつとび，生産を祝い，国民たがいに感謝しあう」ことを目的とし，11 月 23 日を国民の休日として定められた。

**語句・表現**

*l*.11 it's a Sunday Sunday に不定冠詞 a が付くと，不特定のある日曜日（いくつもある日曜日の中の１つ）を意味する。

**Q** 日本にいる人々はサンクス・ギビングに特別な食事を作りますか。

**A** No, they don't. Most of them spend the day like it's a Sunday.（いいえ，作りません。ほとんどはその日をいつもの日曜日のように過ごします。）

# Quiz
## PART 1　Section 3

空所に当てはまる単語を選びましょう。

【1】

The picnic this past weekend was great. Thanks for ( 1 ) this event. Everybody had so much fun. We laughed together and ( 2 ) stories with each other. Again, thank you, my dear friend. You did a ( 3 ) job!

(1) (a) believing　(b) celebrating　(c) planning　(d) sending
(2) (a) felt　(b) opened　(c) shared　(d) spent
(3) (a) handsome　(b) super　(c) sweet　(d) terrible

【2】

When my son Sam was a child, we knew that he was ( 1 ). He learned things quickly. In school, he was always a ( 2 ) student. He loves science and wants to study it in college. His goal now is to ( 3 ) a scientist in the future. I'm sure he will do it.

(1) (a) awake　(b) interesting　(c) smart　(d) terrible
(2) (a) new　(b) bright　(c) lonely　(d) tight
(3) (a) become　(b) catch　(c) join　(d) share

**Answers**

【1】No.24 参照
(1) (c) その他の選択肢：(a) → 31　(b) → 32　(d) → 31 参照
(2) (c) その他の選択肢：(a) → 21　(b) → 21　(d) → 32 参照
(3) (b) その他の選択肢：(a) → 31　(c) → 30　(d) → 21 参照

【2】No.25 参照
(1) (c) その他の選択肢：(a) → 27　(b) → 23　(d) → 21 参照
(2) (b) その他の選択肢：(a) → 32　(c) → 31　(d) → 29 参照
(3) (a) その他の選択肢：(b) → 28　(c) → 23　(d) → 24 参照

【3】

When my grandfather was ( 1 ), we ( 2 ) stayed near Lake Michigan in summer. He was good at fishing and often ( 3 ) a lot of fish. He always cooked them later and we ate them together. Before going to bed, we enjoyed looking at the stars in the night sky, and we talked a lot.

(1) (a) interesting (b) past (c) much (d) young
(2) (a) again (b) already (c) quickly (d) usually
(3) (a) caught (b) sent (c) slept (d) spent

【4】

How are you doing? I can't ( 1 ) you left Japan for America six months ago. Time flies! We have a new American worker in our office. His name is John. He's a nice guy, but we still miss you a lot!
Thank you for ( 2 ) me the picture of you and your new boyfriend. He's really ( 3 ). Now you won't feel so lonely!

(1) (a) believe (b) forget (c) spend (d) try
(2) (a) believing in (b) riding (c) sending (d) staying
(3) (a) dear (b) handsome (c) terrible (d) tired

【3】No.28 参照
(1) (d) その他の選択肢：(a) → 23 (b) → 24 (c) → 24 参照
(2) (d) その他の選択肢：(a) → 24 (b) → 27 (c) → 25 参照
(3) (a) その他の選択肢：(b) → 31 (c) → 21 (d) → 32 参照

【4】No.31 参照
(1) (a) その他の選択肢：(b) → 22 (c) → 32 (d) → 30 参照
(2) (c) その他の選択肢：(a) → 25 (b) → 26 (d) → 26 参照
(3) (b) その他の選択肢：(a) → 23 (c) → 21 (d) → 27 参照

## 基本動詞 7 bring

(p.184)

**Core Meaning**

話し手のいる〔示す〕ところへ，もの〔人〕を持って〔連れて〕くる

**bring** > **brought** > **brought**

**1)** ～を持ってくる，～を連れてくる

Will you **bring** me a chair, please?
(いすを持ってきてくれませんか。)

**Bring** your family to my birthday party.
(ご家族を私の誕生日パーティーに連れていらっしゃい。)

**Bring** that one here and take this one there.
(あれをこちらに持ってきて，これをあちらに持っていって。)

**2)** ～を持っていく，～を連れていく

I'll **bring** some fruit to the party.
(パーティーに果物を持っていきますよ。)

Can I **bring** a friend to your house?
(あなたの家に友達を連れていってもいいですか。)

**3)** ～をもたらす，～を引き起こす

Money doesn't always **bring** us good luck.
(お金は必ずしも幸運をもたらさない。)

Hard work **brought** her good results.
(一生懸命働いたことが彼女によい結果をもたらしました。)

The winter **brought** heavy snow.(その冬は大雪をもたらしました。)

## 基本動詞 8 see
(p.24)

**Core Meaning**

自然と視界に入ってくる。特に見ようとしなくても見える。

see > saw > seen

※ look ＝(見ようと思い) 意識して視線を向ける，きょろきょろ見る

I'm just **looking**.（〈店で〉見ているだけです。）

**Look** at page 35.（35 ページを見てください。）

watch ＝動くものを注意して見る，じっと見る

I **watch** TV every morning.（私は毎朝テレビを見ます。）

1）～が見える，～を見る，～が目に入る

I can't **see** anything without my glasses.（眼鏡なしに何も見えません。）

You can **see** Mt. Fuji from here.（ここから富士山が見えますよ。）

2）（映画・演劇など）を観る，（名所など）を見物する

Have you ever **seen** any Japanese movies?

（日本映画を観たことがありますか。）

I want to **see** the sights of Tokyo.（東京の名所を見物したいです。）

3）～に会う，（医者に）診てもらう，～（恋人）と付き合う

I'm glad to **see** you again.（またお会いできてうれしいです。）

I **saw** a doctor for a cold.（私は風邪で医者に診てもらいました。）

They stopped **seeing** each other.（彼らは，付き合うのをやめました。）

4）（～かどうか）～を確かめる，調べる

Go and **see** what happened.（何が起こったのか，確かめに行って。）

5）～がわかる，～を理解する，～に気づく

I **see**.（わかりました。）

Do you **see** what I mean?（私が言いたいことがわかりますか。）

# 基本動詞 9 call

(p.77)

**Core Meaning**

（離れた所から）声をあげて呼ぶ　　**call** > called > called

**1)** （声を出して）呼ぶ，大声で言う

The man was **calling** his dog.（男が飼い犬を呼んでいた。）

"Is anybody there?" Alice **called**.

（「誰かいますか。」と，アリスは大きな声で言った。）

**2)** 〜を呼び寄せる，〜に来るように伝える

You should **call** the doctor.（医者を呼んだ方がいいよ。）

**Call** me a taxi, please.（私にタクシーを呼んでください。）

**3)** （〜に）電話をかける

I'll **call** you later.（後で電話します。）

Who's **calling**, please?（〈電話で〉どちら様ですか。）

Prease **call** me at 1234-5678.

（私の番号，1234-5678 にお電話ください。）

**4)** 〜を…と呼ぶ

I'm Patricia Brown.  Please **call** me Patty.

（私はパトリシア・ブラウンです。私をパティと呼んでください。）

What do you **call** that in English?（それを英語で何と言いますか。）

≒ How do you say that in English?

**5)** 〜を招集する

I will **call** a meeting this afternoon.（今日の午後，会議を招集します。）

（p.96）

**Core Meaning**

物や状態に手を加えて作り出す（作り変える）　**make > made > made**

**1）** ～を作る，～を製作する

I want to **make** sandwiches for my friends.
（友達にサンドイッチを作りたいです。）
That desk is **made** of wood.（あの机は木製です。）

**2）**（使えるように）～を準備する，～を用意する

I'll **make** you a cup of coffee.（コーヒーをいれます〔用意します〕ね。）
**Make** your bed.（ベッドを整えなさい。）

**3）** ～（行動・動作・発言など）をする，を行う

Don't be afraid of **making** mistakes.（間違いを犯すことを恐れないで。）
Have you ever **made** a speech?（スピーチをしたことがありますか。）

**4）**（人・物）を～にする

I want to **make** it simple.（それをシンプルにしたいです。）
We **made** her the project leader.
（私たちは彼女をプロジェクトリーダーにしました。）

**5）**'人' に（強制的に，無理に）…させる　※〈make 人＋ *do*〉の形で用いる。

My kids don't like swimming, but I **make** them go to the pool.
（うちの子たちは水泳が嫌いなのですが，プールに行かせています。）

**6）**（数字が）～になる，～を構成する

One and one **make(s)** two.（1 ＋ 1 は 2 になる。）

# 基本動詞 11 put

(p.110)

**Core Meaning**

(手を使って) 何かをある場所へ動かして配置する　　**put** > put > put

**1)** ～を置く，～を入れる，～を付ける，～を貼る

Where did you **put** the key? (どこに鍵を置いたの？)

He **put** milk in his coffee. (彼はコーヒーにミルクを入れました。)

Will you **put** a button on this jacket?

(この上着にボタンを付けてくれますか。)

We're going to **put** a painting of flowers on this wall.

(この壁に花の絵を掛けるつもりです。)

**2)** ～を投入する

My mother **puts** much time into her cooking.

(母は料理に多くの時間を費やします。)

We **put** a lot of money into our children's education.

(子供の教育にたくさんお金をかけました。)

**3)** ～を（ある状態に）する

I have to **put** my room in order.

(私は部屋を整理整頓しなければなりません。)

We should **put** our ideas into practice.

(私たちは考えを実行に移すべきです。)

**4)** ～を記入する，～を表現する，～を訳す

Could you **put** your name and telephone number here?

(ここにお名前と電話番号を記入していただけますか。)

**Put** this sentence into English. (この文を英語に訳しなさい。)

(p.187)

**Core Meaning**

ものを持ち続ける；ある状態をずっと続ける　　**keep > kept > kept**

**1)** ～をずっと持っている，～を取っておく

You can **keep** that umbrella.（その傘を持っていていいですよ。）

Can I **keep** the book until Friday?

（金曜までその本を借りていていいですか。）

**Keep** the change.（おつりは取っておいてください。）

**2)** ～を保管する，～を保存する

Where do you **keep** the medicine?

（その薬はどこに保管しているのですか。）

**Keep** your keys in a safe place.（安全な所に鍵を保管しなさい。）

**3)** ～（人・もの）を（ある状態）にしておく

I'm sorry to **keep** you waiting.（お待たせしてすみません。）

Please **keep** this door open.（このドアは開けておいてください。）

**4)** ずっと…でいる，…し続ける

You must **keep** quiet.（静かにしていなくてはいけませんよ。）

It **kept** raining for three days.（3日間雨が降り続いた。）

**5)** ～（規則・約束・秘密など）を守る

It is important to **keep** the rules.（規則を守ることは大切です。）

He **kept** his word.（彼は約束を守りました。）

## 基本動詞 ⑬ become

(p.83)

**Core Meaning**

**人やものが何らかの変化があってある状態になる**

※ becomeの後には名詞・形容詞がくる。

**become** > **became** > **become**

～（の状態）になる

**〈become ＋名詞〉**

My older sister **became** a doctor last year.
（昨年，姉は医者になりました。）

Mary and I **became** friends.（メアリーと私は友達になりました。）

**〈become ＋形容詞〉**

My grandfather **became** sick.（祖父は病気になりました。）

She will **become** famous.（彼女は有名になるでしょう。）

It's **becoming** cooler day by day.（日に日に涼しくなっています。）

※注１：becomeは状態・状況が「変化すること」，beは「(変化後の）状態」に焦点をあてている。

I want to **be** a teacher.（私は教師になりたいです。）

My brother will **be** two years old next month.
（私の弟は来月２歳になります。）

※注２：getも変化することを表すが，getの後は形容詞のみがくる。変化した後の状態が一時的な場合が多い。

She **got** tired from running.（彼女は走って疲れました。）

# PART 2

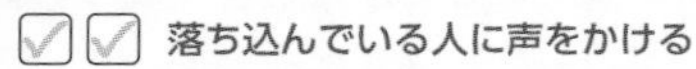
落ち込んでいる人に声をかける

# 33. Emma's dog is missing.

**Q** **What will Ben and Emma do?**

1 Ben: What's up? // You look sad. //
Emma: My dog is missing. // (starts to cry) //
Ben: Oh, no! // Missing since when? //
Emma: Since last night. // He must be really frightened. //
5 Ben: Don't worry. // We can look for him together. //
Emma: I really appreciate your help. //

|  |  |  |
|---|---|---|
| 501 | **What's up?** | 〈相手が困っていそうだと感じたときに〉どうしたの？；〈会話を切り出すときに〉最近どう？ |
| 502 | **sad** [sǽd] | 形 悲しい |
| 503 | **missing** [mísɪŋ] | 形 行方不明の |
| 504 | **cry** [kráɪ] | 自 泣く；叫ぶ　名 泣き声；叫び声 |
| 505 | **when** [*h*wén] | 代 〈前置詞の後ろに置いて〉いつ　副 いつ　接 …する時 |
| 506 | **last night** | 昨晩 |
| 507 | **must** [mʌ́st] | 助 …に違いない；…しなければならない |
| 508 | **frightened** [fráɪtnd] | 形 おびえた，怖がって |
| 509 | **look for ～** | ～を探す |
| 510 | **appreciate** [əpríːʃièɪt, -si-] | 他 (人の好意など) をありがたく思う；(人・もの) のよさがわかる |

# 33. エマの犬が行方不明です

ベン：どうしたの。悲しそうだけど。
エマ：私の犬が行方不明なの。（泣き始める）
ベン：えっ，そんな！ いつから行方不明なの？
エマ：昨日の夜から。彼はすごくおびえているに違いないわ。
ベン：心配しないで。一緒に彼を探そう。
エマ：あなたが助けてくれることを本当にありがたく思うわ。



**語句・表現**

*l*.2 cry →cry は大声をあげて泣くときにも静かに泣くときにも使われる。weep は悲しみのあまりに涙を流して長時間泣くときに使われる。文学作品において使われることが多い。

*l*.3 Missing since when? →完全な文で表すと Since when has he been missing? となる。

**Q** ベンとエマはどうするのでしょうか。

**A** They will look for Emma's dog together.
（彼らは一緒にエマの犬を探すつもりです。）

☑☑ 子供をなぐさめる

音声 

# 34. You'll feel better soon.

**Q** How did Joey hurt his knee?

1 Joey: Mommy! // Come here. // Help me. //
Mother: Oh no! // What's wrong? //
Joey: I was running and fell down. // My knee really hurts. //
Mother: Oh, honey. // It will be OK. // I'll clean it with water / and
5 put some cream on it. // Are your hands and other knee okay? //
Joey: Yes, / they're all right. //
Mother: That's good. // And I'll even make you your favorite banana shake. // You'll feel better again soon. //
10 Joey: That sounds perfect. // Thanks. //

| | | |
|---|---|---|
| 511 | **What's wrong?** | どうしたの？ |
| 512 | **run** [rʌ́n] | ㊀走る；作動する ㊉を走る；を実行する；を運営する ㊔走行 run > ran > run |
| 513 | **fall down** | 転ぶ |
| 514 | ▶ **fall** [fɔ́:l] | ㊀落ちる；(の状態に) なる ㊔落下；秋 fall > fell > fallen |
| 515 | **knee** [ní:] | ㊔ひざ |
| 516 | **hurt** [hə́:rt] | ㊀〈身体の一部が〉痛む ㊉を傷つける hurt > hurt > hurt |
| 517 | **clean** [klí:n] | ㊉をきれいにする，を掃除する ㊀きれいにする，掃除をする ㊊きれいな，清潔な |
| 518 | **water** [wɑ́:tər] | ㊔水 |
| 519 | **put** [pút] | ㊉を付ける；を置く；を記入する |
| 520 | **hand** [hǽnd] | ㊔手；手助け ㊉を手渡す |
| 521 | **other** [ʌ́ðər] | ㊊もう一方の；他の ㊔他のもの |
| 522 | **That's good.** | それはよかった。 |



100 200 300 400 500 600 700 800 900 1000 1100 1200

# 34. すぐに気分がよくなりますよ

ジョーイ：ママ！ こっちへ来て。助けて。
母親：あらあら！ どうしたの。
ジョーイ：走っていて転んじゃったんだ。ひざがとても痛いの。
母親：ああ，いい子ね。大丈夫でしょう。水できれいにして，クリームを塗ってあげましょう。手ともう一方の膝は大丈夫なのかしら。
ジョーイ：うん，大丈夫だよ。
母親：それはよかったわ。それからさらにあなたの大好きなバナナシェイクも作ってあげましょうね。すぐにまた気分がよくなるわよ。
ジョーイ：完璧だね。ありがとう。



|  |  |  |
|---|---|---|
| 523 | ▶ **good** [gúd] | 形 よい；上手な |
| 524 | **even** [íːvn] | 副 さらに；～でさえ |
| 525 | **banana** [bənǽnə] | 名 バナナ |
| 526 | **shake** [ʃéɪk] | 名 ミルクシェイク；一振り；振動<br>他 を振る；(相手の手) を握る　自 揺れる<br>**shake** > shook > shaken |
| 527 | **feel better** | 気分がよくなる |
| 528 | ▶ **better** [bétər] | 形 よりよくなって；(二つのものを比べて) よりよい　副 よりよく；もっと　名 よりよいもの〔人，こと〕 |
| 529 | **That sounds perfect.** | 完璧（のよう）だ。 |
| 530 | ▶ **sound** [sáʊnd] | 自 ～のように思われる〔聞こえる〕　名 音 |
| 531 | ▶ **perfect** [pə́ːrfɪkt] | 形 完璧な；最適な |

**Q** ジョーイはどのように膝にけがをしましたか。

**A** He was running and fell down.（彼は走っていて転んだのです。）

☑☑ けがの経緯を説明する

## 35. Kei was injured playing basketball.

**Q What does the school nurse say Kei should do?**

1 School Nurse: What **happened**, Kei? // Are you all right? //
Kei: I was **playing basketball** / with my friends. // **One of** my friends **pushed** me **hard** / and I hurt my finger. //
School Nurse: Let me look at it. // Hmm… / I'll put some **ice** on it. //
5 Kei: Ouch! // It really hurts. // I hope / it isn't **broken**. //
School Nurse: I don't think so. // But you should go to the **hospital**. // They can check it better there. //

| | | |
|---|---|---|
| 532 ☐ | **injure** [índʒər] | 他にけがをさせる，を傷つける<br>※主に事故で傷つける場合に用いる。hurt は「傷つける」の一般的な語で，痛みについて言うことが多い。 |
| 533 ☐ | **happen** [hǽpən] | 自起こる；〈happen to ... で〉たまたま…する |
| 534 ☐ | **play** [pléɪ] | 他〈競技・演奏など〉をする　自演奏する；遊ぶ　名競技；演劇 |
| 535 ☐ | **basketball** [bǽskətbɔ̀ːl] | 名バスケットボール |
| 536 ☐ | **one of ～** | ～の一人〔一つ〕<br>※one of の後の名詞は複数形 |
| 537 ☐ | **push** [púʃ] | 他を押す　自押す |
| 538 ☐ | ▶ **pull** [púl] | 他を引く，を引っぱる　自引く |
| 539 ☐ | **hard** [hɑ́ːrd] | 副激しく；一生懸命<br>形難しい；熱心な；硬い |



100 200 300 400 500 600 700 800 900 1000 1100 1200

# 35. ケイはバスケットボールをしていてけがをしました

保健室の先生：何が起こったの，ケイ。大丈夫？
ケイ：友だちとバスケットボールをしていました。友だちの一人が僕を強く押して，指をけがしたんです。
保健室の先生：私に見させて。うーん，氷で冷やしましょうね。
ケイ：痛い！ 本当に痛いです。骨折していないといいけれど。
保健室の先生：そうは思わないわ。だけど，病院へ行ったほうがいいわ。もっとよくあちらで検査してもらえるから。

| | | |
|---|---|---|
| 540 ☐ | **ice** [áɪs] | ㊔氷 |
| 541 ☐ | **broken** [bróʊkən] | ㊞折れた，壊れた |
| 542 ☐ | **hospital** [há:spɪtl] | ㊔病院 |

**語句・表現**

*l*.4 put some ice on it「それ（けがをした部分）に氷をあてる（乗せる）」→つまり「そこを氷で冷やす」ということ。

**Q** 保健室の先生はケイに何をしたほうがいいと言いますか。

**A** She says he should go to the hospital.
（彼女は病院へ行ったほうがいいと言います。）

☑☑ 旅行に出かける友人と話す

音声

# 36. Going to London

**Q** What is Mary excited about?

1 Mary: **Guess what?** // I just booked my **flight** to London. // I **can hardly wait**. // I've **never traveled overseas** before. //
John: That's exciting news! // What will you do / **while** you are there? //
5 Mary: I'm going to **stay with** some British friends / and do some **sightseeing** with them. //
John: **Sounds like** a great **opportunity** / to **get to know** another **culture**. //
Mary: It sure will be. //
10 John: Well, / I hope / you **have a safe trip**. // **Be sure to** send me an email / and let me know / how you are doing. //
Mary: OK, / I'll do that. //

| | | |
|---|---|---|
| 543 ☐ | **Guess what?** | ねえ，聞いて。；何だかわかる？ |
| 544 ☐ | ▶ **guess** [gés] | 他と思う；だと推測する |
| 545 ☐ | **flight** [fláɪt] | 名フライト；（定期）航空便；飛行 |
| 546 ☐ | **can hardly wait** | 待ちきれない，待ち遠しい |
| 547 ☐ | ▶ **hardly** [hɑ́ːrdli] | 副とても…ない，ほとんど…ない |
| 548 ☐ | ▶ **wait** [wéɪt] | 自〈for〉（人・ものを）待つ；〈wait to ... で〉…するのを待つ　他（順番・機会など）を待つ |
| 549 ☐ | **never** [névər] | 副一度も…ない；決して…ない |
| 550 ☐ | **travel** [trǽvl] | 自〈＋副詞（句）で〉（～へ）旅行する；進む　他を旅行する　名旅行 |
| 551 ☐ | **overseas** [òuvərsíːz] | 副海外へ〔で〕　travel overseas（海外旅行をする） |
| 552 ☐ | **while** [wáɪl] | 接…する間に；〈対比させて〉…だけれども　名しばらくの時間 |
| 553 ☐ | **stay with ～** | ～の家に滞在する |



100 200 300 400 500 600 700 800 900 1000 1100 1200

# 36. ロンドンへ行く

メアリー：ねえ，聞いて。私，ロンドン行きのフライトを予約したところなの。待ちきれないわ。これまで海外旅行したことが一度もないの。
ジョン：それは楽しみだね！ 向こう（ロンドン）にいる間に，何をするの。
メアリー：イギリス人の友人のところに泊まって，友人らと一緒に少し観光をする予定なの。
ジョン：他の文化を知る絶好の機会のようだね。
メアリー：きっとそうなるでしょうね。
ジョン：まあともかく，安全な旅になるよう願うよ。必ずメールで様子を知らせてね。
メアリー：うん，そうするわね。



| No. | 語句 | 意味 |
|---|---|---|
| 554 ☐ | **sightseeing** [sáɪtsìːɪŋ] | 名 観光 |
| 555 ☐ | **sounds like ～** | ～のようだ，～のように聞こえる<br>※'～'には名詞（句）がくる。 |
| 556 ☐ | **opportunity** [àːpərt(j)úːnəti] | 名 機会，〈～ to ... で〉（…する）機会 |
| 557 ☐ | **get to know** | 知る；知るようになる ≒ come to know |
| 558 ☐ | **culture** [kʌ́ltʃər] | 名 文化；教養 |
| 559 ☐ | **have a safe trip** | 安全な旅行をする Have a safe trip!（道中気をつけてね！） |
| 560 ☐ | ▶ **safe** [séɪf] | 形 安全な |
| 561 ☐ | ▶ **trip** [tríp] | 名 旅行；〈近距離の〉移動 |
| 562 ☐ | **be sure to ...** | 必ず〔忘れずに〕…する |

**Q** メアリーは何にわくわくしているのですか。

**A** She is excited about her trip to London.
（彼女はロンドンへの旅行にわくわくしています。）

増員の依頼をする

音声

# 37. Request for New Staff

**Q** What does Mary want a new assistant to do?

1 Mary: Say, / Jim, / do you have a minute? //
Jim: Sure, / come in. // What's up? //
Mary: I have a request to make. // Our work has greatly increased / over the past year. // I think / we need a new
5 assistant / to help us. //
Jim: What role do you want the assistant to play? //
Mary: Basically, I'd like the assistant / to manage our customer information system. //
Jim: OK, / I'll consider it. // Let me think it over. // I have a
10 meeting about the budget / on Monday. // After that, / I will let you know. //

|  |  |  |
|---|---|---|
| 563 | **Do you have a minute?** | ちょっとお時間よろしいですか。 |
| 564 | **request** [rɪkwést, rə-] | ㊔頼み，要求　make a request（頼みごとをする）　㊉を頼む |
| 565 | **greatly** [gréɪtli] | ㊊非常に |
| 566 | **increase** ㊋[ɪnkríːs, ⸗‿] ㊔[⸗‿, ‿⸗, íŋ-] | ㊀増える　㊉を増やす　㊔増加 |
| 567 | **over the past year** | ここ1年で |
| 568 | **assistant** [əsístənt] | ㊔アシスタント，助手 |
| 569 | **role** [róʊl] | ㊔役割，任務；〈役者の〉役 |
| 570 | **basically** [béɪsɪkli, -kəli] | ㊊基本的に |
| 571 | **manage** [mǽnɪdʒ] | ㊉を管理する；を経営する　〈manage to ...で〉何とか…する |

# 37. 新しい職員の要請

メアリー：あのう，ジム，少々お時間よろしいですか。
ジム：いいですよ，入ってください。どうしましたか。
メアリー：お願いしたいことがあります。私たちの仕事は，ここ1年で非常に増えました。私たちを手伝ってくれる，新しいアシスタントが必要だと思うのです。
ジム：あなたはそのアシスタントにどのような役割を担ってほしいのですか。
メアリー：基本的に，そのアシスタントには私たちの顧客情報システムを管理してもらいたいのです。
ジム：わかりました，それを検討しましょう。よく考えさせてください。私は月曜日に予算についての会議があります。その後で，あなたに知らせます。



| No. | 語句 | 意味 |
|---|---|---|
| 572 | **customer** [kʌ́stəmər] | 名 顧客 |
| 573 | **system** [sístəm] | 名（コンピュータ）システム；仕組み；制度 |
| 574 | **consider** [kənsídər] | 他 を検討する，よく考える 〈consider ...ing で〉…しようかと考える |
| 575 | **think over ～〔think ～ over〕** | ～をよく考える ※over＝最初から最後まで |
| 576 | **budget** [bʌ́dʒət] | 名 予算 |
| 577 | **let ～ know** | ～に知らせる ※'～'には代名詞の目的格や人名などが入る。 |

**Q** メアリーは新しいアシスタントに何をしてもらいたいですか。

**A** She wants the assistant to manage their customer information system.
（彼女はアシスタントに顧客情報システムを管理してもらいたいと考えています。）

相手の才能をほめる

音声

# 38. Great Photos

**[Q] Which photos did Mary like the best?**

Mary: I saw the **exhibition** of your **photos** / at the **art gallery** / the other day. // And **I've got to say** / that I **certainly admire** your work. //

Greg: Oh really? // I'm glad you liked them. //

Mary: I sure did. // I **especially** loved your photos of **people**. // Their **images seem** so **true to life**. // It takes a special **ability** / to **achieve** that. //

Greg: Well, / thanks. //

Mary: I also enjoyed seeing the **beauty** of your **landscape** photographs. //

Greg: Gee, Mary, / maybe I should ask you / to become my **sales agent**. //

| | | |
|---|---|---|
| 578 | **exhibition** [èksəbíʃən] | [名]展覧会, 展示会 |
| 579 | **photo** [fóʊtoʊ] | [名]写真 |
| 580 | **art gallery** | 画廊 |
| 581 | ▶ **gallery** [gǽləri] | [名]画廊, ギャラリー |
| 582 | **I've got to say ...** | …と言わざるを得ない, 言っておかないといけないことだけど… |
| 583 | ▶ **have got to ...** | 《口語》…しなければならない；…するに違いない |
| 584 | **certainly** [sə́ːrtnli] | [副]確かに；〈返答で〉もちろんです |
| 585 | **admire** [ədmáɪər] | [他]をとても素晴らしいと思う, を称賛する |
| 586 | **especially** [ɪspéʃəli, es-] | [副]とりわけ, 特に；特別に |
| 587 | **people** [píːpl] | [名]〈複数扱い〉人, 人々<br>※「国民, 民族」の意味では a people (単数) / peoples (複数)。 |
| 588 | **image** [ímɪdʒ] | [名]イメージ；画像；印象 |

# 38. 素晴らしい写真

メアリー：先日，あなたの写真の展覧会を画廊で見たわ。そして，言っておかないといけないことだけど，あなたの作品は確かに素晴らしいと思っているのよ。
グレッグ：おや，本当？ 気に入ってくれてうれしいよ。
メアリー：もちろん気に入ったわ。とりわけ，人々の写真が大好きだったの。そのイメージはすごくリアルに思われるわ。それを成し遂げるには，特別な能力が必要だわ。
グレッグ：そうか，ありがとう。
メアリー：あなたの風景写真の美しさを楽しく見させてもらったわ。
グレッグ：参ったな，メアリー，おそらく君に僕の販売代理人になってもらうよう頼むべきかもしれないね。



| | | |
|---|---|---|
| 589 ☐ | seem [síːm] | 自〈seem (to be) ～で〉～のように思われる；〈seem to ... で〉…するように思われる |
| 590 ☐ | true to life | リアルな，実物そっくりな；真に迫った |
| 591 ☐ | ▶ alive [əláɪv] | 形生きた，生存して |
| 592 ☐ | ability [əbíləti] | 名能力；〈ability to ... で〉…する能力 |
| 593 ☐ | achieve [ətʃíːv] | 他を成し遂げる，を達成する |
| 594 ☐ | beauty [bjúːti] | 名美しさ，美；美人 |
| 595 ☐ | landscape [lǽndskèɪp] | 名風景，景色 |
| 596 ☐ | sales [séɪlz] | 名〈複数形〉販売業務；売上高 |
| 597 ☐ | agent [éɪdʒənt] | 名代理人，代理店 |

**Q** メアリーはどの写真が一番気に入りましたか。

**A** She especially loved Greg's photos of people.
（彼女はとりわけグレッグの人物写真が気に入りました。）

☑☑ 美しい景色に感動する

音声 

## 39. A Beautiful View

**Q** **Why did Dan take Gina to the top of the hill?**

1 Dan: I'm going to **show** you a very special **place**. // We just need to go / a little **further** up this **hill**. //
Gina: OK. // I love to **explore** new places. //
(They reach the top of the hill.) //
5 Dan: **Here we are.** // Look at the **marvelous view** of the lake / over there. //
Gina: **Oh, my gosh!** // I love / how the **sunlight reflects** off the **gentle waves**. //
Dan: It is so **peaceful** here. // I often come here / **simply** to **relax**
10 and **breathe** the **fresh** air. //
Gina: Wow, /I truly **understand**. // Thanks for sharing this **experience** with me. //

---

|  |  |  |
|---|---|---|
| 598 ☐ | **show** [ʃóu] | ㊀他を見せる，を示す；を教える ㊀名見せ物，ショー |
| 599 ☐ | **place** [pléɪs] | ㊀名場所 |
| 600 ☐ | **further** [fə́ːrðər] | ㊀副もっと先に；さらに進んで ※far の比較級 ㊀形さらなる；それ以上の |
| 601 ☐ | **hill** [híl] | ㊀名山，丘（mountain よりも低い山）；坂 |
| 602 ☐ | **explore** [ɪksplɔ́ːr, eks-] | ㊀他を探検する；を探求する |
| 603 ☐ | **Here we are.** | （目的地に）さあ，着きましたよ。 |
| 604 ☐ | **marvelous** [mɑ́ːrvələs] | ㊀形素晴らしい；驚くべき |
| 605 ☐ | **view** [vjúː] | ㊀名眺め，景色；意見，見解 |
| 606 ☐ | **Oh, my gosh!** | おやまあ！，ああ！ |
| 607 ☐ | **sunlight** [sʌ́nlàɪt] | ㊀名日光 |
| 608 ☐ | **reflect** [rɪflékt] | ㊀自〈reflect off ～で〉～に反射する；〈reflect on ～で〉～をよく考える ㊀他を反射する；〈that節で〉…を熟考する |
| 609 ☐ | **gentle** [dʒéntl] | ㊀形穏やかな，静かな |

# 39. 美しい眺め

ダン：君にとても特別な場所を見せよう。僕たちは，この山を少しさらに先に登るだけだよ。
ジーナ：わかったわ。新しい場所を探検するのは大好きよ。
(彼らは山の頂上に到着する。)
ダン：さあ，着いたよ。あそこに見える湖の素晴らしい景色を見てごらん。
ジーナ：あら，まあ！ 太陽の光が穏やかな波に反射する様子がとても好きだわ。
ダン：ここは本当に落ち着くよ。僕はただ単にリラックスしたり，新鮮な空気を吸うために，よくここに来るんだ。
ジーナ：わあ，私，本当にわかるわ。この経験を私と共有してくれてありがとう。



| | | |
|---|---|---|
| 610 ☐ | **wave** [wéɪv] | [名]波；波動 [自]手を振る；揺れる<br>[他]（手・ハンカチなど）を振る |
| 611 ☐ | **peaceful** [píːsfl] | [形]落ち着いた；平和的な |
| 612 ☐ | **simply** [símpli] | [副]ただ〜だけ；わかりやすく |
| 613 ☐ | **relax** [rɪlǽks, rə-] | [自]リラックスする，くつろぐ<br>[他]をくつろがせる |
| 614 ☐ | **breathe** [bríːð] | [他]を吸う [自]息を吸う，呼吸する |
| 615 ☐ | **fresh** [fréʃ] | [形]新鮮な；さわやかな |
| 616 ☐ | **understand** [ʌ̀ndərstǽnd] | [自]わかる，理解する<br>[他]を理解する ※**know** は「知っている」の意味。 |
| 617 ☐ | **experience** [ɪkspíəriəns, eks-, əks-] | [名]経験，体験 [他]を経験する |

[Q] ダンはなぜジーナを山の頂上へ連れて行ったのですか。

[A] He took her to see the marvelous view of the lake.
(彼は湖の素晴らしい眺めを見るために，彼女を連れて行きました。)

☑☑ 服装について意見を述べる　　音声

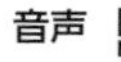

# 40. Giving an Opinion about a New Suit

**[Q] What is Bill's opinion about Jane's suit?**

Jane bought a new **suit** this **morning**. // Now at **home**, / she shows it to her **husband** Bill. //

Jane: Honey, / I want your **opinion** about what I'm **wearing**. // What do you think? //
Bill: Well, / you look very **professional** / in that suit. // I like the **style**. // And it's a good color on you, too. //
Jane: Do you really think so? // I'm going to wear it / at the job **interview** / on Monday. //
Bill: It certainly is **appropriate**, / in my opinion. // I think / it's a **wise choice**. // It makes you look very **intelligent**, too. //
Jane: Oh, thanks, / Bill. // I'm so **pleased** / that you think so. // Now I feel **even more confident** about my interview. //
Bill: **Good luck**! // I know you'll do well. //

| | | |
|---|---|---|
| 618 ⧄ | **suit** [súːt] | [名]スーツ |
| 619 ⧄ | **morning** [mɔ́ːrnɪŋ] | [名]朝，午前中　this morning（今朝） |
| 620 ⧄ | **home** [hóʊm] | [名]家；家庭　[副]家へ〔に〕　[形]家庭の |
| 621 ⧄ | **husband** [hʌ́zbənd] | [名]夫 |
| 622 ⧄ | **opinion** [əpínjən] | [名]意見，見解 |
| 623 ⧄ | **wear** [wéər] | [他]を身につけている〔着ている，履いている〕，(眼鏡) をかけている；をすり減らす　[自]すり減る　[名]衣服　**wear > wore > worn** |
| 624 ⧄ | ▶ **put on 〜** | 〜を身につける　**※身につける動作を表す。** |
| 625 ⧄ | **professional** [prəféʃənl] | [形]専門職の，プロの |
| 626 ⧄ | **style** [stáɪl] | [名]〈服などの〉型，スタイル<br>**※「スタイルがよい」は have a good figure。** |
| 627 ⧄ | **interview** [íntərvjùː] | [名]面接；インタビュー；会見 |
| 628 ⧄ | **appropriate** [əpróʊpriət] | [形]ふさわしい，適切な |

# 40. 新しいスーツについて意見を言う

ジェーンは今朝，新しいスーツを買いました。今は自宅で，それを夫のビルに見せます。

ジェーン：あなた，私が着ているものについてあなたの意見が欲しいの。どう思う？
ビル：そうだな，そのスーツを着ていると君はとても専門家らしく見えるよ。僕はその（服の）スタイルが好きだな。しかもそれは君に似合う色でもあるね。
ジェーン：本当にそう思う？ 私は月曜日に就職の面接でこれを着るつもりなのよ。
ビル：それは間違いなくふさわしいよ，僕の意見では。賢い選択だと思うよ。それは君をすごく聡明にも見せるしね。
ジェーン：ああ，ありがとう，ビル。あなたがそう思ってくれてとてもうれしいわ。これでさらにいっそう面接に自信が持てると感じるわ。
ビル：幸運を祈るよ！ 君がうまくやるのはわかっているから。



|  | | |
|---|---|---|
| 629 | **wise** [wáɪz] | 形 賢明な，賢い |
| 630 | **choice** [tʃɔ́ɪs] | 名 選択；選択の範囲 |
| 631 | **intelligent** [ɪntélɪdʒənt] | 形 聡明な；知性のある |
| 632 | **pleased** [plíːzd] | 形 喜んで，満足して　be pleased to ...（…してうれしい） |
| 633 | **even more** | さらにいっそう |
| 634 | **confident** [kάːnfədənt, -dènt] | 形 自信をもって；確信して　be confident about〔of〕～（～に自信がある） |
| 635 | **Good luck.** | 幸運を祈る。；がんばってね。 |
| 636 | ▶ **luck** [lʌ́k] | 名 運；幸運 |

**Q** ジェーンのスーツについて，ビルの意見はどのようなものですか。

**A** He thinks it's a wise choice and very appropriate for the interview.
（彼はそれが賢明な選択であり，また面接にはとてもふさわしいと考えています。）



1300 1400 1500 1600 1700 1800 1900 2000 2100 2200 2300 2400

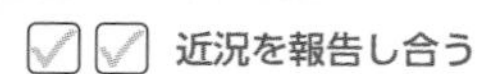
近況を報告し合う

音声

# 41. Good to See You Again

**Q Did John and Nancy plan to meet today?**

1 John: Hey Nancy, / **is that you?** // **What a surprise!** //
Nancy: Hi, John. // Nice to see you again. //
John: So, / **how have you been?** //
Nancy: I've been great. // I'm working at an **advertising agency** now. // I have a **chance** to **use** my **creativity** / when I **write copy** for the **advertisements**. // What are you doing these days? //
5
John: Well, / I'm a **senior** in college / and will soon get my **degree** in **education**. // I want to **teach history** / in a **high school**. //
10
Nancy: Gee, / our dreams for the **future** are really **coming true**! //

|  |  |  |
| --- | --- | --- |
| 637 | **Is that you?** | あなたなの？ |
| 638 | **What a surprise!** | ああ，驚いた！，びっくりした！ |
| 639 | ▶ **surprise** [sərpráiz] | 名驚くべきこと，思いがけないこと；〈形容詞的に〉突然の，予告なしの　他を驚かせる |
| 640 | **How have you been?** | （最後に会った日から）今まであなたはどうしていましたか。，どんな感じでしたか。 ※久しぶりの再会時のあいさつ |
| 641 | **advertising** [ǽdvərtàiziŋ] | 名広告（業），広告すること |
| 642 | **agency** [éidʒənsi] | 名代理店；（政府）機関 |
| 643 | **chance** [tʃǽns] | 名機会，チャンス；可能性 |
| 644 | **use** 動 [júːz] 名 [júːs] ♪ | 他を使う　名使用，利用 |
| 645 | **creativity** [krìːeitívəti, krìːə-] | 名創造性，独創力 |
| 646 | **write** [ráit] | 他を書く　自書く |
| 647 | **copy** [kɑ́ːpi] | 名宣伝文，広告コピー；コピー，複写　他をコピーする　自コピーをとる |

# 41. また会えてうれしい

ジョン：おや，ナンシー，君かい？ ああ，驚いた！
ナンシー：あら，ジョン。また会えてうれしいわ。
ジョン：それで，どうしていたんだい。
ナンシー：すごく元気だったわ。今は広告代理店で働いているのよ。広告用の宣伝文を書く際に，自分の創造性を使う機会があるの。あなたは最近何をしているの。
ジョン：ええと，僕は大学の最上級生で，もうすぐ教育学の学位を取得するよ。高校で歴史を教えたいんだ。
ナンシー：へえ，私たちの将来の夢は，本当に現実になりつつあるのね！



| | | |
|---|---|---|
| 648 ☐ | **advertisement** [ædvərtáɪzmənt, ədvə́ːrtəs-, -təz-] | [名]広告，宣伝 ※短縮形は ad。 |
| 649 ☐ | **senior** [síːnjər] | [名]最上級生；年長者 [形]年上の |
| 650 ☐ | **degree** [dɪgríː, də-] | [名]学位；程度；（温度計などの）度 |
| 651 ☐ | **education** [èdʒəkéɪʃən] | [名]教育 |
| 652 ☐ | **teach** [tíːtʃ] | [他]を教える，に教える [自]教える |
| 653 ☐ | **history** [hístəri, híʃtri] | [名]歴史 |
| 654 ☐ | **high school** | 高等学校 |
| 655 ☐ | **future** [fjúːtʃər] | [名]将来，未来 |
| 656 ☐ | **come true** | （夢・希望などが）実現する，叶（かな）う |

[Q] ジョンとナンシーは今日会うつもりでしたか。

[A] No, they were surprised to see each other.
（いいえ，彼らはお互いに会って驚きました。）

SNSの楽しみ方について話す

音声

# 42. Using Social Media

**Q** **Why does Gina use Instagram?**

1 Dan: What social media do you use the **most**? //
Gina: Well, / for me, / it's Instagram. // I use it **mainly** to **discover** / what my friends are doing. // And we **have fun** / shar**ing** photos and **videos** with each other / and sending **messages**. //
5 Dan: You must really enjoy that. //
Gina: I do. // **In fact**, / I **recently posted** a video of four of us / **singing** together. // And I **received** over 200 "likes." // So, / what's your favorite social media **site**? //
Dan: Well, / I use Twitter the most. // I enjoy **following** my favorite
10 **movie stars**. // It's interesting to learn about their lives. // Often, / they **answer** the tweets of **fans**. //
Gina: How exciting to **hear from** a movie star! //

---

|  |  |  |
|---|---|---|
| 657 | **most** [móust] | 副〈通例the ～で，動詞の後に置いて〉最も，一番 形〈名前の前に置いて〉最も多くの；大半の |
| 658 | **mainly** [méɪnli] | 副主に |
| 659 | **discover** [dɪskʌ́vər] | 他…ということを（初めて）知る，に気づく；を発見する |
| 660 | **have fun ...ing** | …して楽しむ |
| 661 | **video** [vídiòu] | 名動画，ビデオ |
| 662 | **message** [mésɪdʒ] | 名メッセージ，伝言 |
| 663 | **in fact** | 実は，実際は |
| 664 | **recently** [rí:sntli] | 副最近（は） |
| 665 | **post** [póust] | 他を投稿する，をポストに入れる |
| 666 | **sing** [síŋ] | 自歌う 他を歌う　sing > sang > sung |
| 667 | **receive** [rɪsí:v, rə-] | 他を受け取る |



100 200 300 400 500 600 700 800 900 1000 1100 1200

# 42. ソーシャルメディアを利用する

ダン：君はどのソーシャルメディアを一番よく利用するの？
ジーナ：そうね，私の場合はインスタグラムね。主に友人が何をしているかを知るために利用するわ。それにお互いに写真や動画を共有したり，メッセージを送ったりして楽しむのよ。
ダン：本当に楽しんでいるに違いないね。
ジーナ：そうよ。実は，最近，私たち 4 人が一緒に歌っている動画を投稿したの。それで 200 を超える「いいね」をもらったの。ところで，あなたのお気に入りのソーシャルメディアサイトは何？
ダン：えっと，僕はツイッターを一番多く利用している。僕の大好きな映画スターをフォローするのを楽しんでいるよ。彼らの生活について知るのがおもしろいんだ。ファンのツイートに，スターが答えてくれることがよくあるんだよ。
ジーナ：映画スターから連絡が来るなんて，わくわくするわね！



|  |  |  |
|---|---|---|
| 668 ☐ | **site** [sáɪt] | 名 サイト；敷地；会場<br>他 〈受動態で〉(建物などが) 位置する |
| 669 ☐ | **follow** [fɑ́ːloʊ, -lə] | 他 (SNS で人) をフォローする；に従う，について行く　自 続く |
| 670 ☐ | **movie star** | 映画スター |
| 671 ☐ | **answer** [ǽnsər] | 他 に答える　自 答える　名 答え |
| 672 ☐ | **fan** [fǽn] | 名 ファン；うちわ；扇風機 |
| 673 ☐ | **hear from ～** | ～から連絡が来る |

**Q** ジーナはなぜインスタグラムを利用しているのですか。

**A** She uses it to discover what her friends are doing as well as sending messages.（彼女はメッセージを送るのはもちろん，友人が何をしているか知るために利用しています。）

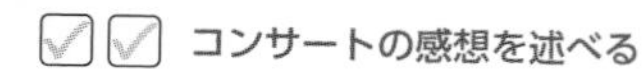

☑☑ コンサートの感想を述べる

# 43. A Fantastic Concert

**Q What types of music did the band play?**

1 Emma talks about a music concert. //

Yesterday evening / I went to a **music concert** / at the **symphony hall** / **downtown**. // It was **fantastic**! // A new **local band performed** many different **types** of music / — **pop**, **rock**, **country**,
5 and even **hip hop**. // The **audience** loved the **powerful** and **lively** music. // It was such a **pleasure** / to listen to those wonderful **musicians**. // I really enjoyed the concert. //

|  |  |  |
|---|---|---|
| 674 ☐ | **music** [mjúːzɪk] | ㊔音楽 |
| 675 ☐ | **concert** [kɑ́ːnsərt] | ㊔コンサート，演奏会 |
| 676 ☐ | **symphony** [símfəni] | ㊔シンフォニー，交響曲 |
| 677 ☐ | **hall** [hɔ́ːl] | ㊔ホール，会館；玄関；《米》廊下 |
| 678 ☐ | **downtown**<br>副形 [dáuntáun] ㊔ [ˊˋ] | 副繁華街に〔へ〕，都心部に〔へ〕，商業地区に〔へ〕 形商業地区の ㊔商業地区 |
| 679 ☐ | **fantastic** [fæntǽstɪk] | 形素晴らしい |
| 680 ☐ | **local** [lóukl] | 形地元の，地方の |
| 681 ☐ | **band** [bǽnd] | ㊔バンド，楽団 |
| 682 ☐ | **perform** [pərfɔ́ːrm, pə-] | 他を演奏する，を演じる；（任務・仕事など）をする |
| 683 ☐ | **type** [táɪp] | ㊔種類，型 他をタイプする，を打ち込む |
| 684 ☐ | **pop** [pɑ́ːp] | ㊔〈音楽の〉ポップス，ポップミュージック |
| 685 ☐ | **rock** [rɑ́ːk] | ㊔〈音楽の〉ロック；岩，石；揺れ 他を揺する 自揺れる |

# 43. すてきな演奏会

エマはある演奏会について話します。

昨日の夕方，私は繁華街にあるシンフォニーホールでの音楽コンサートに行ってきました。それは素晴らしかったです！ 新しい地元のバンドが，ポップス，ロック，カントリーミュージック，それにヒップホップまで，たくさんのさまざまな種類の音楽を演奏しました。聴衆はその力強くて元気いっぱいな音楽が大いに気に入りました。そうしたすてきな音楽家の演奏を聞くのは，大変な喜びでした。私はその演奏会を本当に楽しみました。



| | | |
|---|---|---|
| 686 ☐ | **country** [kʌ́ntri] | 名〈音楽の〉カントリーミュージック；国；田舎 形田舎の |
| 687 ☐ | **hip hop** | 〈音楽の〉ヒップホップ |
| 688 ☐ | **audience** [ɔ́ːdiəns] | 名〈集合的に〉聴衆，観衆 |
| 689 ☐ | **powerful** [páuərfl] | 形力強い |
| 690 ☐ | **lively** [láɪvli] | 形元気な，陽気な；生き生きした；躍動感のある |
| 691 ☐ | **pleasure** [pléʒər] | 名喜び，楽しみ |
| 692 ☐ | **musician** [mju(ː)zíʃən] | 名音楽家 |

**Q** そのバンドはどのような種類の音楽を演奏しましたか。

**A** They played pop, rock, country, and hip hop.
（彼らはポップス，ロック，カントリーミュージック，そしてヒップホップを演奏しました。）

☑☑ 映画の内容について話す

音声

## 44. How was the movie?

**Q** **How many characters does Mary mention?**

John: Hi, / Mary. // How was the **movie**? //

Mary: Great! // Jimmy Chong is so cool! // And he has such a nice smile. //

John: I **agree**. // So what was the movie about? //

Mary: Jimmy plays two roles / — twin **brothers** in Hong Kong. // One is a **soldier**, / and the other is a **police officer**. // The soldier is **brave** but **shy**, / and the **cop** is **funny** but **lazy**. // They both **fall in love with** the same woman / — a **reporter** from London. //

John: Oh, my! // What happens? //

Mary: Well, / **it turns out** / the woman has a twin **sister**, / so they each get a girlfriend **in the end**! //

| | | |
|---|---|---|
| 693 ☐ | **movie** [múːvi] | [名]映画 |
| 694 ☐ | **agree** [əgríː] | [自]同感である，同意する，賛成する<br>[他]〈**agree to ... で**〉…することに同意する，〈**agree that ... で**〉…ということを認める |
| 695 ☐ | **brother** [brʌ́ðər] | [名]兄弟；兄，弟　⇔sister（姉妹） |
| 696 ☐ | **soldier** [sóuldʒər] | [名]兵士，軍人 |
| 697 ☐ | **police officer** | 警（察）官 |
| 698 ☐ | **brave** [bréiv] | [形]勇敢な |
| 699 ☐ | **shy** [ʃái] | [形]恥ずかしがりの，内気な |
| 700 ☐ | **cop** [káːp] | [名]《口語》警（察）官　*cf.* police officer |
| 701 ☐ | **funny** [fʌ́ni] | [形]おもしろい，おかしい，こっけいな |
| 702 ☐ | **lazy** [léizi] | [形]怠惰な；怠けている；けだるい |

# 44. 映画はどうだった？

ジョン：やあ，メアリー。映画はどうだった？
メアリー：すごくよかった！ ジミー・チャンはすごく格好いいわね！ それに，笑顔が本当にすてきなの。
ジョン：僕も同感だ。ところで，どんな映画だったの？
メアリー：ジミーは二つの役を演じていたの。香港にいる双子の兄弟よ。一人は兵士で，もう一人は警官。兵士は勇敢だけれど恥ずかしがりで，警官はおもしろいけれど怠け者。その二人が同じ女性に恋をする — その女性はロンドンから来た記者なの。
ジョン：おや大変！ それでどうなるの？
メアリー：ええと，その女性には双子の妹がいるということがわかって，最後にはそれぞれの男性がガールフレンドを手に入れるというわけ！



| No. | 語句 | 意味 |
|---|---|---|
| 703 | **fall in love with ～** | （人）と恋に落ちる |
| 704 | **reporter** [rɪpɔ́ːrtər, rə-] | ㊔報道記者，レポーター |
| 705 | **it turns out (that) ...** | …ということがわかる |
| 706 | **sister** [sístər] | ㊔姉妹；姉，妹　⇔brother（兄弟） |
| 707 | **in the end** | 最後には |

**語句・表現**

*l*.6　One ～, and the other ...「一人は～で，もう一人は…」
*l*.11　they each get = each of them gets

**Q** メアリーは何人の登場人物に言及していますか。

**A** She mentions four characters.（4人の登場人物に言及しています。）

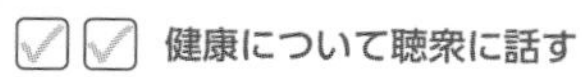


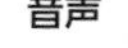

# 45. Making Exercise a Habit in Your Life

**Q How are habits made?**

1 For a **healthy lifestyle**, / **regular exercise** is **extremely** important. // But how do you make it a **habit** in your **life**? // Well, / think of something you love to do / that gets you moving. // It **could** be a **sport** or **activity** / such as **running**, / going **hiking** /
5 or even **dancing**. // Then / find **someone** to do it with. // **Make a commitment to** each other / — how often, / how much time. // **Start small** / and **gradually** increase it. // That's how habits are made / — with small **steps** / **repeated regularly** / **over time**. //

|  |  |  |
|---|---|---|
| 708 | **healthy** [hélθi] | 形 健康な，健全な |
| 709 | **lifestyle** [láɪfstàɪl] | 名 生活様式，ライフスタイル |
| 710 | **regular** [régjələr] | 形 定期的な；規則正しい |
| 711 | **exercise** [éksərsàɪz] | 名 運動，練習　自 運動する<br>他 (体)を鍛える |
| 712 | **extremely** [ɪkstríːmli, eks-] | 副 非常に；極端に |
| 713 | **habit** [hǽbət] | 名 (個人的な) 習慣，癖 |
| 714 | **life** [láɪf] | 名 生活；人生；生命；生き物 |
| 715 | **could** [kəd, kúd] | 助 〈可能性〉…かもしれない；〈能力〉…できた |
| 716 | **sport** [spɔ́ːrt] | 名 スポーツ<br>※《米》では sports とするのが普通。 |
| 717 | **activity** [æktívəti] | 名 活動，行動 |
| 718 | **running** [rʌ́nɪŋ] | 名 ランニング |
| 719 | **hiking** [háɪkɪŋ] | 名 ハイキング |
| 720 | **dancing** [dǽnsɪŋ] | 名 ダンス，踊り |

# 45. 運動をあなたの生活の習慣にする

健康的な生活様式のために，定期的な運動は非常に重要です。しかし，あなたの生活の中で，それをどのように習慣にしますか。では，体を動かすことのうちで，あなたがやりたいことを思い浮かべてみてください。それは，例えばランニングとかハイキングに行くとか，またさらにはダンスをすることなどの，スポーツやアクティビティかもしれません。次に，それを一緒にする人を見つけましょう。お互いに約束をするのです。どれくらいの頻度で，どれくらいの時間行うか。簡単なことから始めて，それから徐々に増やしましょう。そうやって習慣はできあがるのです。時間をかけて，定期的に繰り返される小さな歩みとともに。



| No. | 語句 | 意味 |
| --- | --- | --- |
| 721 ☐ | **someone** [sʌ́mwʌ̀n, -wən] | 代 ある人；誰か（≒ somebody）<br>※通常，単数扱い。 |
| 722 ☐ | **make a commitment to ～** | ～に約束する，～に誓いを立てる |
| 723 ☐ | ▶ **commitment** [kəmítmənt] | 名 約束；委託 |
| 724 ☐ | **start small** | 簡単なことから始める，小さく始める |
| 725 ☐ | ▶ **small** [smɔ́:l] | 副 小さく　形 小さな |
| 726 ☐ | **gradually** [grǽdʒuəli, grǽdʒəli] | 副 徐々に，次第に |
| 727 ☐ | **step** [stép] | 名 歩み；手続き；段階 |
| 728 ☐ | **repeat** [rɪpíːt, rə-] | 他 を繰り返す，を繰り返して言う<br>自 復唱する |
| 729 ☐ | **regularly** [régjələrli] | 副 定期的に；規則正しく |
| 730 ☐ | **over time** | 時間をかけて；時がたつにつれて |

**Q** 習慣はどのように作られますか。

**A** They are made with small steps repeated regularly over time.
（それらは時間をかけて定期的に繰り返される小さな歩みとともに作られます。）

☑☑ 体調が悪いことを伝える

音声

## 46. Feeling Sick

**Q** **What does Teddy's mother tell him to do?**

1 Teddy: Mom, / I don't feel good. // I have a headache and a stomachache. // I'm feeling like / I might even throw up. // And I'm very weak and tired. //
Mom: Let me take your temperature. //

5 Mom: Oh, / I'm afraid you have a fever, too. // I'll call your school / and tell them you are sick today. //
Teddy: But I can't stay home. // We're having a test today. // I must go. //
Mom: No, honey, / your health is more important. // I'm sure /
10 your teacher will let you take the test / another time. // You should stay in bed today. //
Teddy: OK. // I will. //

|  |  |  |
|---|---|---|
| 731 ☐ | **not feel good** | 気分がよくない |
| 732 ☐ | **stomachache** [stʌ́məkèɪk] | 名 腹痛 |
| 733 ☐ | **throw up** | (食べたものを) 吐く |
| 734 ☐ | **weak** [wíːk] | 形 弱い，弱っている |
| 735 ☐ | **take *one*'s temperature** | 体温を測る |
| 736 ☐ | ▶ **take** [téɪk] | 他 を取る；を持っていく；(写真) を撮る |
| 737 ☐ | ▶ **temperature** [témpərtʃər, -pətʃər, -pərə-, -tʃʊ̀ər] | 名 体温；温度 |
| 738 ☐ | **have a fever** | 熱がある |
| 739 ☐ | ▶ **fever** [fíːvər] | 名 熱 |
| 740 ☐ | **sick** [sík] | 形《主に米》病気の |
| 741 ☐ | ▶ **ill** [íl] | 形《主に英》病気の　※《米》では sick よりも重い病気を連想させる。 副 悪く |



100 200 300 400 500 600 700 800 900 1000 1100 1200

# 46. 気分が悪い

テディ：ママ，気分が悪いんだけど。頭が痛いし，腹痛がして。もしかしたら吐きそうかも。それにすごく弱って疲れているんだ。

ママ：体温を測らせてちょうだい。

ママ：あら，残念ながら熱もあるようね。学校に電話して，今日あなたは病気だと伝えましょう。

テディ：でも，家にいるわけにはいかないんだよ。今日は試験を受けることになっているから。行かなければならないよ。

ママ：だめよ，あなた，あなたの健康のほうがずっと大事よ。きっと先生は別のときに試験を受けさせてくれるはずだわ。今日は安静にしていたほうがいいわよ。

テディ：わかった。そうするよ。



| No. | 語句 | 意味 |
|---|---|---|
| 742 | **stay home** | 《米》家にいる　※《英》ではstay at home。 |
| 743 | **honey** [hʌ́ni] | 名〈親しい間柄の呼びかけ〉あなた；はちみつ |
| 744 | **important** [ɪmpɔ́ːrtnt] | 形大切な，重要な |
| 745 | **teacher** [tíːtʃər] | 名先生，教員 |
| 746 | **take a test** | テストを受ける |
| 747 | ▶ **test** [tést] | 名テスト，試験　他を試験〔検査〕する |
| 748 | **stay in bed** | 安静にしている，寝ている |
| 749 | ▶ **bed** [béd] | 名ベッド |

**Q** テディの母親は彼に何をするように言いますか。

**A** She tells him to stay in bed at home today.
（彼女は彼に，今日は家で安静にするように言います。）

☑☑ 気持ちを伝える

音声 

# 47. I'll do better next time.

**Q Why didn't Dan play well in the match on Saturday?**

1 Dan is at college / writing an email to his father. // Here is part of his email. //

I was so **disappointed** yesterday, / Dad. // My **rugby** team **lost** our match. // I **had a cold** last week, / so I missed most of our
5 practices. // I still **felt** a little **sick** on Saturday, / but I thought / I was well **enough** to play. // **Unfortunately**, / I was wrong. // I was weak and **dizzy** / **during** the match, / and I didn't play well. // I even dropped the ball / and it went in the wrong **direction**. // It was so **embarrassing**. // My team **members encouraged** me /
10 and said that it wasn't my **fault**. // I promised them / that I **would** do better next time. // I already feel much more **energetic** / and I'm ready to **train** hard this week! //

|  |  |  |
|---|---|---|
| 750 | **disappointed** [dìsəpɔ́ɪntɪd] | 形がっかりした，失望した |
| 751 | **rugby** [rʌ́gbi] | 名ラグビー |
| 752 | **lose** [lú:z] | 他に負ける；を失う 自負ける<br>lose > lost > lost |
| 753 | **have a cold** | 風邪をひいている |
| 754 | **feel sick** | 気分が悪い |
| 755 | **enough** [ɪnʌ́f, ə-] | 副十分に 形十分な 代十分な数〔量〕 |
| 756 | **unfortunately** [ʌnfɔ́:rtʃənətli] | 副残念なことに，不運なことに |
| 757 | **dizzy** [dízi] | 形めまいがする，くらくらする |
| 758 | **during** [də́:riŋ, d(j)úər-] | 前～の間 |
| 759 | **direction** [dərékʃən, daɪ-] | 名方向，方角；指示，説明書；指導 |

# 47. 次回はもっとうまくやるつもりです

ダンは大学で父親宛にＥメールを書いています。次は彼のＥメールの一部です。

昨日はとてもがっかりしちゃったんだよ，父さん。僕のラグビーチームが試合に負けたんだ。先週，僕は風邪をひいていたから，練習をほとんど欠席してしまった。土曜日はまだ少し気分が悪かったけれど，十分にプレーできるくらい元気だと思ったんだ。残念ながら，僕は間違っていた。試合の間は力が入らないし，めまいがするし，うまくプレーできなかった。ボールまで落としてしまったし，しかもボールはよくない方向に転がってしまった。そのことはあまりにも恥ずかしかった。チームのメンバーは僕を励ましてくれたし，それは僕の責任〔せい〕ではないと言ってくれた。彼らに約束したよ，次回はもっとうまくやるつもりだって。もうすでに前よりずっと元気あふれる感じがしているし，今週はしっかりトレーニングする準備ができているよ！



|  |  |  |
|---|---|---|
| 760 | **embarrassing** [ɪmbérəsɪŋ, -bǽr-] | 形 恥ずかしくさせるような，人を当惑させるような；やっかいな |
| 761 | **member** [mémbər] | 名 メンバー，一員 |
| 762 | **encourage** [ɪnkə́ːrɪdʒ, en-, ən-] | 他 を励ます，勇気づける；を奨励する |
| 763 | **fault** [fɔ́ːlt] | 名 〈過失の〉責任；過失；欠点，誤り |
| 764 | **would** [wəd, wʊ́d] | 助 …するつもりだ，…するだろう |
| 765 | **energetic** [ènərdʒétɪk] | 形 エネルギッシュな，精力的な；強力な |
| 766 | **train** [tréɪn] | 自 トレーニングする；訓練を受ける 他 を訓練する；を鍛える 名 列車 |

**Q** ダンはなぜ土曜日の試合でうまくプレーできなかったのですか。

**A** Because he still felt a little sick and he was weak and dizzy.
（まだ少し気分が悪く，力が入らず，めまいがしていたからです。）

1300 1400 1500 1600 1700 1800 1900 2000 2100 2200 2300 2400

☑☑ 街の名所について説明する

音声

# 48. The Symbol of St. Louis

**Q** **Where does the Gateway Arch stand?**

1 Dan is talking about his hometown. //

The Gateway Arch is the symbol of my hometown, / St. Louis, Missouri. // Workers started building it in 1963 / and finished it in 1965. // It is 630 feet tall / — the tallest structure in the state. //
5 It stands in a small national park / between the city and the Mississippi River. // It is covered in smooth metal / and shines in the bright sun. // When we see it, / we remember all the travelers in earlier centuries / who began their journeys west / from St. Louis. // It is a very popular spot / for tourists. // There is a nice
10 museum / on the first floor. // For a great view of the whole area, / you can ride up to the top on a special tram, / which runs inside the Arch. //

|  |  |  |
| --- | --- | --- |
| 767 | **symbol** [símbl] | 名 象徴；記号 |
| 768 | **hometown** [hóumtáun, ∠∸] | 名 故郷，地元 |
| 769 | **build** [bíld] | 他 を建てる 自 建築する **build** > built > built |
| 770 | **structure** [strʌ́ktʃər] | 名 建造物，建築物；構造；体系 他 を体系化する，を組み立てる |
| 771 | **national** [nǽʃənl] | 形 国立の；国家全体の；国民の |
| 772 | **cover** [kʌ́vər] | 他 を覆う；を扱う；を報道する 自 代わりを務める 名 覆い，カバー |
| 773 | **smooth** [smúːð] | 形 〈表面が〉つるつるした，なめらかな |
| 774 | **metal** [métl] | 名 金属 |
| 775 | **shine** [ʃáin] | 自 輝く，光る **shine** > shone > shone 他 を磨く **shine** > shined > shined |
| 776 | **traveler** [trǽvələr] | 名 旅人，旅行者 |
| 777 | **century** [séntʃəri] | 名 世紀；100年 |
| 778 | **begin** [bigín] | 他 を始める 自 始まる **begin** > began > begun |

# 48. セントルイスの象徴

ダンは自分の故郷の街について話しています。

ゲートウェイアーチは，僕の故郷の街，ミズーリ州セントルイスの象徴です。1963 年に作業員が建設し始め，1965 年に終えました。高さ 630 フィート（約 192 メートル）で，州で最も高い建造物です。街とミシシッピ川の間にある小さな国立公園の中に建っています。表面がつるつるの金属で覆われ，明るい日差しの中で輝いています。それを見ると，私たちはセントルイスから西へ旅を始めた，過去数世紀のすべての旅人を思い出します。そこは観光客にとって，とても人気のある場所なのです。1 階にはすてきな博物館があります。地域全体の素晴らしい眺めを見るために，特殊なトラムで頂上まで上ることができ，そのトラムはアーチの内部を走っています。



| | | |
|---|---|---|
| 779 ☐ | **journey** [dʒə́ːrni] | 名 旅，旅行；(〜への) 道 |
| 780 ☐ | **west** [wést] | 副 西へ　名 西；西部　形 西の |
| 781 ☐ | **popular** [pɑ́ːpjələr] | 形 人気がある |
| 782 ☐ | **spot** [spɑ́ːt] | 名 場所，地点；斑点；発疹；しみ |
| 783 ☐ | **tourist** [túərɪst] | 名 観光客，旅行者 |
| 784 ☐ | **museum** [mju(ː)zíəm, mjùː-] | 名 博物館；美術館 |
| 785 ☐ | **whole** [hóʊl] | 形 全体の　名 全体 |
| 786 ☐ | **area** [éəriə] | 名 地域，区域 |

**語句・表現**

*l.*8　in earlier centuries 「現在よりも前の数世紀に」

**Q** ゲートウェイアーチはどこに建っていますか。

**A** It stands in a small national park (between the city and the Mississippi River). ((街とミシシッピ川の間にある) 小さな国立公園の中に建っています。)

# Quiz
## PART 2　Section 1

空所に当てはまる単語を選びましょう。

【1】

Ben : What's up? You look ( 1 ) .
Emma : My dog is missing. (starts to cry)
Ben : Oh, no! Missing since when?
Emma : Since last night. He must be really ( 2 ).
Ben : Don't worry. We can look for him together.
Emma : I really ( 3 ) your help.

(1) (a) appropriate (b) brave (c) broken (d) sad
(2) (a) embarrassing (b) frightened (c) peaceful (d) pleased
(3) (a) achieve (b) admire (c) appreciate (d) explore

【2】

Jim : What role do you want the assistant to play?
Mary : ( 1 ), I'd like the assistant to manage our customer information system.
Jim : OK, I'll ( 2 ) it. Let me think it over. I have a meeting about the ( 3 ) on Monday. After that, I will let you know.

(1) (a) Basically (b) Even (c) Further (d) Never
(2) (a) consider (b) discover (c) follow (d) perform
(3) (a) audience (b) budget (c) creativity (d) structure

**Answers**

【1】No.33 参照
(1) (d) その他の選択肢：(a) → 40　(b) → 44　(c) → 35 参照
(2) (b) その他の選択肢：(a) → 47　(c) → 39　(d) → 40 参照
(3) (c) その他の選択肢：(a) → 38　(b) → 38　(d) → 39 参照

【2】No.37 参照
(1) (a) その他の選択肢：(b) → 34　(c) → 39　(d) → 36 参照
(2) (a) その他の選択肢：(b) → 42　(c) → 42　(d) → 43 参照
(3) (b) その他の選択肢：(a) → 43　(c) → 41　(d) → 48 参照

【3】

Make ( 1 ) to each other -- how often, how much time. Start small and ( 2 ) increase it. That's how habits are made -- with small steps repeated ( 3 ) over time.

(1) (a) an audience (b) a commitment (c) an opportunity (d) a tourist
(2) (a) further (b) gradually (c) hardly (d) recently
(3) (a) basically (b) greatly (c) overseas (d) regularly

【4】

I still felt a little sick on Saturday, but I thought I was well enough to play. ( 1 ), I was wrong. I was weak and dizzy during the match, and I didn't play well. I even dropped the ball and it went in the wrong direction. It was so ( 2 ). My team members encouraged me and said that it wasn't my ( 3 ).

(1) (a) Gradually (b) Mainly (c) Regularly (d) Unfortunately
(2) (a) appropriate (b) embarrassing (c) lazy (d) shy
(3) (a) beauty (b) fault (c) future (d) request



【3】No.45 参照
(1) (b) その他の選択肢：(a) → 43 (c) → 36 (d) → 48 参照
(2) (b) その他の選択肢：(a) → 39 (c) → 36 (d) → 42 参照
(3) (d) その他の選択肢：(a) → 37 (b) → 37 (c) → 36 参照

【4】No.47 参照
(1) (d) その他の選択肢：(a) → 45 (b) → 42 (c) → 45 参照
(2) (b) その他の選択肢：(a) → 40 (c) → 44 (d) → 44 参照
(3) (b) その他の選択肢：(a) → 38 (c) → 41 (d) → 37 参照

## 前置詞 1 in

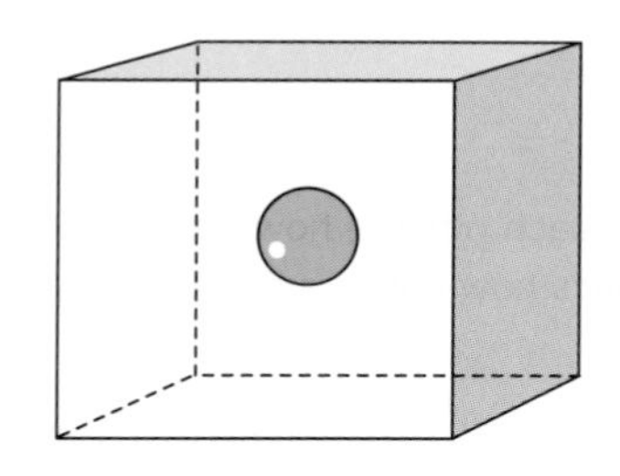

Core Meaning

「～の中に」ある空間，時間，状況，範囲の中にいるという概念を持つ。

1）［ある場所・空間］の中

We were in the same room all day.（私たちは一日中同じ部屋にいました。）

I was in my mother's arms.（私は母の腕に抱かれていました。）

He was walking in the rain.（彼は雨の中を歩いていました。）

There are different types of people in each group.

（それぞれのグループに違うタイプの人がいます。）

2）［ある状況・状態］の中

She is in big trouble.（彼女は非常に困った状況にいます。）

I'm in good health.（私は健康状態がよいです。）

They were in a hurry.（彼らは急いでいました。）

The students were in school uniform.（生徒たちは制服を着ていました。）

3）［世紀・年・月・ある期間］の中

I was born in 1992.（私は1992年に生まれました。）

The course starts in April.（そのコースは４月に始まります。）

He is going to England in the winter.（彼は冬にイギリスに行きます。）

I want to be a nurse in the future.（私は将来看護師になりたいです。）

※似た意味で使われる within との違いも覚えておくとよい。

He is coming in an hour.（彼は一時間後に来ます。）

He is coming within an hour.（彼は一時間以内に来ます。）

## 前置詞 ❷ at

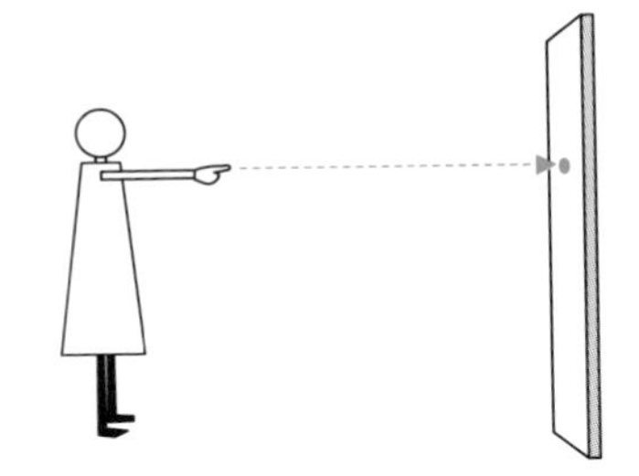

**Core Meaning**

「ある一点（を狙って）」**in よりも狭い一点に意識が向いている時に使われる。**

**1)** ［場所・状態］のある一点

Let's look at this paragraph.（この段落を見てみましょう。）

We'll meet at the ticket gate.（私たちは改札口で会う予定です。）

I'm at work.（私は仕事中です。）

**2)** ［時間・年齢］のある一点

We'll meet him at six o'clock tomorrow.（明日6時に彼に会う予定です。）

The artist passed away at the age of 86.

（その芸術家は 86 歳で他界しました。）

**3)** ［変動するもの］のある一点

Is it possible for this electric car to run at 100 kilometers per hour?（この電気自動車が時速 100 キロで走ることは可能ですか。）

I got my car at the lowest price.（私は車を最低価格で手に入れました。）

**4)** ［感情の原因・理由］

He was disappointed at his friends.

（彼は友達に対してがっかりしました。）

I'm surprised at your opinion.（あなたの意見に驚いています。）

## 前置詞 ❸ from

**Core Meaning**

「起点」時間，物事，状態の始まり（起点）を表す。

1）［場所］の起点

I walk from home to the nearest station every day.

（私は毎日家から最寄りの駅まで歩きます。）

He is from Australia.（彼はオーストラリア出身です。）

2）［時間・期間］の起点

She will be on vacation from August 10th.

（彼女は 8 月 10 日から休暇に入ります。）

The grocery store is open from nine.

（その食料品店は 9 時から開いています。）

3）［状態］の起点

Her condition had gone from bad to worse.

（彼女の状態は悪いところからさらに悪化しました。）

4）［（間接的）原因］

He is tired from the plane trip.（彼は飛行機の旅で疲れています。）

She died from the heat.（彼女は暑さがもとで亡くなった。）

5）［原料・材料］※見てすぐに原材料の元の姿がわからない場合

Paper is made from trees.（紙は木でできています。）

## 前置詞 ④ to

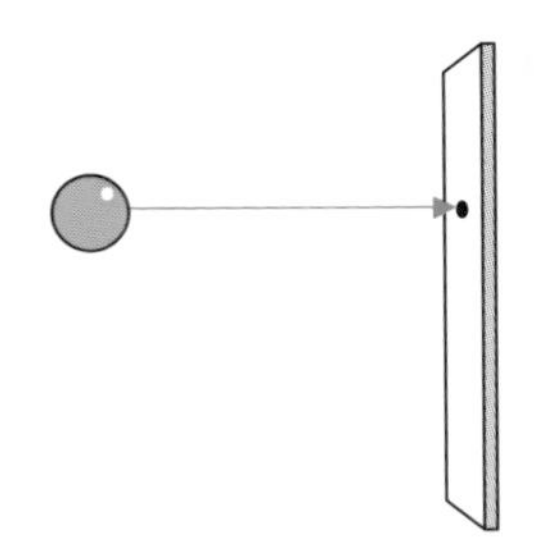

**Core Meaning**

「到達点」単に方向を示すだけでなく，到着点を意識するニュアンスを持つ。

1）［方向・場所］

I took a trip to Hokkaido.（北海道に旅行に行きました。）

I have to stop by a bank on my way to work.

（仕事に行く途中に銀行に寄らなくてはなりません。）

2）［対象］

I'm writing an email to my friend.（友達にメールを書いています。）

I teach English to children.（子供たちに英語を教えています。）

The news was a shock to me.（そのニュースは私にとって衝撃でした。）

Your help is necessary to our future success.

（君の助けは我々の将来の成功に欠かせないものです。）

3）［範囲の終わり］

The store is open from ten to eight.

（その店は 10 時から 8 時まで開いています。）

Count to 10 and run!（10 まで数えて逃げて！）

4）［程度・到達点］

I worked hard to death.（私は死ぬほど一生懸命働きました。）

I was moved to tears at the story.（私はその話に感動して泣きました。）

## 前置詞 ❺ for

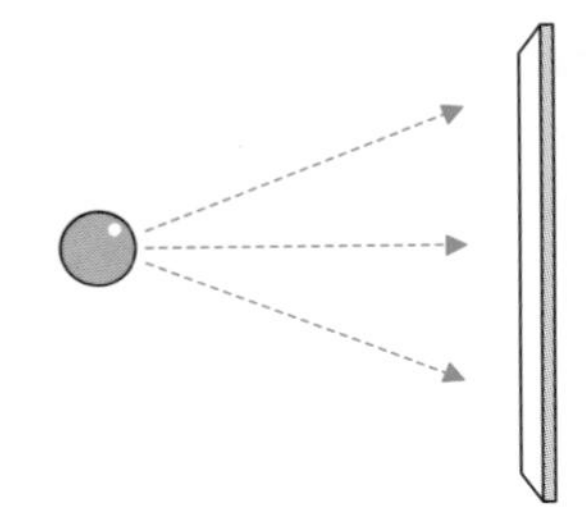

**Core Meaning**

「方向」目指す目標，到達点へのプロセスに注目する。

1）［方向］

I'm leaving **for** France tomorrow.（明日フランスに向かって発ちます。）

Take the Ginza Line **for** Asakusa.

（浅草方面行きの銀座線に乗ってください。）

2）［利益・対象・用途］

I bought some flowers **for** my girlfriend.（彼女のために花を買いました。）

This drink is good **for** your health.

（このドリンクは健康のためにいいんですよ。）

Students need to study **for** their future.

（学生は将来に備えて，勉強しなくてはならない。）

3）［賛成・支持］

Are you **for** or against our plan?

（あなたは私たちの計画に賛成ですか，それとも反対ですか。）

4）［原因・理由］

We can't go out **for** the heavy rain.（ひどい雨のせいで外出できません。）

This school is famous **for** its strict rules.

（この学校は厳しい校則で有名です。）

5）［期間］

He stayed at the hotel **for** a week.

（彼はそのホテルに１週間滞在しました。）

## 前置詞 ❻ of

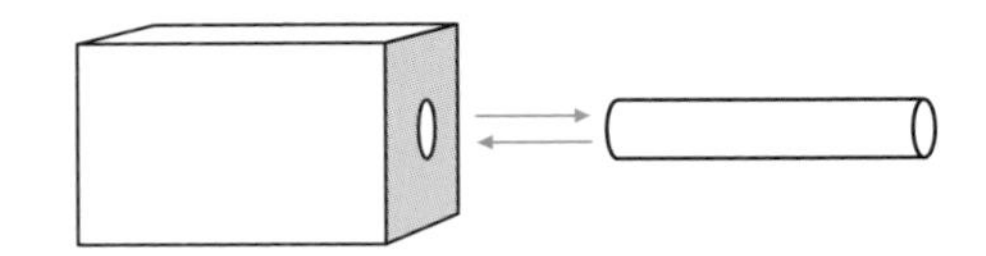



**Core Meaning**

「～に属する」「集団に所属する」「物〔人〕を所有する」など, '関連性' や '限定' を表す。

1）［所属・所有］
All of the children at the school like to play soccer during the break.
（その学校の子供たちの全員が，休み時間にサッカーをするのが好きです。）
This garden is part of our farm.（この庭は私たちの農場の一部です。）
He is a friend of mine.（彼は私の友達です。）

2）［限定］
I took this picture of my mother in my garden.
（私はこの母の写真を庭で撮りました。）
Let me introduce you to the president of our company.
（わが社の社長をご紹介いたします。）

3）［特徴］
He was a man of ability.（彼は才能のある人でした。）
This is a matter of great importance.
（これは非常に重要性のある問題です。）

4）［（直接的）原因］
Many people died of the flu last winter.
（昨年の冬，多くの人がインフルエンザで亡くなりました。）

5）［原材料・構成要素］ ※見て原材料の元の姿がわかる場合
The chair is made of wood.（そのいすは木でできています。）

## 前置詞 ❼ with

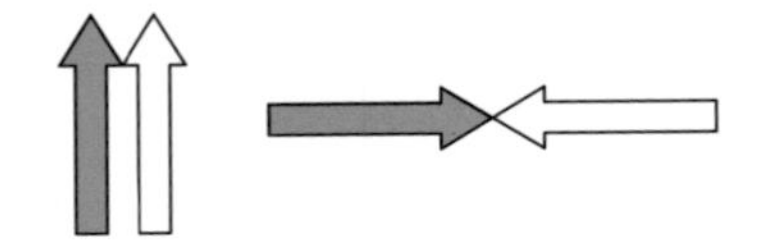

**Core Meaning**

「～を伴って」基本概念は「関わり合い」である。'所有' や '手段' も表す。

1) [随伴]

I went camping **with** my dog. (私は犬と一緒にキャンプへ出かけました。)

The coffee came **with** the burger.

(コーヒーはハンバーガーについてきました。)

You look nice! The tie goes well **with** the shirt.

(すてきですね。ネクタイとシャツが合っていますよ。)

2) [所有・付属]

Do you remember the woman **with** long dark hair at the meeting?

(ミーティングにいた長い黒髪の女性のことを覚えていますか。)

Her mother came back home **with** a book on cooking.

(彼女のお母さんは料理の本を持って家に戻りました。)

3) [相手]

Do not fight **with** people who are weaker than you are.

(自分より弱い者とけんかをするな。)

I'm in love **with** her. (私は彼女に恋をしています。)

4) [道具・手段・材料]

I wrote the letter **with** my favorite pen.

(私はお気に入りのペンでその手紙を書きました。)

I tried to catch a butterfly **with** my hands.

(蝶(ちょう)を手で捕まえようとしました。)

The top of Mt. Fuji is covered **with** snow.

(富士山の頂上は雪で覆われています。)

## 前置詞 ⑧ by

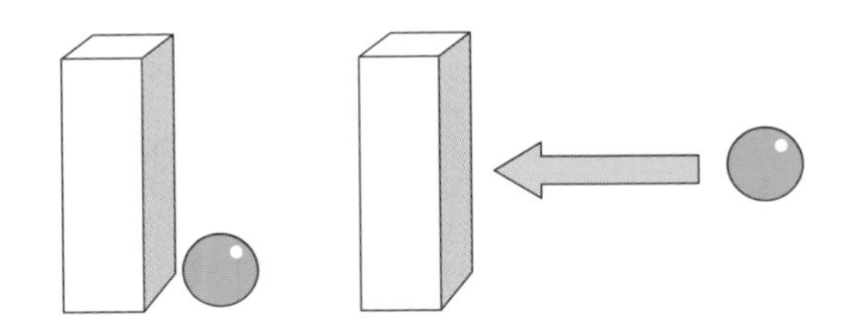



**Core Meaning**

「～のそば，～の近くに」「空間的に近くにある」という意味。‘動作主’，‘手段’や‘期限’も表す。

1) ［場所］ ※ near より近い地点を指す
I stood **by** the window.（私は窓の（すぐ）そばに立っていました。）

2) ［動作主，作者］
This new system was invented **by** a young engineer.
（この新システムは，若い技術者によって発明されました。）
It's a painting **by** Claude Monet in the 1890's.
（これは 1890 年代のクロード・モネによる作品です。）

3) ［（輸送・連絡などの）手段］
We go to school **by** bus.（私たちはバスで通学しています。）
I will contact you **by** e-mail.（あなたにメールで連絡します。）

4) ［期限，締切］
The writer had to have his article ready **by** Friday.
（そのライターは，金曜までに記事を仕上げておかなくてはなりませんでした。）
I'd better be home **by** seven, so mom won't get mad.
（お母さんに怒られないように，7 時までに家に帰らなければなりません。）

※ until との違いを理解しよう。
until ［継続の終了時］～までずっと
I'll be here **until** five o'clock.（私は 5 時までずっとここにいます。）

## 前置詞 ❾ on

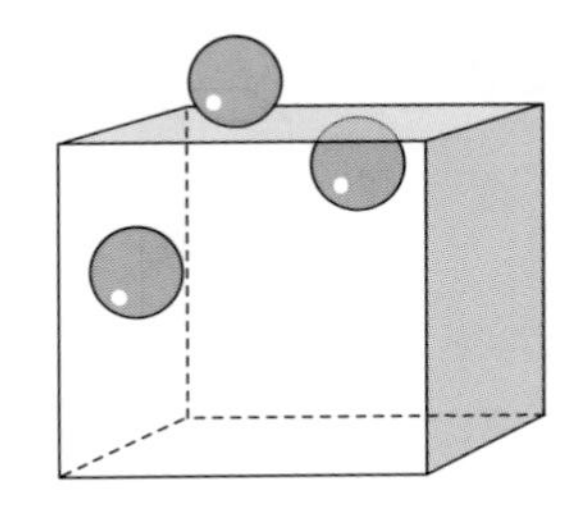

**Core Meaning**

「平面に接触している」上か下かにかかわらず，「触れている」という概念を表す。なお，**above** は「接触していない上の方」，**over** は接触の有無にかかわらず，「上を覆う」ことを表す。

**1)** [場所，近接]

Your bag was **on** the table.（バッグはテーブルの上にあったわよ。）

The painting **on** the wall is my father's work.

（壁に掛けてある絵は私の父の作品です。）

You'll see a drugstore **on** your left.（左手に薬局があります。）

**2)** [曜日・日付]

"I was born **on** July 4th." "Oh, you were born **on** Independence Day!"（「私は 7 月 4 日に生まれたのよ。」「へえ，独立記念日に生まれたんだ！」）

I take a piano lesson **on** Saturdays.

（私は毎週土曜日にピアノを習っています。）

**3)** [着用]

She has a ring **on** her wedding finger.

（あの子は薬指に指輪をつけています。）

The suit looks great **on** you.（そのスーツを着るとすてきですよ。）

**4)** [（乗り物）に乗って]

Welcome **on** board.（ご搭乗ありがとうございます。）

We were **on** the bus to go to the nearest station.

（最寄りの駅に行くためにバスに乗っていました。）

**5)** [所属]

He was **on** the soccer team in high school.

（彼は高校でサッカー部に所属していました。）

# 前置詞 ⑩ off

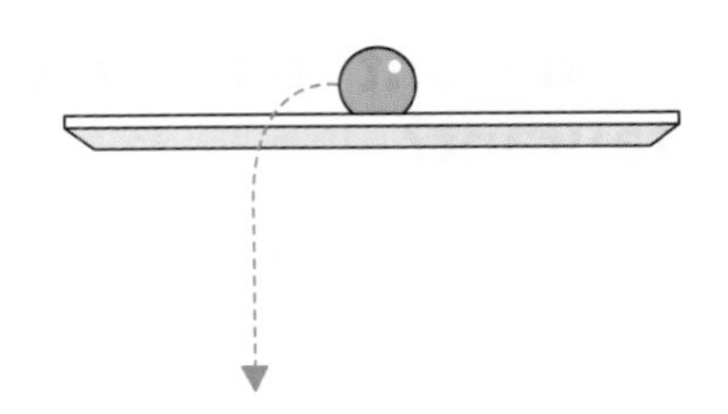



**Core Meaning**

「～から離れて」接触していた元の場所から離れることを表す。

1) ～から離れて

Please get **off** the bus at the next stop.
(次の駅でバスから降りてください。)
Keep **off** the grass. (芝生に入らないでください。)

2) (仕事など) を休んで

It's good to take some time **off** work.
(仕事から少し離れるのもいいものですよ。)
He stayed **off** school because of headache.
(彼は頭痛のため学校を休みました。)

3) ～から割り引いて

I'll take ten percent **off** the usual price.
(通常価格から 10% を割り引きましょう。)

---

※on, above, over の違いを理解しよう。

**on** My baby is lying **on** the floor.
(赤ちゃんは床の上で横になっています。)

**above** Birds are flying **above** the sea. (鳥が海の上空を飛んでいます。)
The top of the mountain is **above** the clouds.
(山頂は雲の上にあります。)

**over** I put the blanket **over** my son.
(息子 (の上) に毛布をかけました。)
A rainbow is **over** the sea. (虹が海の上にかかっています。)

☑☑ 食事に誘う

音声 

## 49. Do you want to try that new Italian restaurant?

**Q** Why does Anne need to check her schedule?

1 Mark: **Hey**, Anne, / do you want to try that new Italian restaurant / on Second Street? //
Anne: Hmm... / I don't know. // It looks **pretty fancy**. // And it's always **crowded**. // It doesn't seem very **comfortable**. //
5 Mark: Everyone says / the **pasta** is delicious and **inexpensive**. // The **chef** is from Italy. / Also, / it is**n't quite as busy** after 1:00. //
Anne: It does sound nice. // I heard / they have wonderful **desserts**. //
Mark: Why don't we go there / for a late lunch? // Are you free
10 **tomorrow**? //
Anne: I think so. // But let me check my **schedule** / and **get back to** you. // I have a lot of **appointments** this week. //

| | | |
|---|---|---|
| 787 ☐ | **hey** [héɪ] | 間おい；やあ |
| 788 ☐ | **pretty** [príti] | 副けっこう，なかなか<br>形きれいな，かわいらしい |
| 789 ☐ | **fancy** [fǽnsi] | 形高級な；装飾的な　名好み；空想 |
| 790 ☐ | **crowded** [kráʊdɪd] | 形混雑した，混み合った |
| 791 ☐ | **comfortable** [kʌ́mftəbl, -fərt-] | 形心地よく感じる；快適な |
| 792 ☐ | **pasta** [pɑ́ːstə] | 名パスタ |
| 793 ☐ | **inexpensive** [ɪnɪkspénsɪv] | 形安価な；費用のかからない |
| 794 ☐ | **chef** [ʃéf] | 名料理長；料理人 |
| 795 ☐ | **not quite (as)** | …というわけではない，…とまではいかない |
| 796 ☐ | ▶ **quite** [kwáɪt] | 副とても，かなり；すっかり |

# 49. あの新しいイタリアンレストランに行ってみませんか

マーク：ねえ，アン。2番通りのあの新しいイタリアンレストランに行ってみない？

アン：うーん…どうしようかな。あそこはずいぶん高級そうよね。それにいつも混んでいるし。あまり居心地がよい感じはしないわ。

マーク：みんな，あそこのパスタ料理はおいしくて高くはないって言っているよ。料理長はイタリア出身だし。それに1時を過ぎたら，混んでいるというわけではないよ。

アン：それは本当によさそうね。とてもすてきなデザートがあるらしいわね。

マーク：遅めの昼食にあのレストランに行くのはどう？ 君は明日は空いている？

アン：そう思うわ。でも予定を確認してからあなたに折り返し連絡させて。今週はたくさん約束があるの。



|  |  |  |
|---|---|---|
| 797 | **busy** [bízi] | 形〈場所が〉ごったがえした；忙しい |
| 798 | **dessert** [dızə́ːrt, də-] | 名デザート |
| 799 | **tomorrow** [təmɑ́ːroʊ, -mɔ́ːr-, tʊ-, tu-] | 副明日（は） 名明日 |
| 800 | **schedule** [skédʒuːl, -uːwəl, skédʒəl] | 名予定，スケジュール |
| 801 | **get back to ～** | （人）に後で連絡する；（場所・仕事など）に戻る |
| 802 | **appointment** [əpɔ́ıntmənt] | 名〈人と会う〉約束，予約；任命，指名 |

**Q** アンはなぜ自分の予定を確認する必要があるのですか。

**A** Because she is quite busy this week.（彼女は今週忙しいからです。）

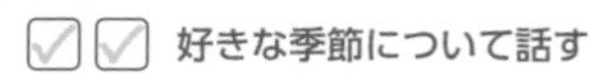

☑☑ 好きな季節について話す　　音声

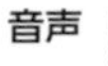

# 50. Why I like winter better than summer

**[Q] What does Akemi like to do during winter storms?**

Akemi is talking about her favorite time of year. //

Winter is my favorite time of year. // Most of my friends **dislike** winter / and **prefer** summer. // They **complain** about the **shorter** days / and the heavy **gray** sky. // They often say / they are **freezing to death**! // They miss the **brilliant** summer **sunshine** / and spending days at **sandy** beaches. // Not me! // I like to sit **in front of** a **fire** / with a good **novel** / during winter **storms**. // I can wear my favorite **sweater** / and drink hot chocolate. // But I don't stay **inside** / all of the time. // My favorite sports are **skiing** and **ice skating**. // Every December, / I go back to my hometown in Nagano / and enjoy winter sports. //

| | | |
|---|---|---|
| 803 ☐ | **dislike** [dɪsláɪk, dɪz-] | [他]を嫌う，を好きでない　[名]嫌い，嫌悪 |
| 804 ☐ | **prefer** [prɪfə́ːr, prə-] | [他]のほうを好む〔選ぶ〕 |
| 805 ☐ | **complain** [kəmpléɪn] | [自]不平を言う　[他]と不平を言う |
| 806 ☐ | **short** [ʃɔ́ːrt] | [形]短い；背が低い |
| 807 ☐ | **gray** [gréɪ] | [形]灰色の　[名]灰色 |
| 808 ☐ | **freeze to death** | 凍え死ぬ　※現在進行形で「寒くて死にそうだ」の意味で用いる。 |
| 809 ☐ | ▶ **freeze** [fríːz] | [自]凍える；凍る　**freeze** > froze > frozen |
| 810 ☐ | **brilliant** [bríljənt] | [形]きらめく，燦然(さんぜん)と輝く；素晴らしい；才能にあふれた |
| 811 ☐ | **sunshine** [sʌ́nʃàɪn] | [名]日光；日なた |
| 812 ☐ | **sandy** [sǽndi] | [形]砂で覆われた；砂のような；薄茶色の |

# 50. 私が夏よりも冬が好きな理由

明美は好きな季節について話しています。

冬は私が好きな季節です。私の友人のほとんどは，冬を嫌い，夏のほうが好きです。彼らは日が（夏より）短いことや重い灰色の空について文句を言います。寒くて死にそうだとよく口にします！ きらめく夏の陽光，そして砂浜で過ごす日々がなくて，残念に思うのです。私はそうではありません！私は冬の嵐の間は，素晴らしい小説を手に，（暖炉の）火の前に座るのが好きです。お気に入りのセーターを着て，ホットチョコレートを飲むことができるんですよ。でも，四六時中家の中にいるわけではありません。私の好きなスポーツは，スキーとアイススケートです。毎年 12 月には，長野にある故郷に戻って，冬のスポーツを楽しみます。



|  |  |  |
| --- | --- | --- |
| 813 | **in front of ～** | ～の前で |
| 814 | **fire** [fáɪər] | 名（暖炉などの）火；火事 |
| 815 | **novel** [nάːvl] | 名小説 |
| 816 | **storm** [stɔ́ːrm] | 名嵐，暴風雨 |
| 817 | **sweater** [swétər] | 名セーター |
| 818 | **inside**<br>副前 [ìnsáɪd] 名 [´ˋ] | 副屋内に；内側に 前～の中に〔で〕<br>名内部 |
| 819 | **skiing** [skíːɪŋ] | 名スキー |
| 820 | **ice skating** | アイススケート |

**Q** 明美は冬の嵐の間，何をするのが好きですか。

**A** She likes to sit in front a fire with a good novel.
（素晴らしい小説を手に暖炉の火の前に座るのが好きです。）

1300 1400 1500 1600 1700 1800 1900 2000 2100 2200 2300 2400

有名な人物について説明する　音声

## 51. The story of Lucy Maud Montgomery

**[Q] Why did Lucy create friends in her imagination when she was a child?**

❶ Lucy Maud Montgomery is one of Canada's most **well-known fiction authors**. // She is most **famous** for her novels / about a young **orphan** named Anne Shirley. // Her first novel, / *Anne of Green Gables*, / was **published** in 1908. // Both Lucy and her **character**, Anne, / became **international figures**. // In her life, / Lucy wrote six books about Anne. //

❷ Lucy **was born** in Clifton, / Prince Edward **Island**, / on November 30, 1874. // **Sadly**, / Lucy's mother **died** / when she was very young. // After that, / Lucy lived with her **grandparents**. // Her **cousins** lived / not **far** from them. // They were the **original owners** of Green Gables Farm. // As a child, / Lucy spent a lot of time **alone**. // She felt very lonely, / so she **created** friends / **in her imagination**. // This **talent** helped her later / when she was writing stories and novels. //

| | | |
|---|---|---|
| 821 | **well-known** [wélnóʊn] | よく知られた，有名な |
| 822 | **fiction** [fíkʃən] | [名]フィクション，（架空の）物語 |
| 823 | **author** [ɔ́:θər] | [名]作家，著者 |
| 824 | **famous** [féɪməs] | [形]有名な |
| 825 | **orphan** [ɔ́:rfn] | [名]孤児 |
| 826 | **publish** [pʌ́blɪʃ] | [他]を出版する；を正式に発表する |
| 827 | **character** [kérəktər, kǽr-, -ɪk-] | [名]登場人物；性格；特徴；文字 |
| 828 | **international** [ìntərnǽʃənl] | [形]国際的な |
| 829 | **figure** [fígjər] | [名]（有名な）人物，姿；数字，数；計算；体形<br>[他]だと判断する　[自]重要な位置を占める |
| 830 | **be born** | 生まれる |
| 831 | ▶ **born** [bɔ́:rn] | [動] bear（産む）の過去分詞<br>[形]生まれながらの　**bear > bore > born** |
| 832 | **island** [áɪlənd] | [名]島 |
| 833 | **sadly** [sǽdli] | [副]悲しいことに，残念ながら；悲しげに |

# 51. ルーシー・モード・モンゴメリの物語

❶ ルーシー・モード・モンゴメリは，カナダの最もよく知られたフィクション作家の一人です。彼女は，アン・シャーリーという名前の年若い孤児についての小説で最も有名です。彼女の最初の小説，『赤毛のアン』は 1908 年に出版されました。ルーシーと小説の登場人物であるアンは，国際的な著名人となりました。人生において，ルーシーはアンに関する本を 6 冊書きました。
❷ ルーシーは，1874 年 11 月 30 日に，プリンス・エドワード島のクリフトンで生まれました。悲しいことに，ルーシーの母親は彼女がとても幼い頃に亡くなりました。その後，ルーシーは祖父母と共に暮らしました。彼女のいとこは，祖父母のところからそれほど遠くないところに住んでいました。彼らがグリーン・ゲイブルズ農場のもともとの所有者でした。子供の頃，ルーシーは多くの時間を一人で過ごしました。とても寂しく感じたので，彼女は自分の想像の世界に友人を生み出したのです。この才能はのちに，彼女が物語や小説を書くときに役立ちました。



|  |  |  |
|---|---|---|
| 834 | **die** [dáɪ] | 自 死ぬ |
| 835 | ▶ **pass away** | 亡くなる，死亡する　※ die の遠回しな表現。 |
| 836 | **grandparent** [grǽndpèərənt] | 名 祖父，祖母 |
| 837 | **cousin** [kʌ́zn] | 名 いとこ |
| 838 | **far** [fɑ́ːr] | 副 遠くに，はるかに　形 遠い |
| 839 | **original** [ərídʒənl] | 形 もとの；最初の；創造（独創）的な |
| 840 | **owner** [óʊnər] | 名 所有者，持ち主 |
| 841 | **alone** [əlóʊn] | 副 一人で，単独で　形 孤独で寂しい |
| 842 | **create** [kriéɪt, krìː-, ´-] | 他 を生み出す，を創り出す |
| 843 | **in *one*'s imagination** | ～の想像の世界に |
| 844 | ▶ **imagination** [ɪmæ̀dʒənéɪʃən] | 名 想像；想像力 |
| 845 | **talent** [tǽlənt] | 名 才能 |

**Q** ルーシーは子供の頃，なぜ自分の想像の世界に友人を作り出したのですか。

**A** Because she was very lonely.（彼女はとても寂しかったからです。）

☑☑ お気に入りの場所について説明する

音声

## 52. Hyde Park in London

[Q] **What can people do in the Speakers' Corner area of Hyde Park?**

My favorite city park is London's Hyde Park. // It is just a short walk from Kensington **Palace**, / the last home of **Princess** Diana. // The park was created by **King** Henry VII in 1536 / as a place for **wild animals**. // It is the largest **royal** park in London's center / and is famous **worldwide**. // The park isn't as **enormous** as New York's Central Park / and it doesn't have a **zoo**. // But it has **plenty of** green **space**, / where **visitors** can relax and enjoy **nature**. // The park also has many **playgrounds** for children. // My favorite spot is **Speakers**' Corner. // **Members of the public** can make speeches / or **debate** there. // The speakers often stand on **plastic** or **wooden boxes**. // That way, / they can be seen **above** the **crowd**. // If you have a chance, please visit there. //

| | | |
|---|---|---|
| 846 ☐ | **palace** [pǽləs] | [名]宮殿 |
| 847 ☐ | **princess** [prínsəs, -ses] | [名]皇太子〔親王〕妃；王女，皇女 |
| 848 ☐ | **king** [kíŋ] | [名]王 |
| 849 ☐ | **wild animal** | 野生動物 |
| 850 ☐ | ▶ **wild** [wáɪld] | [形]野生の；荒れ果てた　[名]荒野 |
| 851 ☐ | ▶ **animal** [ǽnəml] | [名]動物 |
| 852 ☐ | **royal** [rɔ́ɪəl] | [形]王国の；王〔王女〕の |
| 853 ☐ | **worldwide** [wə́ːrldwáɪd] | [副]世界的〔中〕に　[形]世界的な〔中の〕 |
| 854 ☐ | **enormous** [ɪnɔ́ːrməs] | [形]巨大な；並外れた |
| 855 ☐ | **zoo** [zúː] | [名]動物園 |
| 856 ☐ | **plenty of ～** | たくさんの；十分な |
| 857 ☐ | **space** [spéɪs] | [名]場所，空間；余白；宇宙 |
| 858 ☐ | **visitor** [vízətər] | [名]訪問者，来客 |
| 859 ☐ | **nature** [néɪtʃər] | [名]自然；性質 |

# 52. ロンドンのハイド・パーク

私のお気に入りの都市公園は，ロンドンのハイド・パークです。それはダイアナ元妃の最後の住居，ケンジントン宮殿から歩いてすぐのところにあります。この公園は，1536年に（イングランド）王ヘンリー7世によって，野生動物のための場所として作られました。ロンドンの中心地にある最も大きな王立公園で，世界的に有名です。ハイド・パークはニューヨークのセントラルパークほど巨大ではありませんし，動物園もありません。しかし，そこにはたくさんの緑地があって，そこでは訪れた人がくつろいで自然を楽しむことができます。この公園には子供たちのためのたくさんの遊び場もあります。私の好きな場所は，スピーカーズ（演説者）コーナーです。そこでは一般の人々が演説や，討論をすることができるのです。演説者はたいていプラスチックか木製の箱の上に立ちます。そのようにすると，彼らは群衆の上のほうに出て見えるのです。もし機会があれば，そこを訪れてみてください。



|  |  |  |
|---|---|---|
| 860 | **playground** [pléɪgràʊnd] | 名遊び場，運動場 |
| 861 | **speaker** [spíːkər] | 名演説者；話す人 |
| 862 | **members of the public** | 一般の人々，一般人 |
| 863 | ▶ **public** [pʌ́blɪk] | 名〈the ～で〉一般の人々　形公の；公開の |
| 864 | **debate** [dɪbéɪt, də-] | 自討論する　他について討議する<br>名討議，ディベート；討論会 |
| 865 | **plastic** [plǽstɪk] | 形プラスチックの　名プラスチック |
| 866 | **wooden** [wʊ́dn] | 形木製の |
| 867 | **box** [bɑ́ːks] | 名箱 |
| 868 | **above** [əbʌ́v] | 前～の上（の方）に；～より上で |
| 869 | **crowd** [kráʊd] | 名群衆；観客　自群がる　他に群がる |

**Q** 人々はハイド・パークのスピーカーズ・コーナーで何をすることができますか。

**A** They can make speeches or debate.（演説や討論をすることができます。）

# 53. A Person I Admire

**Q How is Amy an inspiration to Jen?**

Jen is talking about her friend, Amy. //

My best friend Amy has many **qualities** / I admire. // She is smart, **organized**, and energetic. // She was always an excellent student / and got good **grades**. // She is a **creative** writer, / and now she is the **editor** of our local **newspaper**. // Not only that, / she is also a good **athlete** / and the **captain** of our company's **cycling** team. // **Most of all**, **though**, / I appreciate her **friendship**. // She is **kind** and **helpful**, / and I can talk to her about **anything**. // She gives me good **advice** / when I am **worried** or **confused**. // She is always **logical** and never **negative**. // Amy is a real **inspiration** to me. // She makes me want to work harder / and to be a better **person**. //

|  |  |  |
|---|---|---|
| 870 | **quality** [kwɑ́:ləti] | 名資質；質；良質；特性 |
| 871 | **organized** [ɔ́:rgənàɪzd] | 形きちんとした，まめな；組織的な |
| 872 | **grade** [gréɪd] | 名学業成績，評点；学年；等級 |
| 873 | **creative** [kriéɪtɪv, krì:-] | 形創造的な，独創的な |
| 874 | **editor** [édətər] | 名編集者；編集長 |
| 875 | **newspaper** [n(j)ú:zpèɪpər, n(j)ú:s-] | 名新聞 |
| 876 | **athlete** [ǽθli:t] | 名スポーツ選手；運動が得意な人 |
| 877 | **captain** [kǽptən] | 名主将；船長，機長 |
| 878 | **cycling** [sáɪklɪŋ] | 名サイクリング |
| 879 | **most of all** | とりわけ，何よりも |
| 880 | **though** [ðóʊ] | 副でも　接…だけれども |
| 881 | **friendship** [fréndʃɪp] | 名友情；交友関係 |
| 882 | **kind** [káɪnd] | 形親切な，優しい　名種類 |

# 53. 私が敬愛する人

ジェンは友人のエイミーについて話しています。

私の親友エイミーは，私が素晴らしいと思うたくさんの資質を備えています。彼女は賢く，几帳面で，活発です。常に優秀な生徒であり，よい成績を取っていました。創造性に富んだライターで，そして今では私たちの地元の新聞の編集者をしています。それだけではなく，優れたスポーツ選手で，私たちの会社のサイクリングチームの主将でもあります。でも，何よりも私は彼女の友情をありがたく思っています。親切で，進んで人助けをするし，私は彼女に何でも話すことができるのです。不安なときや混乱しているときには，私に的確な助言をくれます。いつも論理的で，決して消極的にはなりません。エイミーは私にとって，本当に刺激となる人です。彼女は私にもっと努力をして，もっといい人間になりたいと思わせてくれるのです。



| | | |
|---|---|---|
| 883 ☐ | **helpful** [hélpfl] | ㊎進んで手伝う；助けになる，役立つ |
| 884 ☐ | **anything** [éniθɪŋ] | ㊹何でも；何か；何も（…ない） |
| 885 ☐ | **advice** [ədváɪs] | ㊔助言，忠告 |
| 886 ☐ | **worried** [wə́:rid] | ㊎心配して；心配そうな |
| 887 ☐ | **confused** [kənfjú:zd] | ㊎混乱した；当惑した |
| 888 ☐ | **logical** [lɑ́:dʒɪkl] | ㊎論理的な |
| 889 ☐ | **negative** [négətɪv] | ㊎消極的な；否定的な，否定の；陰性の |
| 890 ☐ | **inspiration** [ìnspəréɪʃən] | ㊔刺激となる人〔もの〕；知的に刺激する〔される〕こと；ひらめき |
| 891 ☐ | **person** [pə́:rsn] | ㊔人，人間 |

**Q** エイミーはジェンにどのような刺激を与えてくれる人物ですか。

**A** She makes Jen want to work harder and to be a better person.（彼女はジェンに，もっと努力をしてもっといい人になりたいと思わせてくれます。）

☑☑ 旅行会社に問い合わせる

音声

## 54. A Special Journey

**Q Where can Jeff and his wife go in Rome with a tour guide?**

1 Travel Agent: **Globe** Travel Agency, / may I help you? //
Jeff: Hello! // I saw on your website / that you have **half-price tours** for couples. // My wife and I want to visit Rome / for our **wedding anniversary**. //
5 Travel Agent: Yes, / we have a **special offer** on **romantic** trips to Rome. // If you pay the **cost** for one person, / the second person is **free**. //
Jeff: **That's a good deal.** // What do the tours **include**? //
Travel Agent: They include air **fare** and three nights in a hotel, /
10 with **a bottle of** champagne when you **arrive**. // Also, / a **tour guide** will **take** you **around** Rome / to see the **ancient architecture**. //
Jeff: That sounds wonderful. // I want to choose our **dates** now. //

|  |  |  |
| --- | --- | --- |
| 892 | **globe** [glóʊb] | 名 地球；世界 |
| 893 | **half-price** [hǽfpráɪs] | 形 半額の |
| 894 | **tour** [túər] | 名 観光旅行；ツアー |
| 895 | **wedding** [wédɪŋ] | 名 結婚式，婚礼 |
| 896 | **anniversary** [æ̀nəvə́ːrsəri] | 名 記念日 |
| 897 | **special offer** | 特価提供，特別提供，安売りの品 |
| 898 | ▶ **offer** [ɔ́(ː)fər] | 名 提供；申し出　他 を提供する；を申し出る　自 申し出る |
| 899 | **romantic** [roʊmǽntɪk] | 形 ロマンチックな；現実離れした |
| 900 | **cost** [kɔ́(ː)st] | 名 費用；原価　他 がかかる　自 費用がかかる　cost > cost > cost |
| 901 | **free** [fríː] | 形 無料の；暇な；自由な |
| 902 | **That's a good deal.** | それはお得〔お買い得〕ですね。 |
| 903 | ▶ **deal** [díːl] | 名 取り引き　他 を分け与える　deal > dealt > dealt |

# 54. 特別な旅

旅行会社社員：グローブ・トラベル・エージェンシー（地球旅行社）です。ご用件を伺います。

ジェフ：こんにちは！ そちらのウェブサイトで見たのですが，カップルのための半額の旅行があるのですよね。妻と私は，結婚記念日にあたりローマを訪れたいと思っています。

旅行会社社員：はい，当社はローマへのロマンチックな旅を特別価格でご提供しております。お一人分の費用をお支払いいただければ，お二人目は無料でございます。

ジェフ：それはお得ですね。その旅行には何が含まれますか。

旅行会社社員：航空運賃と３泊分のホテル代を含み，ご到着時にはシャンパンを１本ご用意しております。さらに，観光ガイドが古代建築を見にローマをご案内する予定です。

ジェフ：申し分ないです。私たちの日程を今選びたいと思います。



| | | |
|---|---|---|
| 904 ☐ | **include** [ɪnklúːd] | ㊉を含む；を入れる |
| 905 ☐ | **fare** [féər] | ㊔運賃 |
| 906 ☐ | **a bottle of ～** | ～を１本〔一びん〕 |
| 907 ☐ | **arrive** [əráɪv] | ㊐〈場所に〉着く，到着する |
| 908 ☐ | **tour guide** | 観光ガイド |
| 909 ☐ | **take ～ around** | ～を案内する |
| 910 ☐ | **ancient** [éɪnʃənt] | ㊋古代の |
| 911 ☐ | **architecture** [áːrkətèktʃər] | ㊔建築；〈集合的に〉建築物 |
| 912 ☐ | **date** [déɪt] | ㊔日取り；日付；会合の約束；デート |

**Q** ジェフと妻はローマで観光ガイドとどこへ行くことができますか。

**A** They can go to see Rome's ancient architecture.
（ローマの古代建築を見に行くことができます。）

☑☑ 自分の趣味について話す

音声

# 55. I like making things.

**Q Why is Dan producing videos about his hobby?**

Dan is making a video about his hobby. //

❶ I started building things / when everything in the country was **closed** / **due to** COVID-19. // I was **bored** and needed an **occupation**. // I have always wanted to make **furniture**. // Because I was a **beginner**, / I decided to try something **simple**. / I thought a **bookcase** would be **easy**. // But I wanted it to be **strong** and look good. //

❷ I watched **several** videos online / to learn how to build it **correctly**. // I got all the **tools** and **materials** I needed / online, too / — a **drill**, **screws**, **boards**, **paint**, **and so on**. // Building the bookcase was really fun. // After that, / I **designed** some **cupboards** and made them. // Now, / I'm **producing** my own YouTube videos / to show other people / how to make things. //

| | | |
|---|---|---|
| 913 | **closed** [klóʊzd] | [形]閉じた；閉鎖した；閉鎖的な |
| 914 | **due to ～** | ～のせいで，～が原因で |
| 915 | **bored** [bɔ́ːrd] | [形]退屈した |
| 916 | **occupation** [ɑ̀ːkjəpéɪʃən] | [名]暇つぶしの仕事；職業；占領 |
| 917 | **furniture** [fə́ːrnɪtʃər] | [名]家具 |
| 918 | **beginner** [bɪgínər] | [名]初心者；創始者 |
| 919 | **simple** [símpl] | [形]簡単な，単純な；質素な |
| 920 | **bookcase** [búkkèɪs] | [名]本棚，本箱 |
| 921 | **easy** [íːzi] | [形]容易な；気楽な |
| 922 | **strong** [strɔ́ːŋ] | [形]頑丈な，強い |
| 923 | **several** [sévrəl, sévərəl] | [形]いくつかの；数名の |
| 924 | **correctly** [kəréktli] | [副]正しく |
| 925 | **tool** [túːl] | [名]道具；手段 |
| 926 | **material** [mətíəriəl] | [名]材料；原料；生地；資料<br>[形]物質の；物質的な |

# 55. 私はものづくりが好きです

ダンは自分の趣味についての動画を作っています。

❶ 私は新型コロナウイルス感染症のせいで国中のすべてが閉鎖したとき，ものづくりを始めました。退屈していたし，暇つぶしが必要だったのです。私はいつも家具を作りたいと思ってきました。初心者だったので，何か単純な物を試してみようと決めました。本棚なら易しいだろうと思いました。でも頑丈で，見た目もよい物にしたかったのです。
❷ 正しく作る方法を学ぶために，オンラインで動画をいくつか見ました。必要な道具や材料もすべてオンラインで手に入れました。ドリル，ねじくぎ，板，塗料などです。本箱を作るのは本当に楽しかったです。その後，食器棚を設計し作りました。今は，他の人にものづくりの方法を説明するために，自分自身の YouTube 動画を制作しています。

2 Section 2

|  |  |  |
|---|---|---|
| 927 | **drill** [dríl] | 名ドリル；訓練；反復練習 |
| 928 | **screw** [skrúː] | 名ねじくぎ；〈船の〉スクリュー |
| 929 | **board** [bɔ́ːrd] | 名板；黒板；委員会　他に乗り込む |
| 930 | **paint** [péɪnt] | 名塗料，ペンキ；絵の具<br>他を描く；にペンキを塗る |
| 931 | **and so on** | ～など |
| 932 | **design** [dɪzáɪn] | 他を設計する　自設計する<br>名設計図；デザイン |
| 933 | **cupboard** [kʌ́bərd] ♪ | 名食器棚 |
| 934 | **produce**<br>動 [prəd(j)úːs]　名 [próʊd(j)uːs] | 他を制作する；を生産する，を製造する<br>名産物，農産物 |

**Q** ダンはなぜ自分の趣味についての動画を制作しているのですか。

**A** He is producing them to show other people how to make things.
（他の人たちにものづくりの方法を説明するために，動画を制作しています。）

☑☑ 部屋の模様替えについて話す　　音声

## 56. My apartment is nicer now.

**[Q] Where did Jen get advice about changing her apartment?**

Jen is talking / about how she changed her apartment. //

❶ I recently moved into a very small apartment downtown. // It's convenient / because it's close to my company's office. // However, / I felt unhappy / because it was crowded and uncomfortable. // I decided to change it / after I read some useful advice in a magazine article. //
❷ First of all, / I gave away or recycled everything / I didn't need / — old clothes, books, and other junk. //
❸ Next, / I replaced my big heavy sofa, armchair, and oak coffee table / with smaller and lighter furniture. // My new coffee table has a clear glass top, / which helps the area seem less full. // I don't have a dining room, / so I use the coffee table for my meals, too. //
❹ Finally, / I put a mirror on the wall across from the windows, / which made the whole room look brighter and wider. //
❺ It was a little expensive to buy new things, / but now my apartment is much tidier and more comfortable. //

| | | |
|---|---|---|
| 935 ☐ | **apartment** [əpɑ́ːrtmənt] | [名]アパート（共同住宅）の一部屋 |
| 936 ☐ | **convenient** [kənvíːnjənt] | [形]便利な，都合のいい |
| 937 ☐ | **close to ～** | ～に近い，～の近くに |
| 938 ☐ | ▶ **close** [形] [klóus] [動] [klóuz] ♪ | [形]近い　[他]を閉める　[自]閉じる |
| 939 ☐ | **company** [kʌ́mpəni] | [名]会社 |
| 940 ☐ | **unhappy** [ʌnhǽpi] | [形]不満な；悲しい；不幸な |
| 941 ☐ | **uncomfortable** [ʌnkʌ́mftəbl, -fərt-] | [形]心地よく感じない，不快に感じる |
| 942 ☐ | **decide** [dɪsáɪd, də-] | [他]を決める　[自]決める |
| 943 ☐ | **useful** [júːsfl] | [形]役に立つ，有用な |

# 56. 私のアパートの部屋は今，前より快適です

ジェンは自分のアパートの部屋をどのように変えたかについて話しています。

❶ 私は最近，都心のとても小さなアパートの部屋に引っ越しました。会社の事務所に近いので，ここは便利です。でも，部屋は物でいっぱいだし居心地が悪いので，不満に感じていました。ある雑誌の記事で役に立つアドバイスを読んでから，部屋を変えることにしました。
❷ まずはじめに，自分に必要のないものはすべて，例えば古い衣服，書籍，それにその他のがらくたは，ただであげるかリサイクルしました。
❸ 次に，大きくて重いソファ，ひじ掛けいす，そしてオーク材のコーヒーテーブルを，もっと小型で軽い家具と取り替えました。私の新しいコーヒーテーブルは上部が透明なガラスで，そのおかげでこの場所はあまり物がいっぱいないように見えます。ダイニングルームはないので，このコーヒーテーブルを食事用にも使っています。
❹ 最後に，窓の真向かいの壁に鏡を取り付けました。それが部屋全体を前よりも明るく，広く見せてくれました。
❺ 新しいものを買うのは少し高くつきましたが，今や私のアパートの部屋はかなり前より整然として快適になっています。



|  |  |  |
|---|---|---|
| 944 | **magazine** [mǽgəzìːn, ＿＿＿] | 名 雑誌 |
| 945 | **article** [áːrtɪkl] | 名 記事；〈契約などの〉条項 |
| 946 | **first of all** | まず，最初に |
| 947 | **give away ～** | ～をただで与える；～をただ同然で売る |
| 948 | **junk** [dʒʌ́ŋk] | 名 がらくた；値打ちのないもの |
| 949 | **next** [nékst] | 副 次に　形 次の，今度の<br>名 次の人〔もの〕 |
| 950 | **replace ～ with ...** | ～を…と取り替える |
| 951 | **heavy** [hévi] | 形 重い；ひどい |
| 952 | **armchair** [áːrmtʃèər] | 名 ひじ掛けいす |

| | | |
|---|---|---|
| 953 | **oak** [óʊk] | ㊋オーク材の ㊔オーク（の木）〈ブナ科コナラ属の総称〉；オーク材 |
| 954 | **clear** [klíər] | ㊋透明な，澄んだ；晴れた ㊏をきれいにする ㊐晴れる |
| 955 | **glass** [glǽs] | ㊔ガラス；グラス |
| 956 | **top** [tɑ́ːp] | ㊔上部；最高位；頂上 |
| 957 | **dining room** | ダイニングルーム；食堂 |
| 958 | **mirror** [mírər] | ㊔鏡 |
| 959 | **across from ～** | ～の向かい側に |
| 960 | **window** [wíndoʊ] | ㊔窓 |
| 961 | **expensive** [ɪkspénsɪv, eks-] | ㊋費用のかかる；高価な |
| 962 | **tidy** [táɪdi] | ㊋きちんとした，整然とした |

**語句・表現**

*l.*11 ～, which helps ... この which は非制限用法の関係代名詞で，前文の内容を先行詞としている。「そしてそのことがこの場所を…するのに役立つ」ということ。*l.*14 の which も同様で，「そしてそのことが部屋全体を…にした」ということ。

**Q** ジェンは自分のアパートの部屋を変えることについて，どこでアドバイスを得ましたか。

**A** She read some useful advice in a magazine article.
（彼女は雑誌の記事で役に立つアドバイスを読みました。）

**助動詞とは**

助動詞は，動詞（一般動詞，be 動詞）を助けて，話し手（書き手）の意志や判断を添える働きをします。平叙文の語順は，〈主語＋助動詞＋動詞〉，否定文は〈主語＋助動詞＋ not ＋動詞〉，疑問文は〈助動詞＋主語＋動詞〉となります。助動詞を使うとき，動詞は常に原形で，変化しません。

## 助動詞 1 can

**Core Meaning**

**潜在的な能力や起こりうる可能性が核の意味。文脈によって，「能力（…できる)」「可能性（…しうる)」「許可（…してもよい)」などを表現する。Can you ...? で「依頼（…してもらえますか)」の意味。**

1) …できる **(能力)**

My grandmother can speak Spanish.（私の祖母はスペイン語が話せます。）

Sorry, but I can't drink anymore.（すみません，もう飲めません。）

Can you fix it?（あなたはそれを直せますか。）

2) **(可能性を示して)** …できるだろう, …しうる／〈否定文で〉…である〔する〕はずがない

Accidents can happen at any time.（事故はいつでも起こりうる。）

Don't worry. Anyone can make mistakes.

（心配しないで。誰でもミスをする可能性があるよ。）

It can't be true!（そんなはずはない！）

3) …してもよい **(許可)**

It's pretty late. You can go home now.

（もうかなり遅い時間だね。家に帰っていいですよ。）

Q : Can I come in?　A: Of course.（Q : 入ってもいい？　A: もちろん。）

4) …してもらえますか **(依頼)**

Can you take out the garbage?

（ゴミを出してもらえる？）

Excuse me. Can you tell me how to make it?

（すみません。どうやって作るのか教えてもらえますか。）

It's raining hard. Can you give me a ride to the station?

（雨がすごいの。駅まで車で送ってくれないかな？）

朝の出がけに声をかける

音声

# 57. Leaving for School and Work

**Q** **Where is Ben going to go in the evening?**

1 Mom: Wear your boots and **gloves**, / honey. // It's going to be **snowy** and **windy** today. //
Ben: OK. // What time will you be back tonight? //
Mom: My meeting will **be over** at 6:30. // I'll be home / **as** early
5 **as I can**. // If you **get hungry**, / there's some **fried rice** and **beef** soup / in the **fridge**. //
Ben: I'm going to the **football** game tonight. // Remember? //
Mom: Oh, right. // You can eat something / at the stadium. // Now, / **where** are my **keys**? //
10 Ben: Mom! // They're in your hand. //
Mom: Oh! // You'**d better hurry** / or you'll miss your **bus**. //

|  | | |
|---|---|---|
| 963 | **gloves** [glʌ́vz] ♪ | 名〈通例複数形〉手袋 |
| 964 | **snowy** [snóʊi] | 形 雪の多い，雪の降る，雪の積もった |
| 965 | **windy** [wíndi] | 形 風の強い，風のある |
| 966 | **be over** | 終わる；終わっている |
| 967 | ▶ **over** [óʊvər] | 副 終わって；向こう側に；上の方に<br>前 ～を越えて；～の上に |
| 968 | **as ... as *one* can** | できるだけ… ※one の部分に'人'などがくる。 |
| 969 | **get hungry** | お腹が空く |
| 970 | **fried rice** | チャーハン |
| 971 | ▶ **fried** [fráɪd] | 形 油で炒めた；油で揚げた |
| 972 | **beef** [bíːf] | 名 牛肉 |
| 973 | **fridge** [frídʒ] | 名 冷蔵庫 ※refrigerator の短縮形。 |
| 974 | **football** [fʊ́tbɔ̀ːl] | 名 フットボール ※《米》ではアメリカンフットボールを，《英》ではサッカーを指す。 |

# 57. 学校と仕事に向かう

ママ：長靴を履いて手袋をしなさい。今日は雪が多く風が強くなりそうだわ。
ベン：わかった。今夜は何時に帰ってくるの？
ママ：私の会議は6時30分に終わるわ。できるだけ早く家に帰るつもりよ。お腹が空いたら，冷蔵庫にチャーハンと牛肉のスープがあるわ。
ベン：僕は今夜はフットボールの試合に行くことになっているんだよ。覚えている？
ママ：ああ，そうだった。スタジアムで何か食べられるわね。さて，私の鍵はどこかしら？
ベン：母さん！ 鍵は手に持っているよ。
ママ：あら！ あなたは急いだほうがいいわ，さもないと，バスに乗り遅れるわよ。



|  |  |  |
|---|---|---|
| 975 | **where** [wéər] | 副 どこに〔へ〕 |
| 976 | **key** [kíː] | 名 鍵 |
| 977 | **had better ...** | …したほうがいい，…しないとまずい |
| 978 | **hurry** [hə́ːri] | 自 急ぐ 他 を急がせる 名 急ぐこと |
| 979 | **bus** [bʌ́s] | 名 バス |

**語句・表現**

*l*.11 or「さもないと…」肯定の命令文や must，had better を含む文などの後に用いる。

**Q** ベンは今夜，どこへ行く予定ですか。

**A** He is going to the football game.（彼はフットボールの試合に行く予定です。）

スポーツ観戦の様子を伝える　　音声

# 58. An Exciting Day at the Baseball Game

**[Q] What position does Jim play on the baseball team?**

My son Jim is a college **baseball player**. // **Right now**, / my husband and I are sitting in the **stadium** / at one of his games. // We come here to **cheer** him **on**. // We always get **seats** near **first base** / because that's the **position** / Jim plays. // Oh, / there's Jim now. // He's got his bat and is ready. // Here comes the **ball** …// Uh oh, / it's a **strike** … // The ball is **thrown** again, / and this time / Jim **hits** it **successfully**. // **Up**, up, and away … / it's **out of the park**. // His team wins the game / by this one **point**. // What an **unforgettable moment**! //

| | | |
|---|---|---|
| 980 | **baseball** [béɪsbɔ̀:l] | [名]野球 |
| 981 | **player** [pléɪər] | [名]選手；演奏者；〈音楽・映像の〉プレーヤー |
| 982 | **right now** | ちょうど今；すぐに |
| 983 | **stadium** [stéɪdiəm] | [名]競技場，スタジアム |
| 984 | **cheer 〜 on** | 〜に声援を送る |
| 985 | ▶ **cheer** [tʃíər] | [他]を応援する；を元気づける　[自]元気づく；歓声を上げる　[名]声援；励まし |
| 986 | **seat** [sí:t] | [名]座席　[他]を着席させる |
| 987 | **first** [fə́:rst] | [形]一番目の；最初の　[名]最初　[副]最初に |
| 988 | **base** [béɪs] | [名]〈野球の〉塁；土台；基礎；本拠（地）　[他]の基礎を置く |
| 989 | **position** [pəzíʃən] | [名]位置；姿勢；立場 |
| 990 | **ball** [bɔ́:l] | [名]球，ボール |
| 991 | **strike** [stráɪk, ʃtráɪk] | [名]〈野球の〉ストライク；〈労働者の〉ストライキ　[他]を打つ；に強く当たる　[自]当たる；ストライキを行う　**strike** > struck > struck |

# 58. 野球の試合で心おどる一日

息子のジムは大学の野球選手です。ちょうど今，夫と私は，彼の試合で，競技場の座席に座っています。私たちは彼に声援を送るためにここに来ています。いつも一塁に近い席を取るのは，そこがジムがプレーする位置だからです。ああ，今度はジムの番です。バットを手にして構えています。球が来た…あらら，ストライクです…再び球が投げられると，今度はジムが首尾よくそれを打ちます。上へ，上へ，そして遠くに…場外ホームラン。彼のチームはこの1点で試合に勝利します。なんて忘れがたい瞬間なのでしょうか！



|  |  |  |
|---|---|---|
| 992 | **throw** [θróʊ] | 他を投げる　自投げる<br>名投げること；投球<br>throw > threw > thrown |
| 993 | **hit** [hít] | 他を打つ，をたたく　自たたく　名打撃<br>hit > hit > hit |
| 994 | **successfully** [səksésfəli] | 副首尾よく，うまく，成功して |
| 995 | **up** [ʌ́p] | 副上へ　前～を上がって |
| 996 | **out of the park** | 場外へ　※park は「野球場」の意味。 |
| 997 | **point** [pɔ́ɪnt] | 名得点；論点；要点；時点；地点<br>他を指さす；を指摘する　自さし示す |
| 998 | **unforgettable** [ʌ̀nfərgétəbl] | 形忘れがたい |
| 999 | **moment** [móʊmənt] | 名瞬間；時点，時期 |

**語句・表現**

*l*.5　Here comes ～「～がやって来た」相手の注意を引くために here が文頭に出て，倒置が起きている。

**Q** ジムは野球チームでどの守備位置についていますか。

**A** He plays the position of first base.（彼は一塁のポジションを守ります。）

# 59. Quiet Time on My Days Off

**Q** **What does the speaker say that “me time” is?**

On my days off, / I try to spend / what is called “me time.” // It’s basically some quiet time / just for myself / with no concerns at all. // This could take many different forms. // I might go for a walk along the river / and feel the cool air on my face. // Or I could just relax / while sitting on our balcony / with a mug of fresh coffee. // Or I might read a chapter of a fascinating novel / for a while. // Whatever I choose to do, / it’s always without any cares or worries! // Then I greet the day / with a sense of peace in my heart. //

|  |  |  |
|---|---|---|
| 1000 | **day off** | 休日 |
| 1001 | **what is called** | いわゆる，世間で言う |
| 1002 | **me time** | 自分の時間，ひとり時間 |
| 1003 | **quiet** [kwáɪət] | 形 静かな；おとなしい |
| 1004 | **with no concerns** | 何も気にしないで，心置きなく |
| 1005 | ▶ **concern** [kənsə́ːrn] | 名 懸念，心配；関心事；関与<br>他 に関係する；を心配させる |
| 1006 | **different** [dífərnt, dífərənt] | 形 異なる；さまざまな，似ていない |
| 1007 | **form** [fɔ́ːrm] | 名 形態，形；用紙<br>他 を形作る；を組織する　自 形になる |
| 1008 | **might** [máɪt] | 助 …かもしれない；…してもよい |
| 1009 | **air** [éər] | 名 空気；空間 |
| 1010 | **balcony** [bǽlkəni] | 名 バルコニー |
| 1011 | **mug** [mʌ́g] | 名 マグカップ |

# 59. 私の休日の静かな時間

休日には，私はいわゆる「ひとり時間」を過ごすようにしています。それは基本的に，自分だけのための，まったく心配のない，ちょっとした静かな時間です。これにはたくさんの異なる形が考えられます。川沿いを散歩し，冷たい空気を顔に感じるかもしれません。あるいは淹れたてのコーヒーの入ったマグカップを持って，バルコニーに座っている間，ただくつろぐということもあります。または，しばらくの間，興味をそそられる小説の1章を読むというのもあるかもしれません。たとえ何をすることを選んだとしても，いつだって何の気がかりや心配もありません！ そして，心の中は安らぎの感覚で，その日を迎えるのです。



| No. | 語句 | 意味 |
|---|---|---|
| 1012 | **fresh coffee** | 淹れたてのコーヒー |
| 1013 | **chapter** [tʃǽptər] | 名〈書物などの〉章；重要な一区切り |
| 1014 | **fascinating** [fǽsənèɪtɪŋ] | 形非常に興味深い；魅惑的な |
| 1015 | **whatever** [*h*wʌtévər, *h*wɑ:t-] | 代たとえ何を…しても |
| 1016 | **choose** [tʃú:z] | 他を選ぶ　**choose > chose > chosen** |
| 1017 | **care** [kéər] | 名心配；配慮　他を気にする　自〈**care about ～で**〉～を心配する〔気にかける〕 |
| 1018 | **greet** [grí:t] | 他を迎える；にあいさつする |
| 1019 | **with a sense of ～** | ～の感覚で，～感を抱いて |
| 1020 | ▶ **sense** [séns] | 名感覚；感じ；観念；意味 |

**Q** 話し手は「ひとり時間」はどのようなものだと言っていますか。

**A** The speaker says that it is some quiet time on days off with no concerns or worries.
（話し手は，気がかりや心配のない休日の静かな時間だと言っています。）

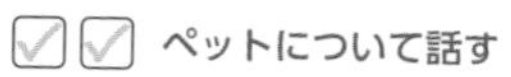
ペットについて話す

# 60. Talking about Pet

**Q What does Jane say about raising a dog?**

1 (Taking a walk outside) //

Bill : Oh, what a **cute** dog you have! //
Jane : Yes, he is. // He's also very **playful**. // I've never had a dog before / and **raising** him is **difficult at times**. //
5 Bill : **How so?** //
Jane : Well … / recently / he **jumped** from the **sofa** to a side table / and **spilled** my orange juice / **all over** the **floor**. // I guess / I need to train him better. //
Bill : Yes, / it sounds like / **training** would be **necessary** in
10 **situations** like that. //
Jane : How about you? // Do you have any **pets**? //
Bill : I have a cat. // She's been with me for five years now / and doesn't give me any **trouble at all**. //

|  |  |  |
|---|---|---|
| 1021 ☐ | **cute** [kjúːt] | 形〈子供や動物が〉かわいい |
| 1022 ☐ | **playful** [pléɪfl] | 形遊び好きの，いたずらな，おちゃめな |
| 1023 ☐ | **raise** [réɪz] | 他を育てる；を上げる；(資金) を調達する<br>名上げること；昇給 |
| 1024 ☐ | **difficult** [dífɪkəlt, dífkəlt] | 形難しい；つらい；問題のある |
| 1025 ☐ | **at times** | 時々，たまに |
| 1026 ☐ | **How so?** | どうしてそうなのか？，どうしてそう思うの？ |
| 1027 ☐ | **jump** [dʒʌ́mp] | 自跳ぶ　他を跳び越える　名ジャンプ |
| 1028 ☐ | **sofa** [sóʊfə] | 名ソファ |
| 1029 ☐ | **spill** [spíl] | 他をこぼす　自こぼれる<br>名こぼれる〔こぼす〕こと<br>spill > spilled〔spilt〕> spilled〔spilt〕 |
| 1030 ☐ | **all over ～** | ～の一面に，～のいたるところに |

# 60. ペットについての会話

(外で散歩していて)

ビル：あー，なんてかわいい犬を飼っているんだい！

ジェーン：ええ，かわいいでしょ。そして，とてもふざけたがるの。私はこれまで犬を飼ったことがないから，彼を飼育するのはたまに難しいの。

ビル：どうしてそう思うの？

ジェーン：そうね…最近，彼がソファからサイドテーブルに飛び乗って，オレンジジュースを床一面にこぼしたの。彼をもっとよく訓練しないといけないかな。

ビル：そうだね, そういう状況では訓練が必要だろうという感じがするね。

ジェーン：あなたはどう？ 何かペットを飼っているの？

ビル：猫を 1 匹飼っている。もう 5 年間一緒にいるけれど，面倒をまったく起こさないんだ。



| | | |
|---|---|---|
| 1031 ☐ | **floor** [flɔ́ːr] | [名]床；階 |
| 1032 ☐ | **training** [tréɪnɪŋ] | [名]訓練，教育，指導 |
| 1033 ☐ | **necessary** [nésəsèri] | [形]必要な |
| 1034 ☐ | **situation** [sìtʃuéɪʃən] | [名]状況，情勢，事態；立場；位置 |
| 1035 ☐ | **pet** [pét] | [名]ペット |
| 1036 ☐ | **not ... at all** | まったく…ない |
| 1037 ☐ | **trouble** [trʌ́bl] | [名]面倒なこと，困難；悩み<br>[他]を悩ます；に面倒をかける　[自]悩む<br>give +〈人〉+ trouble (〈人〉に面倒をかける) |

[Q] 犬を育てることについて，ジェーンは何と言っていますか。

[A] She says it can sometimes be difficult.

(彼女は，たまに難しいことがあると言っています。)

☑☑ 将来の夢について話す　　音声

# 61. Special Dreams for the Future

**[Q] When does Dave play the electric guitar these days?**

Dave: **Although** I love being a **photographer**, / **I** often **wonder if** I could be successful in the music **world**. //

Anne: Really? // Why do you think so? //

Dave: In moments of **leisure**, / I play the **electric guitar**. // I'm getting pretty good, too. // So, Ann, / do you have a special dream for the future? //

Anne: Well, / I've been a **care worker for years**. // Now I want to become a **nurse**. // I'll even go back to school / to **make** this dream **come true**. //

Dave: That's great. // I hope you will. //

Anne: Thanks. // And **perhaps** / I'll be there in the audience / when you start performing for the public. //

| | | |
|---|---|---|
| 1038 ☐ | **although** [ɔːlðóu] | [接]だけれども |
| 1039 ☐ | **photographer** [fətáːgrəfər] | [名]写真家 |
| 1040 ☐ | **I wonder if ...** | …ではないかと思う |
| 1041 ☐ | ▶ **wonder** [wʌ́ndər] | [他]かどうかと思う，を不思議に思う |
| 1042 ☐ | **world** [wə́ːrld] | [名]～界；世界；世の中 |
| 1043 ☐ | **leisure** [líːʒər] ♪ | [名]余暇，自由な時間，暇 |
| 1044 ☐ | **electric guitar** | エレキギター |
| 1045 ☐ | ▶ **electric** [ɪléktrɪk, ə-] | [形]電気を使う；電気の |
| 1046 ☐ | ▶ **guitar** [gɪtáːr] | [名]ギター |

# 61. 将来の特別な夢

デイブ：僕は写真家であることはすごく好きだけど，音楽界で成功できるのではないかなとしょっちゅう思うんだ。

アン：本当？ どうしてそう思うの？

デイブ：余暇のひとときに，エレキギターを弾いているんだよ。かなりうまくなってもいるしね。それで，アン，君には将来の特別な夢はあるの？

アン：あのね，私は何年も介護福祉士をやっているの。今は看護師になりたいわ。この夢を叶えるために，学校にだって戻るつもりよ。

デイブ：それは素晴らしいね。そうなるといいね。

アン：ありがとう。それからね，たぶん，あなたが人前で演奏を始めるときに，私は聴衆の中にいるわよ。



| No. | 語句 | 意味 |
|---|---|---|
| 1047 | **care worker** | 介護福祉士 |
| 1048 | **for years** | 何年も |
| 1049 | ▶ **year** [jíər] | ㊔年，1年（間）；～歳 |
| 1050 | **nurse** [nə́ːrs] | ㊔看護師 |
| 1051 | **make ～ come true** | ～（希望・計画・夢など）を叶える〔実現させる〕 |
| 1052 | **perhaps** [pərhǽps] | ㊙たぶん，もしかしたら |

**Q** 最近，デイブはいつエレキギターを弾きますか。

**A** He plays it in his free time.（彼は暇なときに弾いています。）

☑☑ 子供の頃の将来の夢について話す

音声 

# 62. Dreaming to Fly

**Q** **What two results did he get when he became an airplane pilot?**

1 When I was a **boy**, / I **used to** dream about being an **astronaut**. // I could **imagine** myself / fly**ing** in a **spaceship** to the **moon**. // When I became an **adult**, / I **realized** / that it would be difficult to achieve. // **Only a few** will be chosen for such a job. // I needed a job / 5 that I could **count on**. // So, / I **went into training** / to become an **airplane pilot**. // And I **succeeded**. // Now I have a job / that **pays** me regularly. // And I really do **get to** fly through the sky! // **However**, / I still look at the moon / and **continue** to dream a little ... //

| | | |
|---|---|---|
| 1053 ☐ | **boy** [bɔ́ɪ] | 名 少年，男の子 |
| 1054 ☐ | ▶ **girl** [gə́ːrl] | 名 少女，女の子 |
| 1055 ☐ | **used to ...** | よく…（した）ものだ |
| 1056 ☐ | **astronaut** [ǽstrənɔ̀ːt] | 名 宇宙飛行士 |
| 1057 ☐ | **imagine ～ ...ing** | ～が…するのを想像する |
| 1058 ☐ | ▶ **imagine** [ɪmǽdʒɪn] | 他 を想像する |
| 1059 ☐ | **spaceship** [spéɪsʃɪp] | 名 宇宙船 |
| 1060 ☐ | **moon** [múːn] | 名 月 |
| 1061 ☐ | **adult** [ədʌ́lt, ǽdʌlt] | 名 大人（⇔ child） 形 成人した |
| 1062 ☐ | **realize** [ríːəlàɪz] | 他（…ということ）に気づく，を悟る；を実現する |
| 1063 ☐ | **only a few** | ほんのわずかだけ；ほんのわずかの |
| 1064 ☐ | **count on ～** | ～を頼りにする，～を当てにする |
| 1065 ☐ | **go into training** | 訓練に参加する |
| 1066 ☐ | **airplane** [éərplèɪn] | 名 飛行機 |
| 1067 ☐ | **pilot** [páɪlət] | 名 操縦士，パイロット |

# 62. 空を飛ぶことを夢見て

少年の頃，私は宇宙飛行士になる夢をよく見たものでした。宇宙船に乗って月に向かって飛んでいる自分の姿を想像することができたのです。大人になると，それを達成するのは難しいだろうということに気づきました。ほんのわずかな人たちしか，そのような仕事には選ばれないでしょう。私には当てにできる仕事が必要でした。そこで，私は飛行機の操縦士になるための訓練に参加しました。そして成功したのです。現在，私には定期的に給料を支払ってくれる仕事があります。しかも，私は実際に空中を飛行する機会を得ているのです！ しかしながら，いまだに月を見て，少し夢を見続けているのですが…



| No. | 語句 | 意味 |
|---|---|---|
| 1068 | **succeed** [səksíːd] | ㊀成功する，うまくいく<br>㊉を継ぐ，の後任となる |
| 1069 | **pay** [péɪ] | ㊉〈給料として〉(人) に支払う；(お金) を支払う ㊀支払う　pay > paid > paid |
| 1070 | **get to ...** | …できる機会〔チャンス〕を得る |
| 1071 | **however** [hauévər] | ㊙しかしながら　※カンマを伴う |
| 1072 | **continue** [kəntínjuː. -tínju] | ㊉〈continue to ... / contine ...ing で〉…し続ける ㊀続く |

**語句・表現**

*l.*1　dream about ～「～の夢を見る」dream of ～ よりも夢の内容に詳しく及ぶ。

*l.*7　do get to ... →この do は次にくる動詞 get の意味を強調している。

**Q** 飛行機の操縦士になったとき，彼はどのような2つの結果を得ましたか。

**A** He got a job that paid him regularly and he really got to fly through the sky.（彼は定期的にお金が入る仕事を得て，さらに実際に空を飛行する機会を得ました。）

☑☑ バースデーカードを書く

音声 

# 63. A Birthday Card for a Special Friend

**Q** **What does the sender hope for the year ahead?**

It's **such** a **treasure** / to have a **true** friend like you. // You are always there / when you are needed. // How **easily** you can **put smiles on** all our **faces**! // On this special day, / here is my birthday **wish** for you: //

**May** you have all the love / your heart can hold … / all the **happiness** / a day can **bring** … / all the good **fortune** / life can offer. // And may the year **ahead** be filled / with **joy**, **adventure**, and **success**. //

I celebrate YOU today! // I hope / you have a very Happy Birthday. // Now, / let's have **a piece of** that delicious birthday **cake**. //

# 63. 特別な友人への誕生日カード

あなたのような真の友達がいるとは，なんて貴重なことでしょう。あなたは必要とされるとき，あなたはいつもそこにいます。あなたはなんと簡単に，私たちみんなを笑顔にすることができるのでしょうか！ この特別な日に，あなたの誕生日を祝う言葉をここに記します。

あなたの心が抱けるすべての愛を…1日がもたらすことのできるすべての幸せを…人生が与えることのできるすべての幸運を手にしますように。そしてこれからの1年が喜びと，冒険と，さらに成功に満ちていますように。

今日，あなたをお祝いします！ とても幸せな誕生日を過ごしてください。さあ，あのおいしい誕生日ケーキを一切れ食べましょう。



| | | |
|---|---|---|
| 1073 ☐ | **such** [sʌ́tʃ] | 形 とても～な；このような，そのような |
| 1074 ☐ | **treasure** [tréʒər] | 名 宝物，貴重品 |
| 1075 ☐ | **true** [trúː] | 形 本物の；真実の，本当の |
| 1076 ☐ | **easily** [íːzəli] | 副 簡単に，楽に |
| 1077 ☐ | **put a smile on *one*'s face** | ～（人）を笑顔にする |
| 1078 ☐ | ▶ **smile** [smáɪl] | 名 ほほえみ　自 ほほえむ |
| 1079 ☐ | ▶ **face** [féɪs] | 名 顔　他 に直面する |
| 1080 ☐ | **wish** [wíʃ] | 名〈通例 wishes で〉祝福の言葉；願い<br>他 …であればよいのにと思う；を祈る<br>自 願う |
| 1081 ☐ | **may** [mèɪ, méɪ] | 助 …しますように；…かもしれない；…してもよい |
| 1082 ☐ | **happiness** [hǽpinəs] | 名 幸福 |

|  |  |  |
|---|---|---|
| 1083 ☐ | **bring** [bríŋ] | 他 をもたらす；〈自分のいるところに〉を持ってくる；〈相手のいるところに〉を持っていく<br>**bring > brought > brought** |
| 1084 ☐ | **fortune** [fɔ́ːrtʃən] | 名 幸運；財産；運勢 |
| 1085 ☐ | **ahead** [əhéd] | 副〈時間的に〉先に；〈位置的に〉前方に |
| 1086 ☐ | **joy** [dʒɔ́ɪ] | 名 喜び |
| 1087 ☐ | **adventure** [ədvéntʃər] | 名 冒険 |
| 1088 ☐ | **success** [səksés] | 名 成功；成功した人〔こと〕 |
| 1089 ☐ | **a piece of ～** | 一切れの～，一片の～ |
| 1090 ☐ | ▶ **piece** [píːs] | 名 一切れ，片，1個 |
| 1091 ☐ | **cake** [kéɪk] | 名 ケーキ，洋菓子<br>※パイやプリンなどは含まれない。 |

**Q** 送り手はこれからの1年に何を望んでいますか。

**A** The sender hopes that the year will be filled with joy, adventure, and success.（送り手は，その年が喜び，冒険，そして成功に満ちることを望んでいます。）

## 助動詞 2 could

**Core Meaning**

「能力（…できた）」「可能性（…でありうる）」「提案（…してはどうか）」などを表現するのに用いられる。形は **can** の過去形だが，「可能性（現実になる見込み）」「推量（物事の状態・程度や他者の心中を推し量ること）」の意味では現在や未来のことにも用いられる。疑問文の形で用いる「依頼」「許可」の意味では，**can** を用いるよりも丁寧な印象を与える。



1) **（過去に）…できた（能力）**
She **couldn't** come yesterday because she **couldn't** finish her work in time.
（彼女は昨日，時間までに仕事を終えられなかったので，来られなかった。）
He said, "I can do it." → He said that he **could** do it.
（彼はできると言いました。）※時制の一致

2) …かもしれない，…ということもありうる **（（理論的に考えての）可能性・推量）**
※can よりも可能性が低く，確信度が下がる。
It **could** be true, but I don't want to believe it.
（ひょっとしたら真実かもしれないけど，信じたくない。）
It's getting cold.  It **could** snow tonight.
（冷えてきたね。今晩雪が降るかもしれないな。）
I **could** do it myself.（自分一人で（やろうと思えば）できるよ。）
※肯定文で実際に「できた（…する能力があった）」と言いたい場合には，I was able to *do* ... を使うことが多い。

3) …していただけますか **（依頼）** ※ Can you ...? よりも丁寧な依頼。
**Could** you tell me the way to the station?
（駅までの道順を教えていただけますでしょうか。）

4) …してもよろしいでしょうか **（（丁寧に）許可を求める）**
**Could** I use your bathroom?（トイレをお借りしてもよろしいでしょうか。）

5) …するのはどうか **（提案）**
We **could** take a break for ten minutes. Everyone looks tired.
（10 分間休憩をとるのはどうですか。みんな疲れているみたいだから。）

☑ ☑ 食事のアドバイスをする

音声

# 64. Advice about Diet

[Q] **What does the granddaughter want to do?**

My **granddaughter**, / who is **overweight**, / asked for my advice about her **diet**. // I **suggested** / that she make these changes: //
-- **Give up fast food**. //
-- Use **less sugar** and **salt**. //
-- Eat **slowly** and enjoy your **food**. //
-- Choose more **chicken** or fish, / and less **red meat**. // Not so much **white rice**, / **instead go for brown rice**. // Lots of vegetables of different colors. // Some delicious fruits / that are low in sugar. //
-- **Keep** a food **diary**.
-- **Set** a goal **weight for yourself** / and **weigh in** every day. //

| | | | |
|---|---|---|---|
| 1092 | ⧄ | **granddaughter** [grǽndɔ̀ːtər] | [名]孫娘 |
| 1093 | ⧄ | **overweight** [óuvərwéɪt] | [形]太りすぎの |
| 1094 | ⧄ | **diet** [dáɪət] | [名]（日常の）食事，食生活 |
| 1095 | ⧄ | **suggest** [səgdʒést, sədʒést] | [他]を提案する；を暗示する |
| 1096 | ⧄ | **give up 〜** | 〜をあきらめる |
| 1097 | ⧄ | **fast food** | ファストフード |
| 1098 | ⧄ | **less** [lés] | [形]より少ない [副]より少なく |
| 1099 | ⧄ | **sugar** [ʃúgər] | [名]砂糖，糖質 |
| 1100 | ⧄ | **salt** [sɔ́ːlt, sɑ́ːlt] | [名]塩 |
| 1101 | ⧄ | **slowly** [slóʊli] | [副]ゆっくりと，遅く |
| 1102 | ⧄ | **food** [fúːd] | [名]食べ物，食料 |
| 1103 | ⧄ | **chicken** [tʃíkɪn, -kən] | [名]鶏肉 |
| 1104 | ⧄ | **red meat** | 赤肉（牛肉・羊肉など） |
| 1105 | ⧄ | ▶ **meat** [míːt] | [名]〈食用の〉肉 |
| 1106 | ⧄ | **white rice** | 白米 |

# 64. 食事についての助言

私の孫娘は太りすぎていて，自分の食事について私の助言を求めました。私は彼女に次のような変更をするよう提案しました。

- ファストフードをやめる。
- より少ない砂糖と塩を使う。
- ゆっくり食べて食べ物を楽しむ。
- 鶏肉や魚をもっと選ぶようにし，赤肉を選ぶのは減らす。白米はそれほどではなく，その代わりに玄米を選ぶ。さまざまな色の野菜をたくさん。低糖質のおいしい果物を。
- 食事日記をつける。
- 目標体重を自分で設定し，毎日体重を量る。



| | | |
|---|---|---|
| 1107 ☐ | ▶ **white** [hwáɪt] | [形]白い [名]白色 |
| 1108 ☐ | ▶ **rice** [ráɪs] | [名]米 |
| 1109 ☐ | **instead** [ɪnstéd] | [副]代わりに |
| 1110 ☐ | **go for ～** | ～を選ぶ，～を求める，～を取りに行く |
| 1111 ☐ | **brown rice** | 玄米 |
| 1112 ☐ | **keep** [kíːp] | [他]（日記・記録など）をつける；を保つ<br>[自]…のままでいる，…し続ける<br>**keep** > kept > kept |
| 1113 ☐ | **diary** [dáɪəri] | [名]日記；日記帳 |
| 1114 ☐ | **set** [sét] | [他]を設定する [自]〈太陽が〉沈む<br>[名]一揃い [形]決められた **set** > set > set |
| 1115 ☐ | **weight** [wéɪt] | [名]体重；重さ [他]に重みをかける |
| 1116 ☐ | **for *oneself*** | 自分で，自分のために |
| 1117 ☐ | **weigh in** | 体重を量る，計量する |

**Q** 孫娘は何をしたいと思っていますか。

**A** She wants to lose some weight.（彼女は体重を減らしたいと思っています。）

# Quiz
## PART 2　Section 2

空所に当てはまる単語を選びましょう。

【1】

Mark : Hey, Anne, do you want to try that new Italian restaurant on Second Street?

Anne : Hmm... I don't know. It looks pretty ( 1 ). And it's always crowded. It doesn't seem very ( 2 ).

Mark : Everyone says the pasta is delicious and ( 3 ).

(1) (a) convenient　(b) electric　(c) fancy　(d) organized
(2) (a) brilliant　(b) comfortable　(c) confused　(d) helpful
(3) (a) closed　(b) inexpensive　(c) less　(d) useful

【2】

It is the largest royal park in London's center and is famous ( 1 ). The park isn't as ( 2 ) as New York's Central Park and it doesn't have a zoo. But it has plenty of green space, where visitors can relax and enjoy nature. The park also has many ( 3 ) for children.

(1) (a) correctly　(b) inside　(c) successfully　(d) worldwide
(2) (a) enormous　(b) necessary　(c) overweight　(d) unforgettable
(3) (a) junk　(b) playgrounds　(c) spaceships　(d) treasures

**Answers**

【1】No.49 参照
(1) (c) その他の選択肢：(a) → 56　(b) → 61　(d) → 53 参照
(2) (b) その他の選択肢：(a) → 50　(c) → 53　(d) → 53 参照
(3) (b) その他の選択肢：(a) → 55　(c) → 64　(d) → 56 参照

【2】No.52 参照
(1) (d) その他の選択肢：(a) → 55　(b) → 50　(c) → 58 参照
(2) (a) その他の選択肢：(b) → 60　(c) → 64　(d) → 58 参照
(3) (b) その他の選択肢：(a) → 56　(c) → 62　(d) → 63 参照

【3】

I recently moved into a very small apartment downtown. It's ( 1 ) because it's close to my company's office. However, I felt unhappy because it was crowded and ( 2 ). I ( 3 ) to change it after I read some useful advice in a magazine article.

(1) (a) convenient (b) necessary (c) playful (d) tidy
(2) (a) ancient (b) bored (c) brilliant (d) uncomfortable
(3) (a) continued (b) decided (c) paid (d) wondered

【4】

On this special day, here is my birthday wish for you:
May you have all the love your heart can hold ... all the happiness a day can bring ... all the good ( 1 ) life can offer. And may the year ahead be filled with joy, adventure, and ( 2 ).
I celebrate YOU today! I hope you have a very Happy Birthday. Now, let's have ( 3 ) that delicious birthday cake.

(1) (a) anniversary (b) architecture (c) fortune (d) quality
(2) (a) fare (b) grade (c) occupation (d) success
(3) (a) a bottle of (b) a piece of



---

【3】No.56 参照
(1) (a) その他の選択肢：(b) → 60 (c) → 60 (d) → 56 参照
(2) (d) その他の選択肢：(a) → 54 (b) → 55 (c) → 50 参照
(3) (b) その他の選択肢：(a) → 62 (c) → 62 (d) → 61 参照

【4】No.63 参照
(1) (c) その他の選択肢：(a) → 54 (b) → 54 (d) → 53 参照
(2) (d) その他の選択肢：(a) → 54 (b) → 53 (c) → 55 参照
(3) (b) その他の選択肢：(a) → 54 参照

人を出迎える

音声

## 65. A Surprise Party (1)

**Q What does Dan think is a great idea?**

1 (There's a knock / at the door. // Mary goes to open it.) //
Mary: Hi, Dan. // I'm so glad / you could make it. // Come on in. // Let me take your coat. //
Dan: OK. // Thanks for inviting me. // Is Gina here yet? //
5 Mary: Not yet. // But she should be here soon. //
Dan: What a great idea / to surprise her for her birthday! // Do you think / she knows? //
Mary: I'm pretty sure / she'll be surprised. // She thinks / that she's coming over / to help me with my computer. // Say, /
10 if you'd like to wash your hands, / the bathroom is just down the hall. //
Dan: Sure, / I'll do that. //
(Dan enters the bathroom.) //

|  |  |  |
| --- | --- | --- |
| 1118 ☐ | **surprise party** | サプライズパーティー |
| 1119 ☐ | **knock** [nɑ́:k] | 名ノック 自ノックする 他をトントンたたく |
| 1120 ☐ | **door** [dɔ́:r] | 名ドア，戸 |
| 1121 ☐ | **make it** | 時間に間に合う，都合がつく；うまくいく |
| 1122 ☐ | **invite** [ɪnváɪt] | 他を招待する，を招く |
| 1123 ☐ | **should** [ʃúd] | 助…するはずである；…すべきである |
| 1124 ☐ | **surprised** [sərpráɪzd, sə-] | 形驚いた |
| 1125 ☐ | **come over** | こちらにやって来る，(家などへ) 訪ねてくる |
| 1126 ☐ | **computer** [kəmpjú:tər] | 名コンピュータ |
| 1127 ☐ | **wash** [wɑ́:ʃ] | 他を洗う 自洗う 名洗濯 |

# 65. サプライズパーティー (1)

(ドアのところでノックの音がする。メアリーがドアを開けに行く。)
メアリー：こんにちは，ダン。あなたが都合をつけることができたのがとてもうれしいわ。どうぞ入ってちょうだい。コートを預かるわね。
ダン：うん。招待してくれてありがとう。ジーナはもう来ているの？
メアリー：まだよ。だけどもうすぐ来るはずよ。
ダン：誕生日に彼女を驚かせるって，なんて素晴らしい考えだろう！君はジーナが知っていると思う？
メアリー：私は，彼女が驚くとかなり確信しているわ。ジーナは，コンピュータのことで私を手伝うために，こちらに来ると思っているのよ。ところで，手を洗いたいなら，洗面所は廊下をちょっと進んだ先よ。
ダン：うん，そうするよ。
(ダンは洗面所に入る。)



| | | |
|---|---|---|
| 1128 ☐ | **bathroom** [bǽθrù:m] | ㊔《英》洗面所；浴室；《米》トイレ |
| 1129 ☐ | **enter** [éntər] | ㊀（部屋など）に入る；を（コンピュータに）入力する　㊊入る |

**語句・表現**

*l*.3　Let me take your coat.　let me ... は「私に…させてください」。「私にコートを預からせてください。」→「コートをお預かりします。」という意味。

**Q** ダンは何が素晴らしい考えだと思っていますか。

**A** He thinks that it's a great idea to surprise Gina for her birthday.（彼はジーナを彼女の誕生日に驚かせることが，素晴らしい考えだと思っています。）

☑☑ 遅れて来た人を出迎える

音声 

# 66. A Surprise Party (2)

**Q** **How did Mary know Gina's birthday?**

1 (Another knock.) //
Mary: **Come in.** // The door is open. // Gina, / thanks for coming. // I really need your help. //
Gina: **No problem.** // I'm always ready / to **put** my computer **skills**
5 **to good use.** //
Mary: Why don't you sit at the **table** / over there? // And I'll **go get** the computer. //
(Mary **returns**, / along with Dan.) //
Gina: Dan, / what are you doing here? //
10 Dan and Mary: Surprise! // Happy birthday, / Gina! //
Gina: Oh, / **you guys.** // **You are something else.** // I never **expected** this. // How did you know my birthday? //
Mary: You told me **a long time ago**, / and I made a **note** / to **remind myself**. //

|  |  |  |
|---|---|---|
| 1130 | **Come in.** | どうぞ入って。 |
| 1131 | **No problem.** | 〈依頼に対して〉お安い御用です。；〈感謝に対して〉どういたしまして。；〈気遣いに対して〉大丈夫。何でもないです。 |
| 1132 | **put ～ to good use** | ～を有効に使う |
| 1133 | **skill** [skíl] | 名スキル，技術 |
| 1134 | **table** [téɪbl] | 名テーブル，食卓 |
| 1135 | **go get ～** | ～を取ってくる |
| 1136 | **return** [rɪtə́ːrn] | 自戻る　他を返す；を戻す<br>名返すこと；帰ること |
| 1137 | **you guys** | あなたたち |
| 1138 | **You are something else.** | あなたはすごい。　※something else は「人をはっとさせるもの，とびきり上等の人」の意味。 |

# 66. サプライズパーティー (2)

(またノックの音がする。)

メアリー：どうぞ入って。ドアは開いているわ。ジーナ，来てくれてありがとう。あなたの助けが本当に必要なの。

ジーナ：お安い御用よ。私はいつでも喜んでコンピュータのスキルを有効に使うわ。

メアリー：あそこのテーブルのところに座ったら？ 私はコンピュータを取ってくるわね。

(メアリーはダンと一緒に戻ってくる。)

ジーナ：ダン，ここで何をしているの？

ダンとメアリー：サプライズ！ お誕生日おめでとう，ジーナ！

ジーナ：あら，あなたたちったら。あなたたち，すごいわ。こんなこと，全然予想していなかった。どうして私の誕生日がわかったの？

メアリー：ずっと前にあなたが教えてくれたのよ，それで思い出せるようにメモを取っておいたの。



| | | |
|---|---|---|
| 1139 ☐ | **expect** [ɪkspékt, eks-, əks-] | ㊀を予期する；を期待する |
| 1140 ☐ | **a long time ago** | ずいぶん前に |
| 1141 ☐ | **note** [nóʊt] | ㊔メモ；短い手紙；注釈　※「ノート」は **notebook**。 ㊀を書き留める；に注意する |
| 1142 ☐ | **remind *oneself*** | 思い出す |
| 1143 ☐ | ▶ **remind** [rɪmáɪnd, rə-] | ㊀に思い出させる，に気づかせる |

**Q** メアリーはどのようにジーナの誕生日を知ったのですか。

**A** Gina told Mary a long time ago and Mary made a note to remind herself.
(ジーナがずっと以前にメアリーに教えていて，メアリーは思い出すようにメモしておいたのです。)

贈り物の感想を伝える　　音声

# 67. A Surprise Party (3)

**Q** **How does Gina feel now?**

(Mary suggests / that they all sit on the **couch** / in the living room.) //

Gina: Hey, / **what's all this?** //

Mary: These are our presents for you. //

Dan: **Yeah**. // Why don't you open this **one**? // It's from me. //

Gina: OK … // Wow, / a new tennis **racket**! // It's **exactly** what I needed. //

Dan: That's right. // You said / you wanted one / **the last time** we played tennis. //

Mary: Please open mine now. //

Gina: What a great **shoulder bag**! // I love how **colorful** it is. // I'm sure / I'll use it / **just about everywhere**. //

Mary: I knew / that you'd like it. // Well, / does **anybody** want some birthday cake now? //

| | | |
|---|---|---|
| 1144 | **couch** [káutʃ] | [名]長いす，ソファ |
| 1145 | **What's all this?** | 一体どういうこと？，何なの，これ？ |
| 1146 | **yeah** [jéə, jéː, jǽə] | [間]そうだね，うん |
| 1147 | **one** [wʌ́n] | [代]〈前に述べられた名詞の代わりに用いて〉もの，（同じ種類のもののうちの）1つ<br>[名]1；1つ〔1人〕 |
| 1148 | **racket** [rǽkət] | [名]ラケット |
| 1149 | **exactly** [ɪgzǽktli, egz-, əgz-] | [副]まさに，それこそ；正確に |
| 1150 | **the last time …** | この前…したときに |
| 1151 | ▶ **last** [lǽst] | [形]この前の；最近の；〈普通 the last で〉最後の　[副]最後に　[代]最後のもの〔人〕 |
| 1152 | **shoulder bag** | ショルダーバッグ |
| 1153 | **colorful** [kʌ́lərfl] | [形]色とりどりの；多彩な |
| 1154 | **just about everywhere** | ほぼどこでも，そこら中で |

# 67. サプライズパーティー (3)

(メアリーはみんなで居間の長いすに座ろうと提案する。)

ジーナ：ねえ，一体どういうこと？
メアリー：これらは私たちからあなたへの贈り物よ。
ダン：そうさ。これを開けてみたら？ 僕からだよ。
ジーナ：わかった…。わあ，新しいテニスのラケットだわ！ これはまさに必要だったものよ。
ダン：そうさ。僕たちがこの前テニスをしたとき，君はラケットを欲しいって言っていたよね。
メアリー：今度は私のを開けてちょうだい。
ジーナ：なんてすてきなショルダーバッグ！ カラフルなところが大好き。ほぼどこでも使うわ。
メアリー：気に入ると思っていたのよ。それじゃあ，誰か今，誕生日ケーキを欲しい人はいる？

2 Section 3

| | | |
|---|---|---|
| 1155 | ▶ **just about** | 《口語》ほとんど，だいたい (≒ almost) |
| 1156 | ▶ **everywhere** [évriwèər] | 副 どこでも，いたるところで |
| 1157 | ▶ **anywhere** [éniwèər] | 副 どこにも(…ない)；どこでも |
| 1158 | **anybody** [énibɑ̀:di, -bədi] | 代 誰か；誰でも；誰も(…ない) |

**語句・表現**

*l.*4 this one → this よりも複数の中からこの1つを選んだというニュアンス。
*l.*7 the last time we played tennis → the last time ... (この前…したときに)が接続詞的に使われている。
*l.*10 I love how colorful it is. → 'I love how ＋形容詞＋主語＋動詞' で，「私は主語の～(形容詞)なところが大好きだ」と感動を伝えたいときに使う。

**Q** 今ジーナはどのように感じていますか。

**A** She feels quite happy. (彼女はとても幸せな気持ちです。)

1300 1400 1500 1600 1700 1800 1900 2000 2100 2200 2300 2400

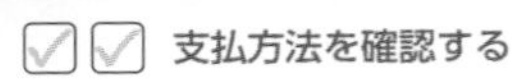
支払方法を確認する

# 68. An Interesting Hobby

**Q How will Chris pay for the comic books?**

Chris is **chatting online** with Ren / about buying **comic books** from her. //

ChrisP 8:00 p.m.
I can't believe / you have those two old copies of *Captain Time* comic books! // The covers are so **unusual**. // And the **price** is **a real bargain**. //

RenZ 8:01 p.m.
I'm glad / you can **add** them to your **collection**. // Have you **collected** comic books for a long time? //

ChrisP 8:01 p.m.
I started collecting them **seriously** / when I was a **teenager**. // It's a really interesting **hobby**. //

RenZ 8:02 p.m.
Yes it is. // Well, / I'll **put** the comic books **in the mail** / tomorrow. // Oh, I forgot / — it costs $10 **extra** / to send them **abroad**. // I **apologize**, / but I can only **accept cash**. //

ChrisP 8:03 p.m.
That's OK. // I'll send the **money** on my phone app. // Can you **email** me the **receipt**? //

RenZ 8:03 p.m.
Sure. // You should receive the comic books / **within** ten days. //

# 68. おもしろい趣味

クリスはレンと，彼女からコミック本を買うことについてオンラインでチャットをしています。

クリスP　午後８時
君が『キャプテンタイム』のコミック本の古い版を２部持っているなんて，信じられません！ 表紙がすごく珍しいんですよ。それにこの値段はお買い得ですね。

レンZ　午後８時１分
これをあなたのコレクションに加えてもらえて，うれしく思いますよ。コミック本は長い間集めてきたのですか。

クリスP　午後８時１分
10代の頃に，真剣に集め始めました。これは本当におもしろい趣味です。

レンZ　午後８時２分
そうですよね。ええと，コミック本は明日郵便物として発送するつもりです。ああ，忘れていました。外国に送るのに10ドル余分にかかるのです。申し訳ないですが，お支払いは現金のみ受け付けています。

クリスP　午後８時３分
わかりました。電話のアプリで送金しますね。領収書を私にEメールで送ってもらえますか。

レンZ　午後８時３分
もちろんです。10日以内にコミック本はお手元に届くはずです。

**語句・表現**

*l*.15　I forgot「忘れていた（が，今思い出した。）」
*l*.18　app「アプリ」

|  |  |  |
|---|---|---|
| 1159 | **chat** [tʃǽt] | 自チャットする，おしゃべりする 名おしゃべり |
| 1160 | **online** [ɑ́:nláɪn] | 副オンラインで　形オンラインの |
| 1161 | **comic book** | コミック本，漫画本〔雑誌〕 |
| 1162 | **unusual** [ʌnjú:ʒuəl] | 形珍しい，普通でない ⇔ usual（普通の） |
| 1163 | **price** [práɪs] | 名値段 |
| 1164 | **a real bargain** | お買い得品，得な買い物 |
| 1165 | ▶ **bargain** [bɑ́:rgən] | 名買い得品，特売品；取り引き，契約 自（売買の）交渉をする　他を交渉して決める |
| 1166 | **add** [ǽd] | 他を加える　自足し算する |
| 1167 | **collection** [kəlékʃən] | 名収集物，コレクション；収集 |
| 1168 | **collect** [kəlékt] | 他を集める　自集まる |
| 1169 | **seriously** [síəriəsli] | 副真剣に；重大に |
| 1170 | **teenager** [tí:nèɪdʒər] | 名 10代の少年・少女，ティーンエイジャー |
| 1171 | **hobby** [hɑ́:bi] | 名趣味 |
| 1172 | **put ～ in the mail** | ～を郵便物として発送する |
| 1173 | ▶ **mail** [méɪl] | 名郵便物；郵便　他を郵便で出す |
| 1174 | **extra** [ékstrə, ékʃtrə] | 副余分に　形余分の，追加の 名余分のもの |
| 1175 | **abroad** [əbrɔ́:d] | 副外国に〔へ，で〕 |
| 1176 | **apologize** [əpɑ́:lədʒàɪz] | 自わびる，謝る |
| 1177 | **accept** [əksépt, æk-] | 他を受け取る，を受け入れる；に応じる；を認める |
| 1178 | **cash** [kǽʃ] | 名現金 |
| 1179 | **money** [mʌ́ni] | 名お金；通貨 |
| 1180 | **email** [í:mèɪl] | 他にEメールで（文書など）を送る；に電子メールを送る　名電子メール |
| 1181 | **receipt** [rɪsí:t] | 名領収書；受領 |
| 1182 | **within** [wɪðín] | 前～以内に |

**Q** クリスはコミック本の支払いをどのようにしますか。

**A** He will send the money on his phone app.（彼は電話のアプリで送金します。）

## 助動詞 ③ may

**Core Meaning**

上下関係を明確に示す形で「許可（…してもよい）」や「禁止（…してはならない）＝不許可」（否定文 **may not**）の意味を伝える。また疑問文 **May I ...?** は相手を尊重して「許可」を求める意味になる（…してもよろしいですか）。「可能性・推量（…かもしれない）」や「祈願（…でありますように）」を表すこともできる。

1） …してもよろしいでしょうか（許可を求める），…してもよいですよ（許可する），…してはいけません（禁止＝不許可）

※相手に敬意を払うフォーマルな言い方。Can I ...? のほうが相手との関係性がフラットな印象で，カジュアルで親しみを感じる。

Q: **May** I ask you a question?（質問してもよろしいでしょうか。）

A: Sure / Certainly.（もちろん）/ No problem.（いいですよ。）/ Yes, of course.（はい。もちろん。）/ Yes, go ahead.（はい。どうぞ。）

**May** I help you?（いらっしゃいませ。／お手伝いしてもよろしいでしょうか。）

＊丁寧度が高い順　Could I ...? > May I ...? > Can I ...?

※上の立場の人が許可を与える堅苦しい表現。公的な場での禁止の表現。

You **may** go now.（もう行ってよろしいですよ。）

You **may not** take pictures in this museum.
（この博物館では写真を撮ってはいけません。）

2） …かもしれない（（現実の様子を考えての）可能性・推量）

It **may** be true, but I can't believe it.
（本当かもしれないけど，信じられない。）

He **may** be smart, but he is not honest.
（彼は頭がいいかもしれないけど，正直ではない。）

It's getting cold. We **may** have some snow tonight.
（寒くなってきたね。今晩，少し雪が降るかもしれないね。）

3） …しますように（祈願）

**May** you be happy!（あなたが幸せになりますように！）

**May** your wish come true!（あなたの希望が叶いますように！）

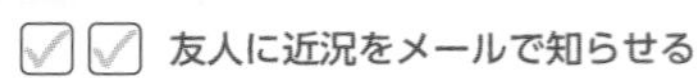


☑☑ 友人に近況をメールで知らせる

音声

## 69. We're moving back!

**Q Why doesn't Jill like living in the city now?**

1 Hi Elizabeth, /

I hope / you and your family are well. // **It's been a while since** we **communicated**. // I have some exciting news. // Bill, I, and the kids are **moving back** to Bigfork! // Life in the big city
5 has been **unpleasant** recently. // It has become so crowded and **noisy**, / **traffic** is **awful**, / and **crime** is **getting worse**. // **Fortunately**, / my **boss** gave me **permission** to work online from home, / and Bill is going to open a **law** office in town. // We will be living with my **parents** on their farm / **in the beginning**, / **at**
10 **least until** our new **house** is built. // We'll be neighbors again! // I can't wait to chat with you **across** your **fence** / and not from 500 miles away. //

Talk to you soon, /
Jill //

| | | |
|---|---|---|
| 1183 ☐ | **It's been a while since ...** | …して以来ずいぶん日がたつ　※**a while**は「しばらく」という意味。 |
| 1184 ☐ | **communicate** [kəmjúːnəkèɪt] | ㊀連絡を取り合う；意思の疎通をする<br>㊉を伝える |
| 1185 ☐ | **move back** | （元いたところに）戻ってくる；後ずさる |
| 1186 ☐ | **unpleasant** [ʌnpléznt] | ㊊不快な，嫌な，不愉快な |
| 1187 ☐ | **noisy** [nɔ́ɪzi] | ㊊騒がしい，やかましい |
| 1188 ☐ | **traffic** [trǽfɪk] | ㊔交通（量）；往来 |
| 1189 ☐ | ▶ **traffic jam** | 交通渋滞 |
| 1190 ☐ | **awful** [ɔ́ːfl] | ㊊ひどい，すさまじい；たいそうな |
| 1191 ☐ | **crime** [kráɪm] | ㊔犯罪，罪 |
| 1192 ☐ | **get worse** | 悪化する |

# 69. 私たちは戻ってきます！

こんにちはエリザベス，

あなたもご家族もお変わりなくお過ごしのことと思います。連絡を取り合ってからだいぶたちましたね。わくわくするお知らせがあるのよ。ビルと私，そして子供たちはビッグフォークへ戻ることになりました！ 都会での生活は，このところ不快なの。すごくごみごみして騒々しくなったし，交通量ときたらすさまじいし，それに犯罪が悪化の一途をたどっているの。ありがたいことに，私の上司がオンラインで在宅勤務する許可をくれたし，ビルは街で法律事務所を開設する予定なのよ。私たち，最初は両親と彼らの農場で同居することになるわ，少なくとも私たちの新しい家が建つまではね。私たちはまたお隣さんになるのよ！ 500マイルも離れたところからじゃなく，あなたと垣根ごしにおしゃべりするのが待ちきれないわ。

じゃあまたすぐにね，
ジル



| | | |
|---|---|---|
| 1193 ☐ | **fortunately** [fɔ́ːrtʃənətli] | [副]幸いなことに，幸運にも，ありがたいことに |
| 1194 ☐ | **boss** [bɔ́(ː)s, bɑ́ːs] | [名]上司，上役 |
| 1195 ☐ | **permission** [pərmíʃən] | [名]許可，認可，承認 |
| 1196 ☐ | **law** [lɔ́ː] | [名]法律；法学 |
| 1197 ☐ | **parent** [péərənt] | [名]親 |
| 1198 ☐ | **in the beginning** | 最初は |
| 1199 ☐ | ▶ **beginning** [bɪgínɪŋ, bə-] | [名]最初，初め |
| 1200 ☐ | **at least** | 少なくとも |
| 1201 ☐ | **until** [əntíl, ʌn-] | [接]…するまで（ずっと）<br>[前]～まで（ずっと） |

| | | |
|---|---|---|
| 1202 ☐ | **house** [háʊs] | [名]家，住宅 |
| 1203 ☐ | **across** [əkrɔ́(:)s] | [前]～の向こう側に；（こちらから）～を横切って　[副]渡って；向こう側に |
| 1204 ☐ | **fence** [féns] | [名]垣根，囲い，塀，フェンス |

### 📖 語句・表現

*l*.8　We will be living ...「私たちは…住むことになっている」確定的な未来の予定を表す。

[Q] なぜジルは近頃，都会での生活が好きではないのですか。

[A] Because it has become crowded and noisy, traffic is awful, and crime is getting worse.（都会はごみごみして騒々しくなり，交通量はひどく，そして犯罪が悪化しているからです。）

## 助動詞 ④ might

**Core Meaning**

「もしかしたら…かもしれない」と「可能性・推量」を表現するのに用いられる。形は **may** の過去形だが，**might** は現在や未来のことについて言う。「…したらどうですか」「…したほうがいいですよ」と「助言・提案」を表すこともできる。控えめ，丁寧な言い方として，**You might want to ...**（…するとよいかもしれない）の形も用いられる。

**1)** …かもしれない **（不確実な可能性，自信がない推量）**

※以下の文例で might を may に置き換えても問題ない。ただし，会話では might が使われることが多い。

It **might** be true, but I don't want to believe it.
（もしかしたら本当かもしれないけど，信じたくない。）

We **might** catch the train if we leave now.
（今出れば，電車に間に合うかもしれない。）

I **might** not be able to go with you.
（あなたと一緒に行けないかもしれない。）

＊確信度が高い順　can > may > might > could

**2)** …するとよいかもしれない，…してはどうでしょう（助言・提案）

We **might** meet again soon.（またすぐ集まってはどうでしょう。）

If you want to improve your English, **you might want to** study abroad.
（英語力を上げたいのであれば，留学するとよいかもしれませんね。）

**You might want to** take a short rest at a service area on the way.
（途中のサービスエリアでちょっと休むといいよ。）

**You might want to** leave earlier this morning.
（今朝は早めに家を出たほうがいいよ。）

※might as well ...（…したほうがいい）は，「仕方ない」という気持ちが込められた慣用表現。

We **might as well** go back home.
（(帰らないよりは）家に帰ったほうがいい。）

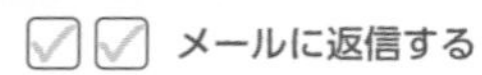

メールに返信する

音声 

# 70. I can't wait to tell everyone the good news!

**Q** **What new things do they have in Bigfork?**

1 Dear Jill, /

Wow! // I **admit** / your news was **rather surprising**. // I never thought / you would move back to your **childhood** home. // I think / you'll be happier to live in the **countryside** again. // I know /
5 I'll be **truly** glad to have my best friend closer to me. // I hope / your kids won't **mind** the move. // I don't think / it will take them long to **get used to** living here. // We have a new **modern middle school**. // Also, / they can play **hockey** outside in winter / and go **sailing** on the lake in summer. // We have a new **grocery store** in town / and
10 a new **medical center next to** the bank. // The town is still very peaceful and **pleasant**, / though. // **Anyway**, / I can't wait to tell everyone the good news! //

Love, /
Elizabeth //

| | | |
|---|---|---|
| 1205 ☐ | **admit** [ədmít, æd-] | ㊀を認める ㊁認める |
| 1206 ☐ | **rather** [rǽðər] | ㊂かなり（= quite）；やや，いくぶん，少々（= a little）；〈A rather than B または rather A than B の形で〉B よりむしろ A；〈接続詞的に〉それどころか |
| 1207 ☐ | **surprising** [sərpráɪzɪŋ, sə-] | ㊄意外な，驚くべき |
| 1208 ☐ | **childhood** [tʃáɪldhùd] | ㊅子供の頃，幼少期 |
| 1209 ☐ | **countryside** [kʌ́ntrisàɪd] | ㊅田舎，田園地帯，地方 |
| 1210 ☐ | **truly** [trúːli] | ㊂心から；本当に；実に |
| 1211 ☐ | **mind** [máɪnd] | ㊀〈主に疑問文・否定文で〉を嫌だと思う，を気にする ※care は「を心配する，気にする，気にかける」。㊁気にする ㊅心，精神 |

# 70. みんなにこのよい知らせを伝えるのが待ちきれません！

親愛なるジル，

うわあ！ あなたの知らせがかなり意外な内容だったことを認めるわ。あなたが子供の頃の家に帰ってくるだろうとは，まったく思わなかったもの。もう一度田舎に住んだほうが，あなたはより幸せになると思うわ。親友がより自分の近くにいてくれたら，きっと私は心からうれしく思うだろうな。子供たちが引っ越しを嫌がらないといいわね。あの子たちがここに住むのに慣れるのに，長くかかるとは思わないわ。新しい近代的な中学校があるのよ。それに，冬には外でホッケーができるし，夏には湖へヨット遊びに行くことができるわ。街には新しい食料品店があって，銀行の隣には新しい医療センターがあるの。それでもこの街はとても穏やかで心地いいけれどね。とにかく，みんなにこのよい知らせを教えるのが待ちきれないわ。

愛を込めて，
エリザベス

| | | |
|---|---|---|
| 1212 ☐ | get used to ...ing | …することに慣れる |
| 1213 ☐ | modern [mάːdərn] | 形 近代〔現代〕的な；現代の |
| 1214 ☐ | middle school | 中学校　※米国では 11 ～ 14 歳，英国では 8 ～ 12 歳の子供を対象とする。 |
| 1215 ☐ | hockey [hάːki] | 名 ホッケー |
| 1216 ☐ | sailing [séɪlɪŋ] | 名 ヨット遊び〔競技〕 |
| 1217 ☐ | grocery store | 食料品店 |
| 1218 ☐ | medical center | 医療センター |
| 1219 ☐ | ▶ medical [médɪkl] | 形 医療の，医学の |

2 Section 3

| | | |
|---|---|---|
| 1220 ☐ | **next to ～** | ～の隣に |
| 1221 ☐ | **pleasant** [pléznt] | ㊊気持ちのよい，快い，楽しい |
| 1222 ☐ | **anyway** [éniwèɪ] | ㊙とにかく，いずれにせよ |

**語句・表現**

*l.*6　it will take them long to ...「彼らが…するのに長くかかるだろう」'it takes +〈人〉+〈時間〉+ to ...' で「〈人〉が…するのに〈時間〉がかかる」の意味。この long は「長い時間」。

**Q** ビッグフォークにはどのような新しいものがありますか。

**A** They have a new modern middle school, a new grocery store, and a new medical center.（新しい近代的な中学校，新しい食料品店，そして新しい医療センターがあります。）

## 助動詞 5 will

**Core Meaning**

「未来（…だろう）」，「意志（…するつもりである）」，疑問文で「依頼（…してくれませんか）」が主な意味。

1）…（する）だろう（未来）

They will come soon.（彼らはもうすぐ来るでしょう。）

He will not come tonight.（彼は今晩来ないでしょう。）

I think that Tom will pass the exam.

（トムは試験に合格する（だろう）と思う。）

I don't think (that) it'll rain tomorrow.

（明日，雨が降る（だろう）とは思いません。）

※話し手がその場で思いついてコメントするときに will を使う。一方，be going to ... は，話す時点までにすでに決まっている予定や決心していることを言ったり，尋ねたりするときに使う。なお，現在進行形で，確定的な未来を表すこともできる。

What are you going to do tonight? / What are you doing tonight?

（あなたたち今晩は何している予定なの？）（× What will you do tonight?）

2）…するつもりである（意志）

We will try our best!（全力を尽くすつもりです！）

Don't worry. I will take care of it.

（ご心配なく。それ，私がやっておきますよ。）

I will not forgive you.（あなたを許すつもりはない。）

I'm really tired today. I think (that) I'll go to bed.

（今日は本当に疲れた。もう寝ようと思う。）

3）…してくれないかな，…してくれませんか（依頼）

※気軽に頼める相手に使う。文末を下げた口調で言うと，「…やってくれるよね？」といったニュアンスになる。

Will you lend me some money?（ちょっとお金貸してくれない？）

Will you give me one more chance?（もう１回チャンスをくれない？）

Will you take out the garbage?（ゴミを出してくれない？）

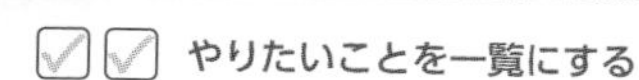

やりたいことを一覧にする　　音声

# 71. The Bucket List

**Q Why does Chris want to make his bucket list now?**

Chris is posting on the Internet. //

Some **older** people make a **list** of things / they want to do before they die. // They call it a '**bucket list**.' // I'm only 22 years old, / but I decided to make my list now. // That way, / I'll have enough time to do **everything** / before I'm too **elderly**. // Here's my list: /

Learn three **foreign languages**. //
Get a **license** to fly a **plane**. //
Visit every **continent** on Earth. //
**Appear** on TV. //
Go **snowboarding** in Japan. //
Watch a tennis **championship** in England. //
**Establish** my own business. //
**Develop** an **invention** / that will help **society** and the **planet**. //
Be **happily married** with children. //
Become a good **human being** with a lot of **wisdom**. //

Well, that's my list. // If I can achieve these goals, / I'll **be satisfied with** my life! // What's on YOUR bucket list? //

| | | |
|---|---|---|
| 1223 | **old** [óuld] | [形]年を取った；古い |
| 1224 | **list** [líst] | [名]表，リスト |
| 1225 | **bucket list** | バケットリスト<br>※自分が死ぬまでにしたいことのリスト。 |
| 1226 | ▶ **bucket** [bʌ́kət] | [名]バケツ |
| 1227 | **everything** [évriθìŋ] | [代]すべてのこと〔もの〕 |
| 1228 | **elderly** [éldərli] | [形]年を取った，年輩の |

# 71. バケットリスト

クリスはインターネットに投稿しています。

高齢の人たちの中には，死ぬ前に自分がやりたいことの一覧表を作る人もいます。彼らはそれを「バケットリスト」と呼んでいます。僕はまだほんの22歳ですが，自分の一覧表を今作ることにしました。そのほうが，あまりにも年を取ってしまう前に，すべてのことをやるのに十分な時間を持てるようになりますからね。僕の一覧表は次のとおりです。

外国の言語を3つ身につける
飛行機を操縦するための免許を取る
地球上のすべての大陸を訪れる
テレビに出演する
日本にスノーボードをしに行く
イギリスでテニスの選手権を観戦する
自分自身の事業を立ち上げる
社会と地球の役に立つ発明を形にする
子供に恵まれて幸せに結婚生活を送る
知恵に満ちたよき人間になる

まあ，これが僕の一覧表です。これらの目標を達成することができるなら，自分の人生に満足するでしょうね！ あなたのバケットリストにはどんなことが書いてあるのでしょうか。

| | | |
|---|---|---|
| 1229 ☐ | **foreign** [fɔ́ːrən] | 形 外国の |
| 1230 ☐ | **language** [lǽŋgwɪdʒ] | 名 言語 |
| 1231 ☐ | **license** [láɪsns] | 名 免許；免許証，許可証 |
| 1232 ☐ | **plane** [pléɪn] | 名 飛行機 |
| 1233 ☐ | **continent** [kɑ́ːntənənt] | 名 大陸 |
| 1234 ☐ | **appear** [əpíər] | 自 〈on ～で〉(テレビ番組などに) 出演する；現れる；〈appear (to be) ～で〉～のように見える |

2 Section 3

1300 1400 1500 1600 1700 1800 1900 2000 2100 2200 2300 2400

|  |  |  |
|---|---|---|
| 1235 ☐ | **snowboarding** [snóʊbɔ̀ːrdɪŋ] | ㊔スノーボード |
| 1236 ☐ | **championship** [tʃǽmpiənʃɪp] | ㊔選手権 |
| 1237 ☐ | **establish** [ɪstǽblɪʃ, es-, əs-] | ㊉を設立する，を創設する；を確立する |
| 1238 ☐ | **develop** [dɪvéləp, də-] | ㊉を開発する；を発達させる<br>㊐発達する；発生する |
| 1239 ☐ | **invention** [ɪnvénʃən] | ㊔発明 |
| 1240 ☐ | **society** [səsáɪəti] | ㊔社会；協会 |
| 1241 ☐ | **planet** [plǽnət] | ㊔〈**the planet** で〉地球；惑星 |
| 1242 ☐ | **happily** [hǽpəli] | ㊗幸せに |
| 1243 ☐ | **married** [mérid, mǽr-] | ㊕結婚した；既婚の |
| 1244 ☐ | **human being** | 人間 |
| 1245 ☐ | **wisdom** [wízdəm] | ㊔知恵；賢明 |
| 1246 ☐ | **be satisfied with ～** | ～に満足する |

**Q** なぜクリスは自分のバケットリストを今作りたいと思っているのですか。

**A** He wants to have enough time to do everything before he is too elderly.
（彼は年を取りすぎてしまう前に，すべてを行う十分な時間が欲しいのです。）

# 助動詞 6 would

**Q Core Meaning**

「will（…（する）だろう）の過去形」,「仮定法（…だろうに）」,「〈like to ... を伴って〉願望・希望（…したいと思う）」,「控えめに言う（…ではないかな）」,「〈疑問文で〉丁寧な依頼（…していただけますか）」が主な意味。

**1）** …（する）だろう **（will の過去形）**

※knew / said / told などのあとに続く that 節内で，will は過去形の would になる（時制の一致）。

I knew (that) she **would** come late.
（彼女は遅れてくるだろうとわかっていた。）

They said (that) they **wouldn't** go abroad this year.
（今年は海外には行かないだろうと彼らは言っていた。）

He told me (that) he **would** move to Okinawa.
（彼は沖縄に引っ越しをするだろうと言っていた。）

**2）** もし…ならば…だろうに **（仮定法）**

It **would** be great if you could come with me.
（もしあなたが私と一緒に来れたら最高だろうに。）

That **would** be helpful.（もしそうしてくれるなら助かるだろうに。）

**3）** **〈like to ... を伴って〉** …したいと思う **（願望・希望）**

I'**d like to** listen to some music.（ちょっと音楽が聞きたいです。）

We'**d like to** take a long vacation.（私たちは長期の休暇を取りたいです。）

**Would** you **like to** try some *soba*, Japanese noodles?
（日本そばをちょっと食べてみたいですか。）

**4）** …ではないかな **（控えめに言う）**

I'**d** say it's pretty good.（なかなかいいんじゃないかな。）

I'**d** think you change jobs.（転職したほうがいいんじゃないかな。）

I'**d** suggest you listen to English more.
（もっと英語を聞くといいんじゃないかな。）

**5）** …していただけますか **（依頼）**

※Will you ...? よりもかなり丁寧な（相手に失礼にならない）頼み方。

**Would** you help me?（手伝っていただけますか。）

**Would** you sign here?（ここに署名をお願いできますか。）

☑☑ 写真を見ながら家族を紹介する

音声 

# 72. A Photo of My Family

**Q** **Where can Annie meet Chris's family?**

1 Chris is talking with his girlfriend, Annie, / in his kitchen. //

Annie: What's this picture / on your **refrigerator**? //
Chris: Oh, / it's a picture of my family / from 20 years ago. // I found it / in an old **album**. //
5 Annie: Everyone has a nice smile! // I love the **old-style fashion**. // This must be your mother and father / in the **center**. //
Chris: Yes, / my mother didn't wear **glasses** then. // My father bought those **gold earrings** / for her birthday. // My grandmother and grandfather are in the **background**. //
10 That's me / **hiding** under the **bench**. // I was so **impatient**! //
Annie: Haha! // You have such a **silly expression** / on your face. // I hope / I will meet your family **someday**. //
Chris: You can! // Come with me to our family **reunion** / this summer. //

| | | |
|---|---|---|
| 1247 ☐ | **refrigerator** [rɪfrídʒərèɪtər] | ㊔冷蔵庫　※短縮形は fridge。 |
| 1248 ☐ | **album** [ǽlbəm] | ㊔〈写真の〉アルバム；〈CDやレコードの〉アルバム |
| 1249 ☐ | **old-style** [óʊldstáɪl] | ㊋古風な，昔ながらの，伝統的な |
| 1250 ☐ | **fashion** [fǽʃən] | ㊔ファッション，流行のスタイル；流行，はやり |
| 1251 ☐ | **center** [séntər] | ㊔中心；中心部；〈施設の〉センター<br>㊌中心にある；集中する　㊍を集中させる |
| 1252 ☐ | **glasses** [glǽsɪz] | ㊔〈複数形〉眼鏡 |
| 1253 ☐ | **gold** [góʊld] | ㊋金製の；金色の　㊔金；金色 |
| 1254 ☐ | **earrings** [íərrìŋz] | ㊔〈通例複数形〉イヤリング |
| 1255 ☐ | **background** [bǽkgràʊnd] | ㊔後ろの方；背景；経歴<br>in the background（背後〔背景〕に） |


100 200 300 400 500 600 700 800 900 1000 1100 1200

# 72. 私の家族の写真

クリスはガールフレンドのアニーと自宅の台所で話をしています。

アニー：冷蔵庫に貼ってあるこの写真は何？
クリス：ああ，それは 20 年前の僕の家族の写真だよ。古いアルバムの中にそれを見つけたんだ。
アニー：みんな，いい笑顔をしているね。この古風なスタイルが大好きよ。こちらの真ん中にいるのは，絶対あなたのお母さんとお父さんよね。
クリス：そうだよ，母さんは当時眼鏡をかけていなかったんだ。父さんが母さんの誕生日にこの金のイヤリングを買ったんだ。祖母と祖父はその背後にいるよ。長いすの下に隠れているのが僕なんだ。とっても我慢できない性分だったんだよ。
アニー：あはは！ とてもひょうきんな表情をしているわ。いつかあなたの家族に会えるといいな。
クリス：会えるよ！ 今年の夏，家族の集まりに僕と一緒においでよ。



| | | |
|---|---|---|
| 1256 ☐ | **hide** [háɪd] | 自隠れる 他を隠す **hide > hid > hidden〔hid〕** |
| 1257 ☐ | **bench** [béntʃ] | 名長いす，ベンチ ※2人以上が座れるもの。背もたれがあるものもないものもある。 |
| 1258 ☐ | **impatient** [ɪmpéɪʃənt] | 形我慢のできない；いらいらした |
| 1259 ☐ | **silly** [síli] | 形ひょうきんな；ばかげた；愚かな，思慮のない |
| 1260 ☐ | **expression** [ɪkspréʃən, eks-] | 名表情；表現；言い回し |
| 1261 ☐ | **someday** [sʌ́mdèɪ] | 副いつか，そのうち |
| 1262 ☐ | **reunion** [rìːjúːnjən] | 名再会の集い，同窓会 |

**Q** アニーはどこでクリスの家族と会うことができますか。

**A** She can meet them at their family reunion.
（彼女は家族の集まりで彼らに会うことができます。）

 家族の一日の行動を説明する

音声 

# 73. A Day in the Life of My Mother

**Q** **Where does the mother often go after work?**

1 ❶ My mother gets up at 6:00 / **in the morning**. // She makes breakfast for three of us / on weekdays. // After breakfast / she **reads** the newspaper / until 7:30. // She **leaves home** for the office / about 7:45 / and usually works / from 9:00 to 5:00. //
5 ❷ She **takes a break at noon** / and eats lunch / in the company **cafeteria**. // Sometimes / she goes to a restaurant with her friends. // ❸ After work / she often goes to the **health club** / and stays there for an hour **or so**, / and usually she gets back home / around 7:00. // Then / she **fixes** dinner / and usually **starts** eat**ing** with us / by 7:45. //
10 ❹ After she **takes a bath**, / she sometimes drinks **a glass of** wine / and talks with my father. // She goes to bed / around 11:00 / during the week, / but on weekends / she **stays up** late. //

|  |  |  |
| --- | --- | --- |
| 1263 ☐ | **in the morning** | 朝に，午前中 |
| 1264 ☐ | **read** [ríːd] | ㊀を読む　㊁読書する<br>**read** > read > read　※発音注意 |
| 1265 ☐ | **leave home** | 家を出る |
| 1266 ☐ | **take a break** | 休憩する（≒ have a break） |
| 1267 ☐ | **at noon** | 正午に |
| 1268 ☐ | **cafeteria** [kæ̀fətíəriə] | ㊔カフェテリア，セルフサービスの食堂 |
| 1269 ☐ | **health club** | スポーツクラブ |
| 1270 ☐ | **or so** | 〈数字の後に続けて〉～かそこら，～くらい |
| 1271 ☐ | **fix** [fíks] | ㊀（食事など）を用意する；を固定する<br>㊁固定する |
| 1272 ☐ | **start ...ing** | …し始める |
| 1273 ☐ | **take a bath** | 入浴する |

# 73. 母の一日

❶ 母は，朝 6 時に起きます。平日は私たち三人のために朝食を作ります。朝食後は 7 時半まで新聞を読みます。7 時 45 分頃に家を出て職場に向かい，普段は 9 時から 5 時まで仕事をします。
❷ 正午に休憩を取り，会社の食堂でお昼ご飯を食べます。時々友達と一緒にレストランに行くこともあります。
❸ 仕事の後によくスポーツクラブに行き，1 時間くらいそこにいて，たいてい 7 時頃帰宅します。それから夕ご飯の支度をして，たいてい 7 時 45 分までには一緒に食べ始めます。
❹ 入浴後，時々ワインを一杯飲んで父と話をします。平日は 11 時頃寝ますが，週末は遅くまで起きています。



| | | |
|---|---|---|
| 1274 ☐ | ▶ **bath** [bǽθ] | ㊔入浴；浴槽；浴室 |
| 1275 ☐ | **a glass of ～** | コップ〔グラス〕一杯の～ |
| 1276 ☐ | **stay up** | 〈寝ないで〉起きている；〈stay up late で〉夜ふかしをする |

**Key Point** 「平日」「週末」の表し方

本文の *l*.11 にある during the week は「平日は〔に〕」で，この week は「平日（通常，月～金曜日）」を意味する。*l*.2 の on weekdays という言い方もある。「週末に〔は〕」は on the weekend，「毎週末に〔は〕」であれば on weekends と言う。

**語句・表現**

*l*.3 until「～まで」*l*.9 の by は「～までに」。前置詞コラム⑩ by を参照。

**Q** 母親は仕事の後，よくどこに行きますか。

**A** She often goes to the health club.（彼女はよくスポーツクラブに行きます。）

☑☑ 日記を書く　　音声

## 74. My Room during the Homestay

**Q** **How did Junko feel when her host mother said, "Welcome to our home"?**

1 Dear Diary, /

As soon as I arrived here for my **homestay**, / my **host mother** said, / "**Welcome to** our home." // I felt happy **at once**, / and already I feel like **a member of** the family. // I like **living with** the
5 family. //

Here is a picture of the **room** / I sleep in. // It's a great room to **come home** to / **at the end of** the day. // It has everything I need. // I **drew** this picture of my special room. //

Well, / I've got to go now / and do my **homework**. // I'll write
10 again soon. //

Yours, /
Junko //

|  |  |  |
|---|---|---|
| 1277 | **homestay** [hóumstèɪ] | 名ホームステイ |
| 1278 | **host mother** | ホストマザー（ホームステイ先の母親） |
| 1279 | ▶ **host family** | ホストファミリー（ホームステイ先の家族） |
| 1280 | **welcome to 〜** | 〜へようこそ |
| 1281 | **at once** | 一気に，すぐに（= soon）；同時に |
| 1282 | **a member of 〜** | 〜の一員 |

# 74. ホームステイ先の部屋

日記さんへ

ホームステイのためにここに着くとすぐに，ホストマザーが「私たちのうちへようこそ。」と言ってくれました。私は一気にうれしくなり，今はもう家族の一員になったような気がしています。私はこの家族と暮らすことが気に入っています。

こちらが私が寝ている部屋の絵です。１日の終わりに帰ってくるのに素晴らしい部屋です。ここには私が必要なものがすべてあります。私の特別な部屋の絵を描きました。

じゃあ，そろそろこのへんで，宿題をしなくてはいけないので。またすぐに書きます。

それでは
純子



| | | |
|---|---|---|
| 1283 ☐ | **live with ～** | ～と暮らす |
| 1284 ☐ | **room** [rúːm] | 名部屋；空間 |
| 1285 ☐ | **come home** | 家に帰る；〈to ～で〉～（場所）に帰ってくる |
| 1286 ☐ | **at the end of ～** | ～の終わりに |
| 1287 ☐ | **draw** [drɔ́ː] | 他（鉛筆やペンで線を引いて絵）を描く；（線）を引く　名引き分け　**draw > drew > drawn** |
| 1288 ☐ | **homework** [hóumwə̀ːrk] | 名宿題 |

**語句・表現**

*l*.9 I've got to go now「そろそろ失礼します，そろそろ行かなくては」have got to ... は口語表現で「…しなければならない」の意味。

**Q** ホストマザーが「私たちのうちへようこそ」と言ったとき，純子はどのように感じましたか。

**A** She felt happy. （彼女はうれしくなりました。）

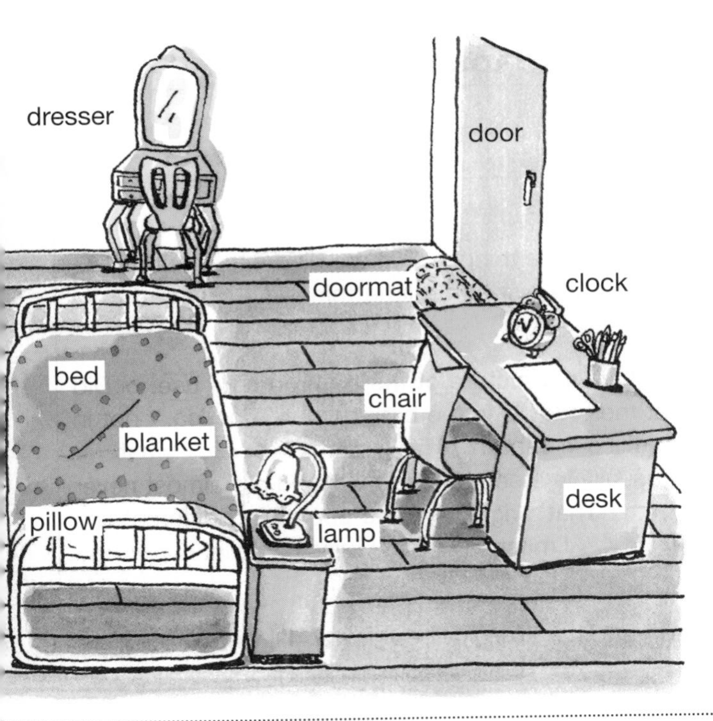




|  |  |  |
|---|---|---|
| 1289 ☐ | **curtain** [kə́ːrtn] | 名 カーテン |
| | **armchair** [ɑ́ːrmtʃèər] | 名 ひじ掛けいす |
| 1290 ☐ | **flowerpot** [fláuərpɑ̀t] | 名 植木鉢 |
| | **radio** [réidiou] | 名 ラジオ |
| | **sofa** [sóufə] | 名 ソファー |
| 1291 ☐ | **dresser** [drésər] | 名 鏡台，ドレッサー |
| 1292 ☐ | **doormat** [dɔ́ːrmæ̀t] | 名 ドアマット |
| | **bed** [béd] | 名 ベッド |
| 1293 ☐ | **pillow** [pílou] | 名 枕 |
| 1294 ☐ | **lamp** [lǽmp] | 名 ランプ |
| 1295 ☐ | **clock** [klɑ́ːk] | 名 置き時計，掛け時計 |
| 1296 ☐ | **wall** [wɔ́ːl] | 名 壁 |

☑☑ 日記を書く

音声 

# 75. Bathrooms in Japan and the U.S.

**Q** **According to Junko, where is the toilet in America?**

1 Dear Diary, /

Every day / I **find out** little things / that are different / about living in America. // They are just some little things / I **come across again and again**. //

5 **For example**, / here's a picture of the bathroom / I use. // Did you know / that the **toilet** is in the bathroom in America, / not in a **separate** room like in Japan? // **On the other hand**, / **washing machines** are usually in a separate room, / and are almost never in the bathroom. // That's right. // I find something different like
10 this / **day after day**. // I must say / that I miss my toilet **slippers**, / though. //

Well, / I'm tired / and **it's time for** bed now. // I'll write more **next time**. //

Goodbye **for now**, /
15 Junko //

|  |  |  |
|---|---|---|
| 1297 ☐ | **find out 〜** | 〜を見つける；〜とわかる |
| 1298 ☐ | **come across 〜** | 〜に偶然出くわす |
| 1299 ☐ | **again and again** | 何度も，繰り返して |
| 1300 ☐ | **for example** | 例えば |
| 1301 ☐ | **toilet** [tɔ́ɪlət] | ㊔トイレ |
| 1302 ☐ | **separate**<br>㊇ [sépərət] ㊍ [sépərèɪt] | ㊇〈場所や位置が〉分かれた，別の<br>※ **separate room**（個別の部屋） ㊐を切り離す，を引き離す ㊊離れる，分離する |

# 75. 浴室の日米比較

日記さんへ

私はアメリカでの生活に関して毎日ちょっとした違いを見つけます。それは，私が何度も何度も出くわす本当に小さなことです。

例えば，こちらは私が使っている浴室の絵です。アメリカではトイレが浴室の中にあって，日本のように別の部屋にはないって知っていましたか。その一方で，洗濯機は別の部屋にあって，浴室にあることはほとんどありません。そうなんです。私は，このような違いを毎日毎日発見します。トイレのスリッパが本当に恋しいですけどね。

ああ，疲れたし，もう寝る時間です。次はもっと書きます。

とりあえずまたね
純子



|  |  |  |
| --- | --- | --- |
| 1303 | **on the other hand** | その一方で |
| 1304 | **washing machine** | 洗濯機 |
| 1305 | **day after day** | 毎日毎日 |
| 1306 | **slippers** [slípərz] | 名〈通例複数形〉スリッパ，部屋履き |
| 1307 | **it's time for ～** | ～の時間です |
| 1308 | **next time** | 次は，今度（は） |
| 1309 | **for now** | とりあえず，今のところ，差し当たり |

**語句・表現**

*l*.10 I must say「まったく，本当に；…と言わざるを得ない」後に続く内容を強調する。

**Q** 純子によると，アメリカではトイレはどこにありますか。

**A** It is in the bathroom.（浴室の中にあります。）

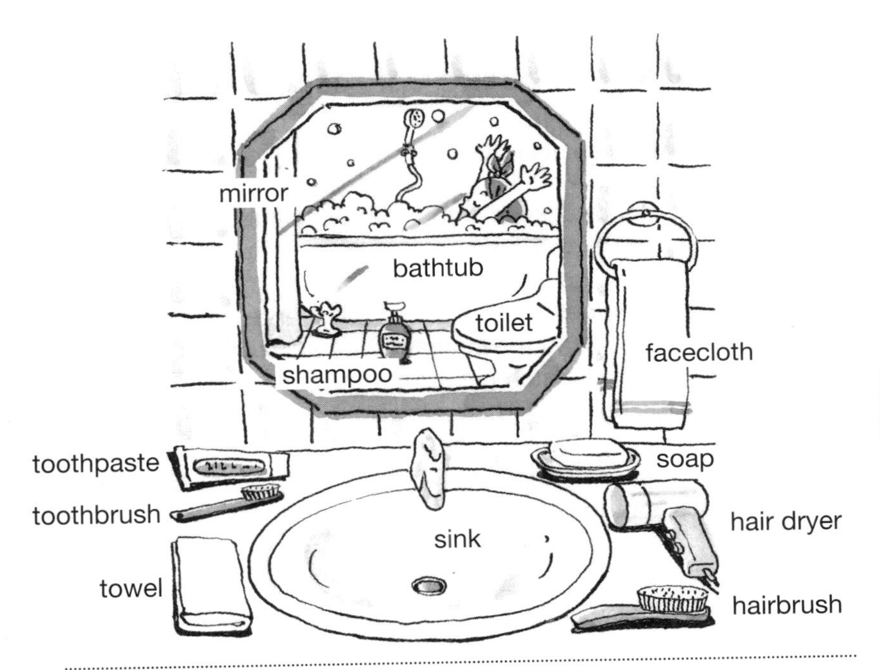




| | | |
|---|---|---|
| | **mirror** [mírər] | 名 鏡 |
| 1310 ☐ | **bathtub** [bǽθtʌ̀b] | 名 浴槽 |
| 1311 ☐ | **shampoo** [ʃæmpúː] | 名 シャンプー |
| 1312 ☐ | **facecloth** [féɪsklɔ̀(ː)θ] | 名 洗面用タオル |
| 1313 ☐ | **toothpaste** [túːθpèɪst] | 名 歯磨き粉 |
| 1314 ☐ | **toothbrush** [túːθbrʌ̀ʃ] | 名 歯ブラシ |
| 1315 ☐ | ▶ **brush *one*'s teeth** | 歯を磨く |
| 1316 ☐ | **towel** [táʊəl] | 名 タオル |
| 1317 ☐ | **soap** [sóʊp] | 名 石けん |
| 1318 ☐ | **hair dryer** | ヘアドライヤー |
| 1319 ☐ | **comb** [kóʊm] ♪ | 名 くし　※b は発音しない |
| 1320 ☐ | **hairbrush** [héərbrʌ̀ʃ] | 名 ヘアブラシ |
| 1321 ☐ | ▶ **brush** [brʌ́ʃ] | 名 ブラシ　他 にブラシをかける |
| 1322 ☐ | **sink** [síŋk] | 名 流し，洗面台 |

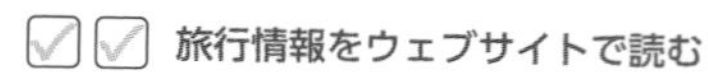
旅行情報をウェブサイトで読む

音声

## 76. Be Our Guest at the Calypso Hotel!

**Q** **What can people do near the Calypso Hotel?**

1 **Escape** the city this weekend / and visit beautiful Carmel-by-the-Sea ! // It's just a **quick** two-hour **drive south** / from San Francisco / on **Highway** 101. // The Calypso Hotel has **attractive** rooms with **seaside** views. // Forget about **alarm clocks** and **timetables** / —
5 **for your convenience**, / our restaurant **menu** includes breakfast all day. // Later, / you can watch the **surf** from your room / or take the **stairs** down to the beach. // There are also many shops, restaurants and old **buildings** / near the hotel. // More energetic guests can take a **hike** / or even enjoy **climbing** on Mount Carmel. //
10 There is always a lot to see and do / in Carmel-by-the-Sea. //

|  |  |  |
|---|---|---|
| 1323 | **escape** [ɪskéɪp, es-, əs-] | ㊀を逃れる ㊀逃げる ㊔脱出 |
| 1324 | **quick** [kwík] | ㊔瞬く間の；速い，迅速な<br>※行動や反応などが瞬間的で機敏なイメージ。 |
| 1325 | **drive** [dráɪv] | ㊔ドライブ ㊀車で行く；車を運転する<br>㊀を運転する　drive > drove > driven |
| 1326 | **south** [sáʊθ] | ㊔南へ ㊔南 ㊔南の |
| 1327 | **highway** [háɪwèɪ] | ㊔幹線道路，主要道路<br>※高速道路は expressway や freeway。 |
| 1328 | **attractive** [ətræ̀ktɪv] | ㊔魅力的な |
| 1329 | **seaside** [síːsàɪd] | ㊔海辺，海岸 |
| 1330 | **alarm clock** | 目覚まし時計 |
| 1331 | **timetable** [táɪmtèɪbl] | ㊔予定表；時刻表 |
| 1332 | **for your convenience** | ご参考までに，あなたの便宜のために |

# 76. カリプソホテルでお待ちしています！

今週末は街を脱出して，美しいカーメル・バイ・ザ・シーへお出かけください！ ハイウェイ 101 号線で，サンフランシスコから南へ，ほんの瞬く間の2時間のドライブです。カリプソホテルには海辺の景色が見える魅力的な部屋があります。目覚まし時計や予定表のことはお忘れください—ご参考までに，当ホテルのレストランのメニューには，終日朝食が含まれています。その後，お部屋から打ち寄せる波を眺めたり，あるいは階段で海岸まで降りたりすることができます。ホテルの近くには，店舗，レストラン，そして古い建物もたくさんあります。より活動的なお客様は，ハイキングをしたり，またはカーメル山で登山を楽しんだりすることもできます。カーメル・バイ・ザ・シーには，観光したり体験したりすることが，いつでもたくさんあるのです。



|  |  |  |
|---|---|---|
| 1333 ☐ | ▶ **convenience** [kənvíːnjəns] | 名 好都合，便利 |
| 1334 ☐ | **menu** [ménjuː] | 名 メニュー |
| 1335 ☐ | **surf** [sə́ːrf] | 名 （海岸などへ）寄せる波 |
| 1336 ☐ | **stair** [stéər] | 名 〈通例複数形〉階段<br>take the stairs（階段で行く） |
| 1337 ☐ | **building** [bíldɪŋ] | 名 建物，ビル |
| 1338 ☐ | **hike** [háɪk] | 名 ハイキング（= hiking）<br>自 ハイキングをする |
| 1339 ☐ | **climbing** [kláɪmɪŋ] | 名 登山 |

**Q** 人々はカリプソホテルの近くで何ができますか。

**A** They can go to shops, restaurants, and old buildings.
（彼らは店舗やレストラン，古い建物に行くことができます。）

☑☑ 旅行の経験について話す

音声

# 77. We had a good weekend.

**Q How is Carmel-by-the-sea better during the week?**

1 Kevin and Molly are talking in the break room of the hospital / where they work. //

Kevin: You look very **relaxed** today. // Did you have a nice weekend? //
Molly: Yes. // My sister and I went to Carmel-by-the-Sea. // We
5 **had a** really good **time**. //
Kevin: **Good for you.** // You've **earned** some **time away**. // The **Pacific coast scenery** is beautiful. //
Molly: Yes, it is. // The beach is so **natural** / and the sea **breeze** is so nice. // We also enjoyed some **excellent seafood**. // You
10 should go there. //
Kevin: Maybe I can go someday. // Right now, / I have to work every weekend. //
Molly: You can go there / on a **weekday**. // The hotel where we stayed / is much **cheaper** / during the week. // It only costs
15 two **hundred** dollars a night. // You can **avoid** the **weekend crowds**, too. //

---

|  |  |  |
|---|---|---|
| 1340 ☐ | **relaxed** [rɪlǽkst] | 形リラックスした，くつろいだ |
| 1341 ☐ | **have a ～ time** | ～な時間を過ごす |
| 1342 ☐ | **Good for you.** | よかったね。；頑張ったね。 |
| 1343 ☐ | **earn** [ə́ːrn] | 他（得るべきもの）をもらう；（金）を稼ぐ |
| 1344 ☐ | **time away** | 〈from ～で〉（～から一時的に）離れる時間 |
| 1345 ☐ | **Pacific** [pəsífɪk] | 形太平洋の |
| 1346 ☐ | **coast** [kóust] | 名沿岸，海岸（地帯） |
| 1347 ☐ | **scenery** [síːnəri] | 名（全体の）景色，風景 |
| 1348 ☐ | **natural** [nǽtʃərəl] | 形自然の；自然のままの；当然の |
| 1349 ☐ | **breeze** [bríːz] | 名そよ風　自〈風が〉そよそよと吹く |



100 200 300 400 500 600 700 800 900 1000 1100 1200

# 77. 私たちは楽しい週末を過ごしました

ケビンとモリーは 2 人が働いている病院の休憩室で話しています。

ケビン：今日はとてもくつろいで見えるね。いい週末を過ごしたの？
モリー：ええ。姉と私でカーメル・バイ・ザ・シーへ行ったんです。本当に楽しい時間を過ごしたわ。
ケビン：よかったね。休み（仕事から離れる時間）を手に入れたんだね。太平洋沿岸の景色は美しいよね。
モリー：そうなのよ。海辺はとても自然のままだし，海風はすごく気持ちがいいの。私たちは素晴らしい海鮮料理も楽しんだわ。ぜひそこへ行ってみてください。
ケビン：たぶんいつか行けるかもしれないな。ちょうど今，毎週末に仕事をしなければならないんだよ。
モリー：平日にそこへ行けるじゃない。私たちが泊まったホテルは，平日ははるかに安いのよ。1 泊わずか 2 百ドルなの。週末の混雑を避けることもできるしね。



|  |  |  |
|---|---|---|
| 1350 ☐ | **excellent** [éksələnt] | 形 非常によい，優れた |
| 1351 ☐ | **seafood** [síːfùːd] | 名 海鮮（料理），魚介（類） |
| 1352 ☐ | **weekday** [wíːkdèɪ] | 名 平日 |
| 1353 ☐ | **cheap** [tʃíːp] | 形 安価な，安い |
| 1354 ☐ | **hundred** [hʌ́ndrəd] | 名 百　形 百の |
| 1355 ☐ | **avoid** [əvɔ́ɪd] | 他（望ましくないこと・人・もの）を避ける |
| 1356 ☐ | **weekend crowd** | 週末の混雑〔人ごみ〕 |

**Q** カーメル・バイ・ザ・シーは，どのようなところが平日のほうがいいのですか。

**A** The hotel is much cheaper and you can avoid the weekend crowds.
（ホテルははるかに安く，週末の混雑を避けられます。）

☑☑ 国名の由来を説明する

音声

# 78. I'm interested in your country. (1)

**Q** **Why is Hans' country known as the "low countries"?**

1 Yuka is asking her new friend, Hans, / about his country. //

Yuka: Hans, / I'm interested in your home country, / the Netherlands. // For example, / what does the name mean? //

Hans: Well, / "Netherlands" means "**low** countries" / in English. // It's because we have no **mountains**, / and about one **quarter** of the country is **below sea level**. // The **official** name is the "**Kingdom** of the Netherlands," / but most people **refer to** it simply **as** "the Netherlands." // We also have a king, / who is the head of the **nation**. // However, / the **leader** of the **government** is the **prime minister**. // Also, some people call my country "Holland." // That isn't really **precise** / because the name "Holland" only **applies** to two **sections** of the country. //

| | | |
|---|---|---|
| 1357 ☐ | **low** [lóu] | 形（高さが）低い；（値段が）安い |
| 1358 ☐ | **mountain** [máuntn] | 名山；〈複数形〉山地，山脈 |
| 1359 ☐ | **quarter** [kwɔ́ːrtər] | 名 4分の1；（時間の）15分 |
| 1360 ☐ | **below** 前 [bılòu, bə-] 副 [- ˊ] | 前（ある基準）～より下に 副下に |
| 1361 ☐ | **sea level** | 海水面，海水位 |
| 1362 ☐ | **official** [əfíʃəl] | 形公式の；公務上の 名役人；職員 |
| 1363 ☐ | **kingdom** [kíŋdəm] | 名王国 |
| 1364 ☐ | **refer to ～ as ...** | ～を…と呼ぶ |
| 1365 ☐ | ▶ **refer** [rıfə́ːr] | 自〈refer to ～で〉～に言及する；～を参照する |
| 1366 ☐ | **nation** [néıʃən] | 名国；〈the ～で〉国民 |
| 1367 ☐ | **leader** [líːdər] | 名指導者，リーダー |


100 200 300 400 500 600 700 800 900 1000 1100 1200

# 78. あなたの国に興味があります (1)

ユカは彼女の新しい友人，ハンスに彼の国について尋ねています。

ユカ：ハンス，私はあなたの母国，オランダに興味があるわ。例えば，国名はどういう意味なの？

ハンス：ええとね,「オランダ」は英語で「低地の国々」という意味なんだよ。それは，オランダには山地がないし，国土の約 4 分の 1 が海面下にあるからなんだ。公式の名称は「オランダ王国」だけれど，大部分の人々は単に「オランダ」と呼んでいる。オランダには王様もいて，国家元首なんだ。けれども，政府の指導者は首相だよ。それと，僕の国を「ホラント」と呼ぶ人たちもいる。それは正確だというわけではないんだ，だって「ホラント」という名称は国の 2 つの地区に当てはまるだけだからね。

2 Section 3

| | | |
|---|---|---|
| 1368 ☐ | **government** [gʌ́vərnmənt, gʌ́vəmənt] | [名]政府，政権 |
| 1369 ☐ | **prime minister** | 首相，総理大臣 |
| 1370 ☐ | **precise** [prɪsáɪs] | [形]正確な；精密な |
| 1371 ☐ | **apply** [əpláɪ] | [自]〈apply to ～で〉～に当てはまる；〈apply for ～で〉～を申し込む<br>[他]を (…に) 当てはめる (to ...) |
| 1372 ☐ | **section** [sékʃən] | [名]区域，地域；部分 |

[Q] ハンスの国はなぜ「低地の国々」として知られているのですか。

[A] It's because they have no mountains and about one quarter of the country is below sea level.（それは，山地がなく，国土の約 4 分の 1 が海面下にあるからです。）

☑☑ 国の地理的特徴を説明する

音声 

# 79. I'm interested in your country. (2)

**Q** **How small is the Netherlands?**

1 Yuka: That's very interesting. // Can you tell me more / about other features of the country? //

Hans: Sure. // The Netherlands is one of the smaller countries / in Europe. // It only takes 2.5 hours / to cross from one side of
5 the country to the other / by car. // Germany is to the east / and Belgium is to the south. // The North Sea is on the north and west sides of the country. // The Netherlands' population is about 17.8 million people, / so it's a bit crowded. // Some people live in houseboats / or floating
10 houses. // As I mentioned, / most of the land is below sea level, / and we are very aware of possible flood damage. // Fortunately, / we have a good system to prevent floods. // You can also see traditional windmills / and a lot of fields for growing vegetables and flowers / in the countryside. //

| | | |
|---|---|---|
| 1373 ☐ | **feature** [fíːtʃər] | 名（外観的な）特徴；特集記事；目玉商品<br>他を特徴づける；を主演させる |
| 1374 ☐ | **Europe** [júərəp] | 名ヨーロッパ |
| 1375 ☐ | **cross** [krɔ́(ː)s] | 自横切る　他を横切る　形交差した<br>名十字架 |
| 1376 ☐ | **side** [sáɪd] | 名側面；側　形側面の |
| 1377 ☐ | **by car** | 車で |
| 1378 ☐ | **east** [íːst] | 名東　to the east（東方に）<br>形東の　副東へ |
| 1379 ☐ | **north** [nɔ́ːrθ] | 名北　副北へ　形北の |
| 1380 ☐ | **population** [pɑ̀ːpjəléɪʃən] | 名人口 |
| 1381 ☐ | **a bit** | 少し；しばらく　※副詞的に用いる。 |
| 1382 ☐ | **mention** [ménʃən] | 他をちょっと話に出す，に言及する<br>名言及 |



100 200 300 400 500 600 700 800 900 1000 1100 1200

# 79. あなたの国に興味があります (2)

ユカ：それはとても興味深いわ。オランダの他の特徴について，もっと教えてもらえるかしら。

ハンス：もちろんだよ。オランダはヨーロッパでは小さいほうの国の一つなんだ。国土の一方の側から他の側まで自動車で横切るのに，たった2時間半しかかからない。ドイツは東に，そしてベルギーは南に接しているよ。北海は国の北側と西側に面している。オランダの人口はおよそ1,780万人だから，少し人が混み合っているね。ハウスボートや水上住宅に住む人もいる。さっきもちょっと話したように，土地の大半は海面下にあって，起こりうる洪水被害をかなり意識している。幸いにも，僕たちは洪水を防ぐ優れた仕組みを備えている。地方では，伝統的な風車や，野菜や花を栽培するたくさんの畑も見ることができるよ。

2 Section 3

|  |  |  |
|---|---|---|
| 1383 ☐ | **be aware of 〜** | 〜に気づいている |
| 1384 ☐ | **possible** [pá:səbl] | 形 起こりうる；可能な |
| 1385 ☐ | **flood** [flʌ́d] | 名 洪水 |
| 1386 ☐ | **traditional** [trədíʃənl] | 形 伝統的な |
| 1387 ☐ | **grow** [gróu] | 他 を育てる　自 育つ　grow > grew > grown |

**Key Point**　Holland（ホラント）

オランダ政府は2020年1月に，通称名称であったHollandの使用を廃止した。これにより公式名称であるthe Netherlandsに一本化されることになった。

**Q** オランダはどのくらい小さいのですか。

**A** It only takes 2.5 hours to drive across the whole country by car.
（車で国土を横断しても2時間半しかかかりません。）

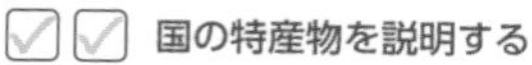

国の特産物を説明する

音声

# 80. I'm interested in your country. (3)

**Q** **Besides farm products what products is the Netherlands known for?**

Yuka: Oh, / I love flowers. // You grow a lot of them in the Netherlands, / right? //

Hans: Yes, / we're widely known for our flowers, / especially tulips. // There's a big tulip festival every year / in our capital city, / Amsterdam. // You can see millions of colorful blooms / all around the city. // But we have many other products as well. // Our cheeses are among the best / in the world. // These days, / more and more farmers are not only growing grapes / but also making very good wines. // We're also known for our technology, / including products / such as computers and other machines. //

|  |  |  |
|---|---|---|
| 1388 | **〜, right?** | 〜ですよね，〜でしょ |
| 1389 | **be known for 〜** | 〜で知られている |
| 1390 | **widely** [wáɪdli] | 副広く；大いに |
| 1391 | **festival** [féstəvl] | 名祭；催し物 |
| 1392 | **every year** | 毎年 |
| 1393 | **capital city** | 首都 |
| 1394 | **millions of 〜** | 何百万もの〜；多数の〜 |
| 1395 | **bloom** [blú:m] | 名（主に，植木鉢や花壇で咲いている観賞用の）花（= flower）　自花が咲く |
| 1396 | **product** [prɑ́:dəkt, -ʌkt] | 名製品，生産物；成果 |
| 1397 | **as well** | 〜もまた，その上〜も（= too） |
| 1398 | **among the best** | （その種類の中で）最も優れている |
| 1399 | **▶ among** [əmʌ́ŋ] | 前〜の間に〔で，の〕　※3つ〔3人〕以上の間。 |



100 200 300 400 500 600 700 800 900 1000 1100 1200

# 80. あなたの国に興味があります(3)

ユカ：まあ，私は花が大好きなの。オランダではたくさん栽培しているんでしょ？

ハンス：そうなんだ，オランダは花，とりわけチューリップで広く知られているよ。オランダの首都のアムステルダムでは毎年，大規模なチューリップのお祭りが開かれるんだ。町中で何百万本もの色とりどりの花を見ることができる。でも，他の製品もまたたくさんあるよ。オランダのチーズは世界最高水準なんだ。最近では，ますます多くの農家の人たちがぶどうを栽培しているだけでなく，とてもおいしいワインも作っているしね。オランダはまた，コンピュータや他の機械といった製品などの，科学技術でも知られているよ。



|  |  |  |
|---|---|---|
| 1400 | **these days** | 最近では，この頃 |
| 1401 | **more and more ～** | ますます多くの～ |
| 1402 | **not only ～ but (also) ...** | ～だけでなく…も |
| 1403 | **grape** [gréɪp] | 名〈通例複数形〉ぶどう |
| 1404 | **wine** [wáɪn] | 名ワイン |
| 1405 | **technology** [teknɑ́:lədʒi] | 名科学技術，テクノロジー |
| 1406 | **such as ～** | ～のような |
| 1407 | **machine** [məʃí:n] | 名機械 |

**Q** 農産物の他に，オランダはどのような製品で知られていますか。

**A** It is also known for its technology, including products such as computers and other machines.（例えばコンピュータや他の機械などの製品を含めて，その技術でも有名です。）

# Quiz
## PART 2 Section 3

空所に当てはまる単語を選びましょう。

【1】

Chris: My grandmother and grandfather are in the background. That's me ( 1 ) under the bench. I was so ( 2 )!

Annie: Haha! You have such a ( 3 ) expression on your face. I hope I will meet your family someday.

Chris: You can! Come with me to our family reunion this summer.

(1) (a) avoiding (b) escaping (c) fixing (d) hiding
(2) (a) impatient (b) precise (c) quick (d) separate
(3) (a) foreign (b) low (c) natural (d) silly

【2】

The Calypso Hotel is set in the heart of town and it has ( 1 ) rooms with seaside views. Forget about ( 2 ) and timetables — ( 3 ), our restaurant menu includes breakfast all day.

(1) (a) attractive (b) elderly (c) medical (d) relaxed
(2) (a) alarm clocks (b) machines (c) refrigerators (d) sections
(3) (a) among the best (b) excellent (c) for your convenience (d) just about

**Answers**

【1】No.72 参照

(1) (d) その他の選択肢：(a) → 77 (b) → 76 (c) → 73 参照
(2) (a) その他の選択肢：(b) → 78 (c) → 76 (d) → 75 参照
(3) (d) その他の選択肢：(a) → 71 (b) → 78 (c) → 77 参照

【2】No.76 参照

(1) (a) その他の選択肢：(b) → 71 (c) → 70 (d) → 77 参照
(2) (a) その他の選択肢：(b) → 80 (c) → 72 (d) → 78 参照
(3) (c) その他の選択肢：(a) → 80 (b) → 77 (d) → 67 参照

【3】

Molly: Yes, it is. The beach is so ( 1 ) and the sea ( 2 ) is so nice. We also enjoyed some ( 3 ) seafood. You should go there.

(1) (a) possible (b) natural (c) surprised (d) Pacific
(2) (a) breeze (b) couch (c) skill (d) receipt
(3) (a) awful (b) east (c) noisy (d) excellent

【4】

As I ( 1 ), most of the land is below sea level, and we are very aware of possible ( 2 ) damage. Fortunately, we have a good system to prevent floods. You can also see traditional windmills and a lot of fields for ( 3 ) vegetables and flowers in the countryside.

(1) (a) earned (b) escaped (c) invited (d) mentioned
(2) (a) bloom (b) flood (c) kingdom (d) scenery
(3) (a) applying (b) avoiding (c) drawing (d) growing



【3】No.77 参照
(1) (b) その他の選択肢：(a) → 79 (c) → 65 (d) → 77 参照
(2) (a) その他の選択肢：(b) → 67 (c) → 66 (d) → 68 参照
(3) (d) その他の選択肢：(a) → 69 (b) → 79 (c) → 69 参照

【4】No.79 参照
(1) (d) その他の選択肢：(a) → 77 (b) → 76 (c) → 65 参照
(2) (b) その他の選択肢：(a) → 80 (c) → 78 (d) → 77 参照
(3) (d) その他の選択肢：(a) → 78 (b) → 77 (c) → 74 参照

## 助動詞 7 should

**Core Meaning**

「…するべきだ」「…したほうがよい」という「義務・助言」の意味で使われる。**must** よりも柔らかい表現で，義務の意味の強さは弱い。語調を和らげたいときは，**probably / maybe**（たぶん，おそらく）や **I think** などを添える。また，「…のはずである」（推量）という意味でも使う。

1）…するべきである，…したほうがいい（**義務・助言**）

Maybe I **should** lose some weight.
（ちょっと体重を落とさないといけないんだけどね。）
You look tired today. You **should** go home earlier.
（今日は疲れているようだね。早めに帰宅したほうがいいよ。）
You **should** try this curry. It's really good.
（このカレー食べたほうがいいよ。すごくおいしいから。）
You **should** probably quit smoking for your health.
（健康のためにおそらくタバコをやめたほうがいいのでは？）
I think you **should** study harder if you want to pass the exam.
（試験に合格したいなら，もっと勉強したほうがいいと思うよ。）

2）…のはずである，たぶん…だろう（**推量**）

That **should** be all right.（それで大丈夫なはずです。）
The restaurant **should** be around here.
（レストランはこのへんにあるはずなんですが。）
She **should** arrive shortly.（彼女はもうすぐ着くはずです。）
It **should** be easy to find a place to stay around Kyoto Station.
（京都駅の周辺なら宿泊するところを見つけるのは簡単でしょう。）
You **should** be able to catch the next train, if you hurry.
（急げばたぶん次の電車に間に合うでしょう。）

### More!

● **should have *done*「…するべきだった（のにしなかった）」と過去のことについて言う。**

I **should have** studied English harder when I was young.
（若いときに，英語をもっと勉強しておけばよかった。）
You **should have** come last night. It was really fun.
（昨晩，来ればよかったのに。とても楽しかったよ。）

## 助動詞 8 must

**Core Meaning**

「主観的に感じている強い義務・必要（…しなくてはならない）」，「断定的推量（当然…のはずである）」。「強い義務」の印象を和らげるために，**You** が主語の場合，**must** の代わりに **have to**（状況を客観視したうえでの「必要性」を伝える）がしばしば使われる。過去の出来事については **had to ...**，未来については **will have to ...** を使う。

1） …しなくてはならない **（強い義務・必要）**

I **must** go now. I have a meeting with the president at three.
（もう行かないと。3時に社長とミーティングがあるんです。）

I **must** hurry to catch the train.（電車に間に合うように急がないと。）

You **must** pay the fee by the end of this month.
（今月末までに料金を支払わないといけません。）

You **must** come and visit me.（〈親しい間柄の人に〉ぜひ遊びに来てね。）

We **must** save more money.（私たちはもっとお金を貯めなくてはならない。）

過去の例：I lost my bike key and **had to** walk home.（自転車の鍵をなくしたので，家まで歩いて帰らなければならなかった。）

未来の例：Our fridge is almost broken. We **will have to** buy a new one.（冷蔵庫が壊れかけている。新しいのを買わないといけないね。）

2） 当然…のはずである，…に違いない **（断定的推量）**

Welcome to Japan. You **must** be tired.
（日本へようこそ。きっとお疲れでしょうね。）

You **must** know the answer since you made the question.
（あなたが問題を作ったんだから，答えを当然知っているはずよね。）

You **must** be kidding!（冗談でしょ〔に決まっている〕！）

It **must** be true.（それは本当に違いない。）

**More!**

● **must have *done***「…したに違いない」**（過去のことについての推量）**

I **must have** left my smartphone at the coffee shop.
（スマホをあのコーヒーショップに忘れてきたに違いない。）

● **must not *do***「…してはならない」**（禁止・警告）**

You **must not** touch the paintings.（絵画には絶対に触れてはいけません。）

2 助動詞

MEMO

# PART 3

 機内のアナウンスを聞く

音声 

# 81. On the Plane

**Q** **What time will the plane arrive in San Francisco?**

1 **Attention**, all **passengers**. **Welcome aboard** UZ Flight 525 from Osaka to San Francisco. Your captain today is John Smith. We will be **in the air** for eight hours and 55 minutes. The plane will arrive at 7:30 **a.m. local time**. Seattle passengers must change planes 5 in San Francisco. For your **safety**, please **remain** seated until the captain turns off the seat belt sign. Thank you for choosing UZ Airlines. Enjoy your flight!

|  |  |  |
|---|---|---|
| 1408 | **attention** [ətέnʃən] | 名〈アナウンスで〉お知らせいたします；注意，注目；配慮 |
| 1409 | **passenger** [pǽsəndʒər] | 名乗客 |
| 1410 | **Welcome aboard.** | ご搭乗，ありがとうございます。 |
| 1411 | **in the air** | （飛行機などの）機上に；空中に |
| 1412 | **a.m.** [éɪém] | 副午前（～時） |
| 1413 | ▶ **p.m.** [píːém] | 副午後（～時） |
| 1414 | **local time** | 現地時間 |
| 1415 | **safety** [séɪfti] | 名安全，無事 |

# 81. 飛行機にて

乗客の皆様にお知らせいたします。大阪発サンフランシスコ行き UZ 航空 525 便にご搭乗いただき，ありがとうございます。本日の機長はジョン・スミスでございます。飛行時間は 8 時間 55 分を予定しております。当機は現地時間の午前 7 時 30 分に到着する予定です。シアトルへ向かうご搭乗者の皆様は，サンフランシスコで飛行機を乗り継いでいただく必要がございます。安全のため，機長がシートベルトのサインを消すまではご着席のままでお願いいたします。UZ 航空をお選びいただきありがとうございます。フライトをお楽しみください。

3 Section 1

| 1416 | **remain** [rɪméɪn, rə-] | 自〈remain＋形容詞・分詞などで〉～のままである；残る　名残り，残り物 |
| --- | --- | --- |

**語句・表現**

*l*.2　We will be in the air for eight hours and 55 minutes. →直訳すると「機上に（空中に）8 時間 55 分いる予定です。」となる。

**Q** 飛行機は何時にサンフランシスコに到着しますか。

**A** It will arrive at 7:30 a.m. at local time.
（現地時間の午前 7 時 30 分に到着します。）

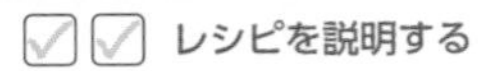

レシピを説明する

音声

## 82. Making Curry and Rice

**Q** **What does the speaker add to the pan at the end?**

1 I'm so happy! Mom asked me to cook lunch today. I'll **be making curry** and rice. I'll follow Mom's **recipe**. First, I'll **cut up** some potatoes, **carrots**, and **onions**. Then, I'll **cut** some meat **into thin pieces**. I'll put **oil** in a **pan** and cook the meat on the **stove**. Then 5 I'll add the vegetables. Next, I'll **pour** some water into the pan and cook the vegetables until they're done. **Finally**, I'll add the curry paste. Please try it if you have the chance!

|  |  |  |
|---|---|---|
| 1417 | **be ...ing** | …するつもりだ；…している |
| 1418 | **curry** [kə́ːri] | 名 カレー料理 |
| 1419 | **recipe** [résəpi] | 名 レシピ |
| 1420 | **cut up ～** | ～を細かく切る，～を切り刻む |
| 1421 | **carrot** [kérət, kǽr-] | 名 にんじん |
| 1422 | **onion** [ʌ́njən] | 名 玉ねぎ |
| 1423 | **cut ～ into ... pieces** | ～を…に切る |
| 1424 | **thin** [θín] | 形 薄い；細い；やせた |

# 82. カレーライスを作る

とってもうれしいです！ ママが私に今日の昼食を作るように頼んだのです。カレーライスを作るつもりです。ママのレシピのとおりにします。まず，じゃがいも，にんじん，玉ねぎを細かく切ります。それから，肉を薄切りにします。鍋に油を入れて，その肉をコンロで調理します。その後，野菜を加えます。次に，鍋に水を注ぎ，野菜に火が通るまで調理します。最後に，カレーペーストを加えます。機会があったら，試してみてくださいね！



| | | |
|---|---|---|
| 1425 ☐ | **oil** [ɔ́ɪl] | 名 油 |
| 1426 ☐ | **pan** [pǽn] | 名 平鍋 |
| 1427 ☐ | **stove** [stóʊv] | 名 〈料理用〉コンロ，〈通常オーブン付き〉レンジ；〈暖房用〉ストーブ　※電気・ガスのストーブは heater と言う。 |
| 1428 ☐ | **pour** [pɔ́ːr] ♪ | 他 (液体など) を注ぐ　自 雨が激しく降る |
| 1429 ☐ | **finally** [fáɪnəli] | 副 最後に |

**Q** 話し手は最後に鍋に何を加えますか。

**A** She adds the curry paste.（カレーペーストを加えます。）

父親の話をする

# 83. A Talk with the Teacher

**Q** **What does Mr. Scott suggest?**

1 Mr. Scott: Your speech **impressed** us very much, Natsuki.

Natsuki: Thanks, Mr. Scott. My father helped me a lot. He knows so much about the **environment**.

Mr. Scott: But you really understand it well, too. Your father must

5 **be** very **proud of** you.

Natsuki: **I hope** he is. I **respect** him very much.

Mr. Scott: **I have an idea.** Let's invite your father to visit the school **sometime**. He can talk about his work.

Natsuki: That's a wonderful idea!

|  |  |  |
|---|---|---|
| 1430 ☐ | **impress** [ɪmprés] | ㊙に感銘を与える;〈impress 人 with ～で〉～で人に感銘を与える |
| 1431 ☐ | **environment** [ɪnváɪərənmənt, en-, ən-, -váɪrən-, -rəmənt] | ㊔環境 |
| 1432 ☐ | **be proud of ～** | ～を誇りに思う |
| 1433 ☐ | **I hope (that ...)** | …ということを願う |
| 1434 ☐ | **respect** [rɪspékt, rə-] | ㊙を尊敬する ㊔尊敬，敬意 |



100 200 300 400 500 600 700 800 900 1000 1100 1200

# 83. 先生との話

スコット先生：あなたのお話はとても印象に残りましたよ，ナツキ。
ナツキ：ありがとうございます，スコット先生。父がずいぶん手伝ってくれました。父は環境についてとてもたくさん知っているのです。
スコット先生：でも，ナツキも環境を本当によく理解しています。お父さんはあなたのことをとても誇りに思っているに違いありませんね。
ナツキ：そうであることを願っています。父をとても尊敬しているんです。
スコット先生：よいことを思いつきました。いつかあなたのお父さんをお招きして，学校に来ていただきましょう。ご自身のお仕事について話していただけるでしょう。
ナツキ：それは素晴らしい考えですね！



| | | |
|---|---|---|
| 1435 ☐ | **I have an idea.** | 私に考えがある。，よいことを思いついた。<br>※いいアイディアを思いついた際に言う。 |
| 1436 ☐ | **sometime** [sʌ́mtàɪm] | 副 いつか |

**Q** スコット先生は何を提案しますか。

**A** He suggests inviting Natsuki's father to visit the school and to talk about his work.（ナツキの父親を学校に呼んで，仕事について話してもらうことを提案します。）

 自転車に乗っていた時の危なかった体験を話す

音声 

## 84. Be careful on your bicycle.

**Q What happened to Ben when he was riding his bicycle yesterday?**

1 Ben is giving a speech in front of his classmates.

I'm always **careful** when I ride my bicycle. I wear a helmet to protect my **head**. I always **look out for** cars, and I use my **bell** often, too. But I **almost** had an **accident** yesterday. I was **on my**
5 **way to** the **post office**. It happened just across the **bridge**. A dog ran out from a grove of trees and crossed the road. I couldn't stop, so I turned off the road. **Luckily**, I went into a field, so I was OK. But I was so **shocked**! Please be careful on your bicycle. It could happen to anybody!

|  |  |  |
|---|---|---|
| 1437 ☐ | **careful** [kéərfl] | (形)気をつけた，慎重な，注意深い |
| 1438 ☐ | **head** [héd] | (名)頭；先頭；〈組織の〉長 |
| 1439 ☐ | **look out for ～** | ～に注意する，～に警戒する |
| 1440 ☐ | **bell** [bél] | (名)ベル，鐘；ベルの音 |
| 1441 ☐ | **almost** [ɔ́ːlmoʊst] | (副)もう少しで；ほとんど |
| 1442 ☐ | **accident** [ǽksədənt] | (名)事故；偶然 |
| 1443 ☐ | **on the 〔*one*'s〕 way to ～** | ～へ行く途中で |
| 1444 ☐ | **post office** | 郵便局 |
| 1445 ☐ | **bridge** [brídʒ] | (名)橋 |

# 84. 自転車に乗るときは気をつけて

ベンはクラスメートの前でスピーチをしています。

自転車に乗るときはいつも気をつけるようにしています。頭を守るためにヘルメットをかぶっています。いつも車に注意して，自転車のベルもよく使います。けれど，昨日もう少しで事故にあってしまうところでした。私は郵便局に行く途中でした。橋を渡ってすぐのところで起きたのです。一匹の犬が木立から走り出てきて，道路を横切りました。私は止まることができずに，道路から外れました。幸運にも畑の中に入ったので，私は大丈夫でした。けれど，とてもショックを受けました！ 自転車に乗っているときは気をつけてください。これは誰にでも起こりうるのです！



| | | |
|---|---|---|
| 1446 ☐ | **luckily** [lʌ́kəli] | [副] 幸運にも，(たまたま) 運よく |
| 1447 ☐ | **shock** [ʃɑ́:k] | [他] に衝撃を与える，をぎょっとさせる |

**語句・表現**

*l*.6 a grove of trees「木立」grove, woods, forest の順に大きくなる。
*l*.7 turn off the road「(その) 道から外れる」

**Q** 昨日ベンが自転車に乗っていたとき，何が起こりましたか。

**A** He nearly had an accident.（彼は危うく事故にあうところでした。）

祝日について説明する

# 85. American Independence Day

**Q** **What is Independence Day like for most Americans?**

**Independence** Day is a very important holiday in **America**. Every July 4th, we celebrate the day in 1776 that America declared itself a free country. Many cities have special **ceremonies** and **parades**, and most families **gather** together for a picnic or barbecue. In my family, we have typical **American** foods, such as **hamburgers**, hot dogs, potato **salad** and **baked beans**. Plus, there's always apple pie with ice cream for dessert. After it gets **dark**, we enjoy **watching fireworks**. My town has a **huge fireworks display** by the river. Independence Day is a really fun day, but it's also a day to think about **freedom** and **pride** in our country.

|  |  |  |
|---|---|---|
| 1448 | **independence** [ìndɪpéndəns] | 名 独立；自立 |
| 1449 | **America** [əmérɪkə, əmérə-] | 名 アメリカ |
| 1450 | **ceremony** [sérəmòʊni] | 名 式典，儀式 |
| 1451 | **parade** [pəréɪd] | 名 行進，パレード |
| 1452 | **gather** [gǽðər] | 自 集まる　他 を集める |
| 1453 | **American** [əmérɪkən] | 形 アメリカ合衆国の；アメリカ大陸の<br>名 アメリカ人 |
| 1454 | **hamburger** [hǽmbə̀ːrgər] | 名 ハンバーガー |
| 1455 | **salad** [sǽləd] | 名 サラダ |
| 1456 | **bake** [béɪk] | 他（パンなど）を焼く |
| 1457 | **bean** [bíːn] | 名 豆 |
| 1458 | **dark** [dɑ́ːrk] | 形 暗い；〈色が〉黒い，濃い　名 暗がり |
| 1459 | **watch** [wɑ́ːtʃ] | 他（多くの場合，動いているもの）をじっと見る<br>自 じっと見る　名 腕時計；見張り |
| 1460 | **firework** [fáɪərwə̀ːrk] | 名〈通例複数形〉花火 |
| 1461 | **huge** [hjúːdʒ] | 形 大規模な，巨大な |

# 85. アメリカ独立記念日

独立記念日はアメリカではきわめて重要な祝日です。毎年7月4日には，1776年にアメリカが自らを自由の国であると宣言したこの日を祝うのです。多くの都市では特別な式典やパレードを開催しますし，大多数の家族はピクニックやバーベキューをしに集まります。私の家族は，例えばハンバーガーやホットドッグ，ポテトサラダ，それにベイクトビーンズなどの，典型的なアメリカの料理を食べます。それに加えて，デザートにはアイスクリームを添えたアップルパイがいつもあります。暗くなったら，私たちは花火を見て楽しみます。私の町は川のそばで大規模な花火大会を行います。独立記念日は本当に楽しい日ですが，私たちの国の自由と誇りについて考える日でもあります。



| | | |
|---|---|---|
| 1462 ☐ | **fireworks display** | 花火大会 |
| 1463 ☐ | ▶ **display** [dɪspléɪ] | 名 (花火の) 打ち上げ；陳列，展示 |
| 1464 ☐ | **freedom** [fríːdəm] | 名 自由；解放 |
| 1465 ☐ | **pride** [práɪd] | 名 誇り；自尊心 |

**語句・表現**

*l*.2 that America declared itself a free country → that 以下は the day in 1776 を説明している。that 節内は declare O（＝人・もの・こと）～「O を～だと宣言する」の構造。

*l*.5 typical「典型的な」

*l*.6 baked beans 白いんげん豆などの豆に塩漬豚肉・調味料などを加え，オーブンで調理したもの。

**Q** ほとんどのアメリカ人にとって，独立記念日とはどういうものですか。

**A** It is not only a fun day but also one to reflect on freedom and pride in their country.（楽しい日であるだけではなく，彼らの国の自由と誇りについてよく考える日でもあります。）

家族について話す

音声 

# 86. My Mother's Arts and Crafts Drawer

**Q** What does the speaker's mother make with cotton balls and string?

❶ My mother is very creative. This is her special **drawer** for her **arts and crafts**. In here, she has **knitting needles** and some **yarn**. Right now she is making me a **wool** sweater. She also has some **thread**, needles, **pins** and **zippers** because she does a lot of sewing, too. There's also **wire** in the drawer. She uses the wire to **hang** her pictures in **frames** on our walls.

❷ Finally, you see lots of **cotton** balls and **string** in the drawer. **Believe it or not**, each year she uses them to make our Christmas decorations for our house. Wait until you see the cute little **snowmen** she makes with them.

|  |  |  |
|---|---|---|
| 1466 | **drawer** [drɔ́ːr] | 名 引き出し；たんす |
| 1467 | **arts and crafts** | 手工芸；美術工芸品 |
| 1468 | **knitting needle** | 編み針，編み棒 |
| 1469 | **yarn** [jáːrn] | 名 毛糸 |
| 1470 | **wool** [wúl] ♪ | 名 毛織物；毛糸 |
| 1471 | **thread** [θréd] | 名 糸，より糸；筋道；(インターネットの)スレッド 他 (針) に糸を通す |
| 1472 | **pin** [pín] | 名 まち針；ピン，バッジ |
| 1473 | **zipper** [zípər] | 名 ファスナー |
| 1474 | **wire** [wáɪər] | 名 針金 |
| 1475 | **hang** [hǽŋ] | 他 〈on ～ で〉(カーテン，服など) を～に掛ける，をつるす 自 〈物が〉掛かる，ぶら下がる |
| 1476 | **frame** [fréɪm] | 名 額縁；枠；骨組み |



100 200 300 400 500 600 700 800 900 1000 1100 1200

# 86. 私の母の手工芸用引き出し

❶ 私の母はとても創造的です。これは母が使っている手工芸のための特別な引き出しです。この中に，編み棒と毛糸が入っています。まさに今，私にウールのセーターを編んでくれています。母は縫い物もよくするので，糸と針，まち針，ファスナーもあります。引き出しの中には針金もあります。額に入れた絵を壁にかけるために使うのです。
❷ 最後に，引き出しの中には綿玉（コットン・ボール）とひもがたくさんあります。信じられないかもしれませんが，毎年，母はわが家のクリスマスの飾りを作るときにこれを使うのです。これを使って母が作る小さなかわいい雪だるまを楽しみにしてください。



| | | |
|---|---|---|
| 1477 ☐ | **cotton** [kɑ́:tn] | ㊔綿；木綿，〈形容詞的に〉木綿の |
| 1478 ☐ | **string** [stríŋ, ʃtríŋ] | ㊔ひも，糸；〈楽器の〉弦；一連 |
| 1479 ☐ | **believe it or not** | 信じようが信じまいが |
| 1480 ☐ | **snowman** [snóumæ̀n] | ㊔雪だるま 《複》snowmen |

**語句・表現**

*l*.9 Wait until ...「…まで待って。」が直訳。「…を楽しみに待っていて。」という意味合いで用いられる。

*l*.9 the cute little snowmen she makes with them → snowmen の説明が付け加えられている。them は lots of cotton balls and string を指す。

**Q** 話し手のお母さんは，綿玉とひもで何を作りますか。

**A** She makes little snowmen.（彼女は小さな雪だるまを作ります。）

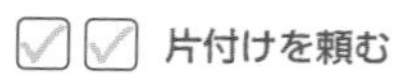

片付けを頼む　音声

## 87. Request for Cleaning Up the Kitchen

**Q** **What will the mother do tonight?**

1 Mother: Can you **clean up** the kitchen while I'm gone? I have to **take** Katie **to** the **dentist**'s.
Ben: Sure. Do you have any **sponges**? I'll also need a **broom** and a **dustpan**.
5 Mother: You can find them in the **garage**.
Ben: OK. I'll go and get them.
Mother: Thanks.
(Two hours later)
Mother: Wow, everything is so clean. You **did a good job**.
10 Ben: No problem. By the way, we are **out of cleanser**.
Mother: OK. I will buy some. Why don't I cook you something special for dinner tonight?

|  |  |  |
|---|---|---|
| 1481 | **clean up 〜** | 〜を片付ける〔きれいにする〕 |
| 1482 | **take A to B** | AをBに連れて行く |
| 1483 | **dentist** [déntəst] | 名歯医者　go to the dentist's〔dentist〕（歯医者に行く） |
| 1484 | **sponge** [spʌ́ndʒ] | 名スポンジ |
| 1485 | **broom** [brú:m] | 名ほうき　他を（ほうきで）掃く |
| 1486 | **dustpan** [dʌ́stpæ̀n] | 名ちりとり |
| 1487 | **garage** [gərá:dʒ] | 名ガレージ，車庫 |
| 1488 | **do a good job** | よくやる，うまくやる |
| 1489 | **out of 〜** | 〜がなくなって，〜を切らしていて |

# 87. 台所の片付けの依頼

母親：私が出かけている間に台所を片付けてくれない？ ケイティを歯医者に連れて行かないといけないの。
ベン：いいよ。スポンジはある？ ほうきとちりとりも必要だね。
母親：ガレージの中にあるわ。
ベン：わかった。取ってくるよ。
母親：ありがとう。
（2 時間後）
母親：わあ，みんなすごくきれいね。よく頑張ったわね。
ベン：どういたしまして。ところで，クレンザーがなくなっているよ。
母親：わかった，買うわ。今夜は何か特別な夕食を作りましょうか。



1490 **cleanser** [klénzər] ㊔クレンザー；メイク落とし

**語句・表現**

l.1 while I'm gone「私が出かけている間〔留守中〕に」Be good while I'm gone.（出かけている間，お利口にしていてね。）
l.11 Why don't I ...?「…しましょうか。」
l.11 something special「何か特別なもの」

**Q** 母親は今夜，何をしますか。

**A** She will cook her son something special for dinner.
（彼女は息子に何か特別なものを夕食に作ります。）

好きな音楽について話す

音声

# 88. What kind of music do you like?

**Q** **What kind of music does Gina like?**

1 Gina: What kind of music do you like?
Jim: I think **rock music** is the best **in the world**. How about you?
Gina: In the morning I like to listen to **classical music**. I love the sound of **violins**. At night, I often listen to **jazz**.
5 Jim: Do you play any **instruments**?
Gina: Yes, I play **drums** and the **piano**. How about you?
Jim: I played the **trumpet** when I was in high school. In college, I **took up** the electric guitar.
Gina: Oh, we'll have to **get together** and play music sometime.
10 Jim: That should be fun.

|  |  |  |
|---|---|---|
| 1491 | **rock music** | ロック・ミュージック |
| 1492 | **in the world** | 世界で |
| 1493 | **classical music** | クラシック音楽 |
| 1494 | **violin** [vàɪəlín] | ㊔バイオリン |
| 1495 | **jazz** [dʒǽz] | ㊔ジャズ |
| 1496 | **instrument** [ínstrəmənt] | ㊔楽器；道具 |
| 1497 | **drum** [drʌ́m] | ㊔ドラム，太鼓 |



100 200 300 400 500 600 700 800 900 1000 1100 1200

# 88. どんな音楽が好きですか

ジーナ：どんな音楽が好き？
ジム：僕は，ロックが世界で一番だと思っているんだ。君は？
ジーナ：私は朝はクラシック音楽を聞くのが好きなの。バイオリンの音が好きなのよ。夜はよくジャズを聞くわ。
ジム：君は何か楽器を演奏するの？
ジーナ：ええ，ドラムやピアノを演奏するわよ。あなたは？
ジム：高校のとき，トランペットを吹いていたよ。大学ではエレキギターを始めたんだ。
ジーナ：いつか集まって音楽をやらなきゃね。
ジム：きっとおもしろいだろうね。



| | | |
|---|---|---|
| 1498 ☐ | **piano** [piǽnoʊ] | 名 ピアノ |
| 1499 ☐ | **trumpet** [trʌ́mpət] | 名 トランペット |
| 1500 ☐ | **take up ～** | （新たに）～を始める；～を取り上げる |
| 1501 ☐ | **get together** | 集まる，会う |

**Q** ジーナはどんな音楽が好きですか。

**A** She likes classical music and jazz.
（彼女はクラシック音楽とジャズが好きです。）

☑☑ 虫嫌いであることを伝える

音声 

## 89. I Don't Like Weird Creatures

**Q** **What does Jane ask Bill to do?**

1 Jane: Yikes! Bill, come help me. There's a big, **ugly** cockroach in here. I want you to **get rid of** it for me.

Bill: OK. Relax, it's just a **bug**. I'll get it. (He **captures** it and **tosses** it outside.)

5 Jane: Thanks. There are lots of **insects** and other **weird creatures** that make me feel **uneasy**. I'm **scared** of **spiders** and **snakes** because I know that some are **poisonous**. Also, I think **snails** and **worms** are disgusting. I don't **ever** want to **touch** them. They look slimy and icky. And mosquitoes can

10 be very **annoying**. They even try to **bite** us.

Bill: Oh Jane, they are all just **living** creatures that we share the world with.

| | | |
|---|---|---|
| 1502 ☐ | **ugly** [ʌ́gli] | ㊆醜い，見苦しい；不快な |
| 1503 ☐ | **get rid of ～** | ～を追い払う；～を取り除く |
| 1504 ☐ | **bug** [bʌ́g] | ㊔虫，昆虫；（機械などの）欠陥 |
| 1505 ☐ | **capture** [kǽptʃər] | ㊀をとらえる；を引き付ける　㊔捕獲 |
| 1506 ☐ | **toss** [tɔ́(:)s, tɑ́:s] | ㊀をぽんと放る，を軽く投げる |
| 1507 ☐ | **insect** [ínsekt] | ㊔昆虫；虫 |
| 1508 ☐ | **weird** [wíərd] | ㊆気味が悪い，異様な；奇妙な |
| 1509 ☐ | **creature** [krí:tʃər] | ㊔生物，動物 |
| 1510 ☐ | **uneasy** [ʌní:zi] | ㊆不安な；落ち着かない |
| 1511 ☐ | **scared** [skéərd] | ㊆怖がっている，おびえた |
| 1512 ☐ | **spider** [spáɪdər] | ㊔クモ |
| 1513 ☐ | **snake** [snéɪk] | ㊔ヘビ |
| 1514 ☐ | **poisonous** [pɔ́ɪznəs] | ㊆有毒な；有害な |

# 89. 私は変な生き物が好きではありません

ジェーン：うわあ！ ビル，助けに来て。大きくて醜いゴキブリがこの部屋の中にいるの。追い払ってちょうだい。

ビル：わかったよ。落ち着いて，ただの虫だから。僕が捕まえるよ。（彼はゴキブリを捕まえて外に放る。）

ジェーン：ありがとう。私を不安な気持ちにさせる，昆虫とか他にも不気味な生き物がたくさんいるの。クモやヘビは怖いわ。だって毒を持っているのもいるって知っているから。それに，カタツムリやミミズみたいな虫はとても気持ち悪いと思う。そういうのは絶対に触りたくないわ。ぬるぬるしてべとべとしてそうよ。おまけに蚊はすごくうっとうしいし。刺そうとさえするんだから。

ビル：やれやれ，ジェーン，彼らはみんな，この世界で共存する，ただ生きているだけの生き物なんだよ。



| | | |
|---|---|---|
| 1515 ☐ | **snail** [snéɪl] | 名 カタツムリ |
| 1516 ☐ | **worm** [wə́ːrm] ♪ | 名〈ミミズなど〉細長く足のない虫 |
| 1517 ☐ | **ever** [évər] | 副〈否定文で〉絶対に…ない；〈疑問文で〉今までに；〈条件節で〉いつか |
| 1518 ☐ | **touch** [tʌ́tʃ] | 他 に触れる，に触る；を感動させる<br>自 触れる　名 触れること；感触 |
| 1519 ☐ | **annoying** [ənɔ́ɪɪŋ] | 形 うっとうしい，いら立たせる |
| 1520 ☐ | **bite** [báɪt] | 他〈虫などが〉を刺す；にかみつく<br>自 かみつく　bite > bit > bitten〔bit〕 |
| 1521 ☐ | **living** [lívɪŋ] | 形 生きている；現存の　名 生計；生活 |

**Q** ジェーンはビルに何をするように頼みますか。

**A** She asks him to get rid of the cockroach.
（彼女は彼にゴキブリを追い払うように頼みます。）

☑☑ 旅行の準備をする

音声

# 90. Family Camping Trip

**Q What does Jody want to do around the campfire?**

1 A **teenage** brother and his sister are **preparing** for a family trip.

Luke: Jody, we're leaving **early** tomorrow. Mom and Dad have already started **packing** the car. Dad put the **tents**, **sleeping bags**, and pillows in. Have you got your **stuff** together?

5 Jody: Not **completely**. But I have my **backpack** filled with my **clothes** and **walking shoes**. I also have a **kit** with soap, my toothbrush, hairbrush, and **make-up**.

Luke: Say, the **campground** office **sells** many essential items.

Jody: Uh-huh. Oh, I also need my **swimsuit**. I love swimming in

10 the lake. Remember how much fun we had there last year?

Luke: I sure do. Mom says she **reserved** the **same campsite** that we had before.

Jody: Great! I hope she remembers the **marshmallows** so we can **roast** them around the **campfire**.

|  |  |  |
|---|---|---|
| 1522 ☐ | **teenage** [tíːnèɪdʒ] | 形 10代の |
| 1523 ☐ | **prepare** [prɪpéər, prə-] | 自 〈prepare for ～で〉～の準備を整える<br>他 の準備をする |
| 1524 ☐ | **early** [ə́ːrli] | 副 早く　形 初期の；早い |
| 1525 ☐ | **pack** [pǽk] | 他 に荷物を詰め込む；を荷造りする<br>自 荷造りする |
| 1526 ☐ | **tent** [tént] | 名 テント |
| 1527 ☐ | **sleeping bag** | 寝袋 |
| 1528 ☐ | **stuff** [stʌ́f] | 名 〈漠然と〉物；持ち物；材料，物質<br>他 を詰める |
| 1529 ☐ | **completely** [kəmplíːtli] | 副 完全に，すっかり |
| 1530 ☐ | **backpack** [bǽkpæ̀k] | 名 リュックサック，バックパック |

# 90. 家族のキャンプ旅行

10 代の兄と妹が家族旅行の準備をしています。

ルーク：ジョディ，僕たちは明日早く出発するよ。ママとパパはもう車に荷物を詰め始めているんだ。パパはテントと寝袋，それに枕を入れたし。自分の持ち物はまとめてあるの？

ジョディ：完全にというわけじゃないわ。でも，リュックサックに服とウォーキングシューズは詰め込んでいるよ。他にも石けんでしょ，歯ブラシでしょ，ヘアブラシに化粧品の一式もあるわ。

ルーク：ちょっとさ，キャンプ場の事務所で絶対必要な品物はたくさん売っているんだよ。

ジョディ：うんうん。あ，水着も必要だわ。湖で泳ぐのが大好き。去年，あそこでどれだけ楽しかったか，覚えている？

ルーク：もちろん覚えているさ。ママが言うには，僕たちが前に行った同じキャンプ場を予約したって。

ジョディ：よかった！ ママがマシュマロのことを覚えているといいな，私たちがキャンプファイアーの周りで焼くことができるように。



|  |  |  |
|---|---|---|
| 1531 ☐ | **clothes** [klóuz, klóuðz] | 名 衣服；衣類 |
| 1532 ☐ | **walking shoes** | ウォーキングシューズ |
| 1533 ☐ | ▶ **walking** [wɔ́:kɪŋ] | 形 歩行用の；歩いて行ける<br>名 散歩，歩行 |
| 1534 ☐ | ▶ **shoes** [ʃú:z] | 名 〈通例複数形〉靴 |
| 1535 ☐ | **kit** [kít] | 名 道具一式 |
| 1536 ☐ | **make-up** [méɪkʌ̀p] | 名 化粧品，化粧 |
| 1537 ☐ | **campground** [kǽmpgràund] | 名 キャンプ場 |
| 1538 ☐ | ▶ **camp** [kǽmp] | 名 キャンプ　自 キャンプする<br>go camping（キャンプに行く） |
| 1539 ☐ | ▶ **ground** [gráund] | 名 ～場；地面；運動場 |
| 1540 ☐ | **sell** [sél] | 他 を売る　自 売れる　**sell** > sold > sold |

|  |  |  |
|---|---|---|
| 1541 | **swimsuit** [swímsùːt] | 名 水着 |
| 1542 | **reserve** [rɪzə́ːrv, rə-] | 他 を予約する；をとっておく 名 蓄え |
| 1543 | **same** [séɪm] | 形 同じ 名 同じもの〔人〕 |
| 1544 | **campsite** [kǽmpsàɪt] | 名 キャンプ場 |
| 1545 | **marshmallow** [mɑ́ːrʃmèloʊ, -mæ̀loʊ] | 名 マシュマロ |
| 1546 | **roast** [róʊst] | 他（直火やオーブンで）を焼く，をあぶる 自 焼ける 名 ロースト用の肉；焼くこと |
| 1547 | **campfire** [kǽmpfàɪər] | 名 キャンプファイアー |

**語句・表現**

*l.*5　I have my backpack filled with ～「私はリュックサックに～を詰める」'have＋目的語＋過去分詞' で，「目的語を～（過去分詞）の状態にする」という意味。直訳すると「私はリュックサックを～でいっぱいにする」となる。

*l.*8　essencial「必要不可欠な」

*l.*13　so we can roast them「私たちがそれら（＝マシュマロ）を焼くことができるように」so (that)＋主語＋can ... で，「主語が…することができるように」という意味。口語では so that の that が省略されることが多い。

**Q** ジョディはキャンプファイアーの周りで何をしたいのですか。

**A** She wants to roast marshmallows.（彼女はマシュマロを焼きたがっています。）

MEMO

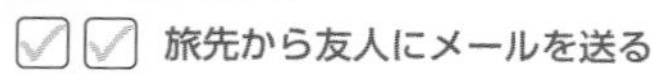
旅先から友人にメールを送る

# 91. Email Message from Honolulu

**Q** **What does Jane want Gina to do next year?**

1 Hi Gina,

**Greetings** from **paradise**! It's **awesome** here. After my **arrival**, I **checked in** to a lovely **resort** hotel in Waikiki. I've been "**on the go**" almost every day. On my first day, I took a hula dancing
5 **lesson**. It was fun! In the evenings, I usually walk along the beach. The **amazing sunsets** here have such **vivid** colors! Yesterday I took a **glass-bottom boat cruise**. It gave me a **close-up** view of some **unique tropical** fish. And today I **got together with** some friends who live here. We spent the day surfing. It was a **terrific**
10 experience. Next year, come and join us. You'd love it here.

Take care,
Jane

|  |  |  |
|---|---|---|
| 1548 ☐ | **greeting** [gríːtɪŋ] | 名〈複数形〉(手紙などのあいさつの) こんにちは；あいさつ |
| 1549 ☐ | **paradise** [pérədàɪs, pǽr-] | 名楽園；天国 |
| 1550 ☐ | **awesome** [ɔ́ːsəm] | 形すごい，素晴らしい；恐ろしい |
| 1551 ☐ | **arrival** [əráɪvl] | 名到着；到達 |
| 1552 ☐ | **check in** | チェックインする；宿泊〔搭乗〕手続きをする；チェックイン (= check-in) |
| 1553 ☐ | **resort** [rɪzɔ́ːrt] | 名行楽地，リゾート地 |
| 1554 ☐ | **on the go** | 活動的にあちこち動き回る；お休みなし |
| 1555 ☐ | **lesson** [lésn] | 名授業，けいこ |
| 1556 ☐ | **amazing** [əméɪzɪŋ] | 形素晴らしい，すごい |
| 1557 ☐ | **sunset** [sʌ́nsèt] | 名夕日，入り日 |
| 1558 ☐ | **vivid** [vívɪd] | 形鮮やかな；はつらつとした |

# 91. ホノルルからの電子メールのメッセージ

こんにちは ジーナ

楽園からこんにちは！ ここはすごいわよ。到着後に，ワイキキにある美しいリゾートホテルにチェックインしたの。ほとんど毎日ずっと「活動的にあちこち動き回っている」のよ。初日には，フラダンスのレッスンを受けたの。楽しかったわ！ 夕方には，たいてい海岸沿いを歩くのよ。ここの素晴らしい夕日は，すごく鮮やかな色をしているの。昨日は，ガラス底ボートのクルーズに参加したの。大写しの珍しい熱帯魚を見ることができたの。そして今日は，ここに住んでいる何人かの友人たちと集まったのよ。私たちはその日1日サーフィンをして過ごしたわ。すてきな経験だった。来年はぜひ私たちに加わってね。あなたはここがとても気に入るはずよ。

元気でね
ジェーン



|  |  |  |
|---|---|---|
| 1559 ☐ | **glass-bottom boat** | ガラス底ボート |
| 1560 ☐ | ▶ **bottom** [bá:təm] | 名 底，下の部分，ふもと |
| 1561 ☐ | **cruise** [krú:z] | 名 クルーズ　自 船旅をする |
| 1562 ☐ | **close-up** [klóusʌ̀p] ♪ | 名 大写し；クローズアップ |
| 1563 ☐ | **unique** [ju(:)ní:k] | 形 珍しい；独特な；唯一の |
| 1564 ☐ | **tropical** [trá:pɪkl] | 形 熱帯の；熱帯的な |
| 1565 ☐ | **get together with ～** | ～と集まる |
| 1566 ☐ | **terrific** [tərífɪk] | 形《口語》すてきな，すごい；ものすごい |

**Q** ジェーンはジーナに来年は何をしてほしいと思っていますか。

**A** She wants Gina to come to Honolulu next year.
（彼女はジーナに来年ホノルルに来てほしいと思っています。）

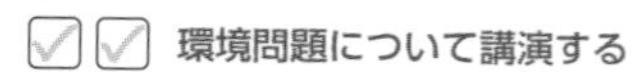

環境問題について講演する

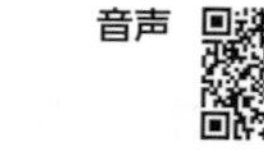

音声

## 92. Speech about Protecting the Environment

**Q What three environmental dangers did the speaker talk about?**

1 Hello, everyone. **You know**, the **earth** is our home. We need to **protect** our home so that our children and future **generations** will be able to live on it **safely**. Yet, the earth faces many **environmental dangers** now. Some of these include:

5 Air **Pollution** About 90% of human beings on the earth breathe air with a **high level** of **pollutants**. We must **reduce** this. Doing so could **prevent** millions of deaths each year.

**Destruction** of **Forests** Trees make our air clean and **improve** our water quality. But so many trees have been **destroyed**. Let's
10 **plant** more trees.

Too Much **Waste** The **garbage** we produce is increasing. Always remember to reduce, **reuse**, and **recycle**.

Please join me in protecting the earth we live on. Thank you!

|  |  |  |
|---|---|---|
| 1567 | **you know** | ご存じのとおり；あの一，ほら |
| 1568 | **earth** [ə́ːrθ] | 名〈the earth で〉地球；大地；土 |
| 1569 | **protect** | 他を守る，を保護する |
| 1570 | **generation** [dʒènəréɪʃən] | 名世代；同時代の人々 |
| 1571 | **safely** [séɪfli] | 副安全に |
| 1572 | **environmental** [ɪnvàɪərnméntl, en-, ən-, -vàɪrən] | 形（自然）環境の，環境保護の |
| 1573 | **danger** [déɪndʒər] ♪ | 名危険 |
| 1574 | **pollution** [pəlúːʃən] | 名汚染 |
| 1575 | **high** [háɪ] | 形〈程度・価格などが〉高い；高い（所にある）；高さが～の 副高く |

# 92. 環境保護についての講演

こんにちは，みなさん。ご存じのとおり，地球は私たちの家です。子供たちやこれからの世代が安全に暮らすことができるように，私たちは家を守る必要があります。しかし，地球は今，多くの環境危機に直面しています。それらのうちのいくつかは次のとおりです。

大気汚染　地球上のおよそ90パーセントの人間は，高水準の汚染物質を含む空気を吸っています。私たちはこれを減らさなければなりません。そうすることで，毎年何百万人もの死を防ぎ得るのです。

森林の破壊　木々は空気をきれいにし，また水質を改善してくれます。ところが非常にたくさんの木々がだめにされています。もっと木を植えましょう。

過剰な廃棄物　私たちが出すゴミは増加しています。減らすこと，再利用すること，そして再生利用することを，いつも忘れないようにしましょう。

私と一緒に，私たちが住んでいる地球を守ってください。ありがとうございました！

| | | |
|---|---|---|
| 1576 ☐ | **level** [lévl] | 名 水準，レベル |
| 1577 ☐ | **pollutant** [pəlúːtənt] | 名 汚染物質 |
| 1578 ☐ | **reduce** [rɪd(j)úːs, rə-] | 他 を減らす　自 減る |
| 1579 ☐ | **prevent** [prɪvént, prə-] | 他（事故・病気など）を防ぐ；（人・ことが…すること）を妨げる |
| 1580 ☐ | **destruction** [dɪstrʌ́kʃən, də-] | 名 破壊 |
| 1581 ☐ | **forest** [fɔ́ːrəst] | 名 森林 |
| 1582 ☐ | **improve** [ɪmprúːv] | 他 を改善する，を改良する　自 よくなる |
| 1583 ☐ | **destroy** [dɪstrɔ́ɪ, də-] | 他 を台無しにする，を損なう，を破壊する |
| 1584 ☐ | **plant** [plǽnt] | 他 を植える　名 植物 |

3 Section 1

1300 1400 1500 1600 1700 1800 1900 2000 2100 2200 2300 2400

| | | |
|---|---|---|
| 1585 | **waste** [wéɪst] | 名廃棄物；無駄，浪費　他を浪費する |
| 1586 | **garbage** [gɑ́ːrbɪdʒ] | 名ゴミ，がらくた |
| 1587 | **reuse** [rìːjúːz] ♪ | 他を再利用する |
| 1588 | **recycle** [rɪsáɪkl] | 他を再生利用する，をリサイクルする |

**Key Point**　「高い」を表す high と tall の違い

high は地上から「高い」こと，一番上の部分や物自体が「高い」位置にあることを表す（反意語は low)。山には high を使う。一方，tall は横幅に比べて縦に細長く「高い」ことを表す（反意語は short)。人の身長や建物には tall を使う。

**語句・表現**

*l*.3　yet「しかし，それにもかかわらず」but よりも対比や意外性のニュアンスが強い。

*l*.6　Doing so could prevent ～「～を防ぎ得るのです」could は可能性を表す。助動詞コラム② could を参照。

**Q**　話し手はどのような3つの環境危機について話しましたか。

**A**　The speaker talked about air pollution, destruction of forests, and too much waste.（話し手は，大気汚染，森林の破壊，そして過剰な廃棄物について話しました。）

*MEMO*

☑☑ 質疑応答をする　　音声

# 93. Q and A Session After the Speech

**Q According to the speaker, what should we know about recycling?**

1 Jane: What can we do to reduce air pollution?
Speaker: Well, cars are a major source of air pollution. We need to minimize the number of cars on the road. So, use more public transportation or ride a bicycle instead. Another
5 problem is the overuse of plastic. Did you know that plastic releases long-lasting pollutants into our air? So, bring your own shopping bag, stop buying bottled water, and say “no” to straws.
Henry: Would you explain “recycle” a little more?
10 Speaker: OK. When something is recycled at a recycling center, it is changed into a new form that can be put to diverse uses. It's important to check the specific rules your city has. You should know which items can be recycled.

|  |  |  |
|---|---|---|
| 1589 ☐ | **session** [séʃən] | 名セッション；(イベントなどの) 活動 |
| 1590 ☐ | **major** [méɪdʒər] | 形主要な；大きいほうの |
| 1591 ☐ | **number** [nʌ́mbər] | 名数，数字；番号　他に番号をつける |
| 1592 ☐ | **road** [róʊd] | 名道路 |
| 1593 ☐ | **transportation** [trænspərtéɪʃən] | 名交通機関；輸送 |
| 1594 ☐ | **overuse** [óʊvərjúːs] | 名過度の使用 |
| 1595 ☐ | **release** [rɪlíːs, rə-] | 他を放出する；を解放する；を初公開する<br>名解放；公開 |
| 1596 ☐ | **long-lasting** [lɔ́(ː)ŋlǽstɪŋ] | 形長く続く，長持ちする |
| 1597 ☐ | **own** [óʊn] | 形自分自身の；独自の　他を所有する |
| 1598 ☐ | **straw** [strɔ́ː, ʃtrɔ́ː] | 名ストロー；(麦) わら |
| 1599 ☐ | **explain** [ɪkspléɪn, eks-. əks-] | 他を説明する　自説明する，弁明する |

# 93. 講演後の質疑応答セッション

ジェーン：大気汚染を減らすために，私たちは何ができますか。
話し手：そうですね，自動車は大気汚染の主な原因です。私たちは道路を走る自動車の数を最小限にする必要があります。ですから，代わりに，もっと公共交通機関を利用したり，自転車に乗ったりしましょう。別の問題は，プラスチックの過度の使用です。みなさんは，プラスチックが長期間残存する汚染物質を大気中に放出することを知っていましたか。だから，自分の買い物袋を持参し，容器に入った飲料水を買うのをやめ，そしてストローは「いりません」と言いましょう。
ヘンリー：もう少し「再生利用」のことを説明していただけますか。
話し手：わかりました。リサイクルセンターで何かが再生利用されると，それは多様な使われ方ができる新しい形に変えられます。みなさんの町の特定の規則を確認することが大事です。どの品目が再生利用可能なのか，知っておくべきです。



|  |  |  |
|---|---|---|
| 1600 ☐ | **recycling center** | リサイクルセンター |
| 1601 ☐ | **specific** [spəsífɪk] | 形 特定の；明確な　名〈specifics で〉詳細 |
| 1602 ☐ | **rule** [rúːl] | 名 規則；公式　他 を支配する　自 支配する |
| 1603 ☐ | **item** [áɪtəm] | 名 品目，項目 |

**語句・表現**

*l.*3　minimize「～を最小限にする」
*l.*11　be put to diverse uses「多様な使われ方がされる」put ～ to diverse use（～を多様に利用する）の受動態の文。

**Q** 講演者によると，私たちはリサイクルについて何を知るべきですか。

**A** We should know which items can be recycled in our city.
（自分たちが住む町では何がリサイクルできるのか知っておくべきです。）

# Quiz
## PART 3　Section 1

空所に当てはまる単語を選びましょう。

【1】

I'm always ( 1 ) when I ride my bicycle. I wear a helmet to protect my head. I always ( 2 ) cars, and I use my bell often, too. But I almost had ( 3 ) yesterday. I was on my way to the post office. It happened just across the bridge.

(1) (a) careful　(b) huge　(c) thin　(d) unique
(2) (a) clean up　(b) cut up　(c) do a good job　(d) look out for
(3) (a) a frame　(b) a kit　(c) an accident　(d) an item

【2】

( 1 ) Day is a very important holiday in America. Every July 4th, we celebrate the day in 1776 that America declared itself a free country. Many cities have special ceremonies and ( 2 ), and most families ( 3 ) together for a picnic or barbecue.

(1) (a) Attention　(b) Environment　(c) Independence　(d) Instrument
(2) (a) creature　(b) forest　(c) parade　(d) sunset
(3) (a) explain　(b) gather　(c) hang　(d) pack

**Answers**

【1】No.84 参照

(1) (a) その他の選択肢：(b) → 85　(c) → 82　(d) → 91 参照
(2) (d) その他の選択肢：(a) → 87　(b) → 82　(c) → 87 参照
(3) (c) その他の選択肢：(a) → 86　(b) → 90　(d) → 93 参照

【2】No.85 参照

(1) (c) その他の選択肢：(a) → 81　(b) → 83　(d) → 88 参照
(2) (c) その他の選択肢：(a) → 89　(b) → 92　(d) → 91 参照
(3) (b) その他の選択肢：(a) → 93　(c) → 86　(d) → 90 参照

【3】

A teenage brother and his sister are ( 1 ) for a family trip.

Luke : Jody, we're leaving early tomorrow. Mom and Dad have already started packing the car. Dad put the tents, sleeping bags, and pillows in. Have you got your ( 2 ) together?

Jody : Not completely. But I have my backpack filled with my clothes and walking shoes. I also have a ( 3 ) with soap, my toothbrush, hairbrush, and make-up.

(1) (a) hanging (b) preparing (c) remaining (d) respecting
(2) (a) safety (b) sponge (c) string (d) stuff
(3) (a) cruise (b) display (c) kit (d) recipe

【4】

Jane : What can we do to reduce air pollution?

Speaker : Well, cars are a ( 1 ) source of air pollution. We need to minimize the number of cars on the road. So, use more public ( 2 ) or ride a bicycle instead. Another problem is the overuse of plastic. Did you know that plastic ( 3 ) long-lasting pollutants into our air? So, bring your own shopping bag, stop buying bottled water, and say "no" to straws.

(1) (a) high (b) major (c) vivid (d) weird
(2) (a) bottom (b) drawer (c) transportation (d) waste
(3) (a) prevents (b) releases (c) reserves (d) touches

---

【3】No.90 参照

(1) (b) その他の選択肢：(a) → 86 (c) → 81 (d) → 83 参照
(2) (d) その他の選択肢：(a) → 81 (b) → 87 (c) → 86 参照
(3) (c) その他の選択肢：(a) → 91 (b) → 85 (d) → 82 参照

【4】No.93 参照

(1) (b) その他の選択肢：(a) → 92 (c) → 91 (d) → 89 参照
(2) (c) その他の選択肢：(a) → 91 (b) → 86 (d) → 92 参照
(3) (b) その他の選択肢：(a) → 92 (c) → 90 (d) → 89 参照

# Picture Dictionary ❶ Bugs —— 虫

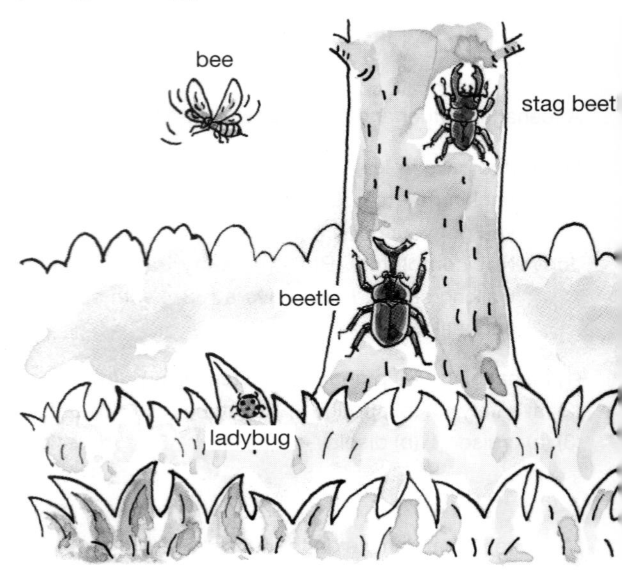


●昆虫

| | | |
|---|---|---|
| 1604 ☐ | **ant** [ǽnt] | アリ |
| 1605 ☐ | **bee** [bíː] | ハチ，ミツバチ |
| 1606 ☐ | **beetle** [bíːtl] | カブトムシ；〈カブトムシなどの〉甲虫類 |
| | **butterfly** [bʌ́tərflài] | 蝶(ちょう) |
| 1607 ☐ | **cicada** [səkéɪdə, saɪ-] | セミ |
| 1608 ☐ | **cockroach** [kɑ́ːkroʊtʃ] | ゴキブリ |
| 1609 ☐ | **cricket** [kríkət] | コオロギ |
| 1610 ☐ | **dragonfly** [drǽgənflài] | トンボ |
| 1611 ☐ | **firefly** [fáɪərflài] | 蛍(ほたる) |
| | **fly** [fláɪ] | ハエ |
| 1612 ☐ | **grasshopper** [grǽshɑ̀ːpər] | バッタ；イナゴ　※時に大群で移動し農作物に被害を与える場合は locust。 |
| 1613 ☐ | **ladybug** [léɪdibʌ̀g] | てんとう虫 |

音声

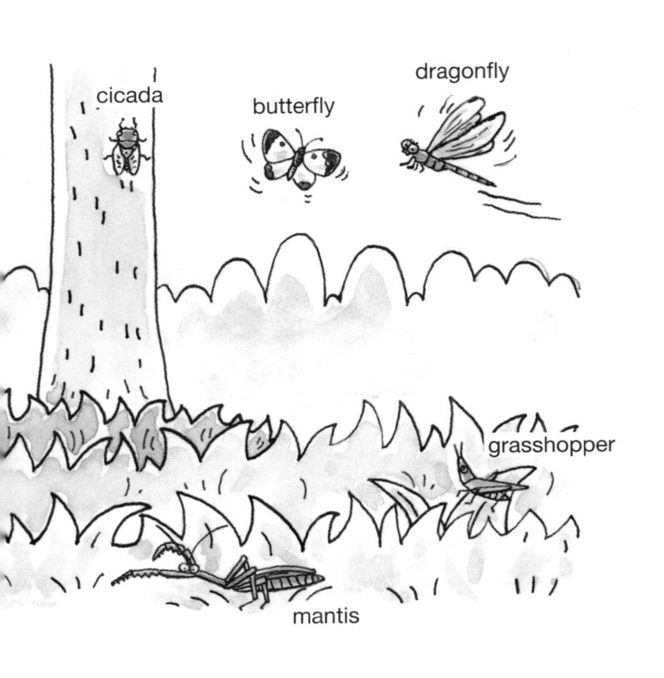


|  |  |  |
|---|---|---|
| 1614 | **mantis** [mǽntɪs] | カマキリ |
| 1615 | **mosquito** [məskíːtoʊ] | 蚊 |
| 1616 | **moth** [mɔ́(ː)θ] | 蛾 |
| 1617 | **scarab beetle** | コガネムシ |
| 1618 | **stag beetle** | クワガタ |
| 1619 | **stink bug** | カメムシ |

●昆虫以外の虫

|  |  |  |
|---|---|---|
| 1620 | **caterpillar** [kǽtərpɪ̀lər, kǽtə-] | イモムシ |
| 1621 | **centipede** [séntəpìːd] | ムカデ類 |
| 1622 | **earthworm** [ə́ːrθwə̀ːrm] | ミミズ |
| 1623 | **flea** [flíː] | ノミ |
| 1624 | **pill bug** ／ 1625 **roly-poly** [ròʊlipóʊli] | ダンゴムシ |
| | **spider** [spáɪdər] | クモ |

3 Picture Dictionary

1300 1400 1500 1600 1700 1800 1900 2000 2100 2200 2300 2400

## Picture Dictionary ❷ Botanical Garden —— 植物園

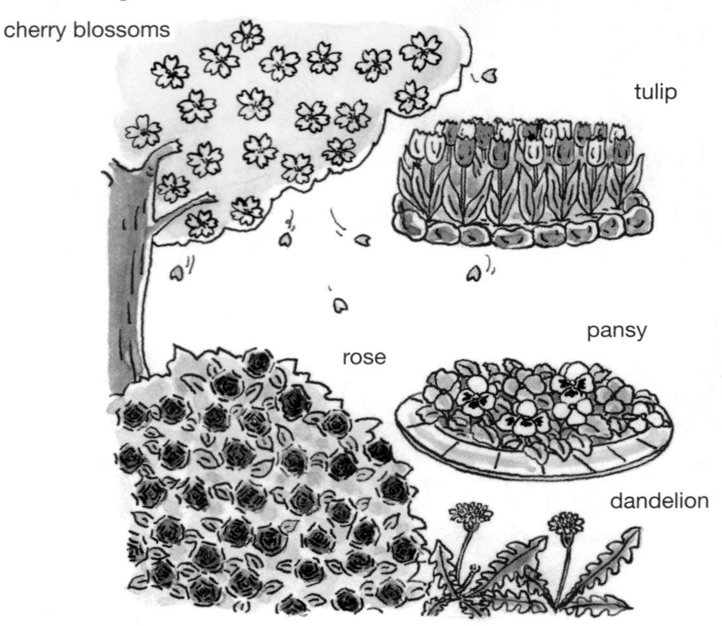


|  |  |  |
|---|---|---|
| 1626 ☐ | **annual baby's breath** | かすみそう |
| 1627 ☐ | **azalea** [əzéɪljə] | つつじ |
| 1628 ☐ | **carnation** [kɑːrnéɪʃən] | カーネーション |
| 1629 ☐ | **cherry (blossoms)** | 桜（の花） ※**blossom** は主に果樹の花。 |
| 1630 ☐ | **chrysanthemum** [krəsǽnθəməm, -zǽn-] | 菊 |
| 1631 ☐ | **cosmos** [kɑ́ːzmoʊs, -məs] | コスモス |
| 1632 ☐ | **dahlia** [dɑ́ːljə, dǽl-] | ダリア |
| 1633 ☐ | **dandelion** [dǽndəlàɪən] | たんぽぽ |
| 1634 ☐ | **gerbera** [gə́ːrbərə] | ガーベラ |
| 1635 ☐ | **hydrangea** [haɪdréɪndʒə, -dʒiə] | あじさい |
| 1636 ☐ | **iris** [áɪrɪs] | アイリス（の花） ※アヤメ・カキツバタなどアヤメ科の植物の総称 |
| 1637 ☐ | **Japanese plum ／ ume apricot (blossoms)** | 梅（の花） |

音声 

sunflower

chrysanthemum

cosmos

3 Picture Dictionary

|  |  |  |
| --- | --- | --- |
| 1638 | **lavender** [lǽvəndər] | ラベンダー |
| 1639 | **lily** [líli] | ゆり |
| 1640 | **lotus** [lóutəs] | 蓮（はす） |
| 1641 | **morning glory** | 朝顔 |
| 1642 | **orange osmanthus** | 金木犀（きんもくせい） |
| 1643 | **pansy** [pǽnzi] | パンジー |
| 1644 | **peach (blossoms)** | 桃（の花） |
| 1645 | **canola flower** | 菜の花 |
| | **rose** [róuz] | バラ |
| 1646 | **sunflower** [sʌ́nflàuər] | ひまわり |
| 1647 | **tulip** [t(j)úːləp] | チューリップ |
| 1648 | **violet** [váiələt] | すみれ |
| 1649 | **water lily** | すいれん |

## Picture Dictionary ③ Seafood —— 魚介類

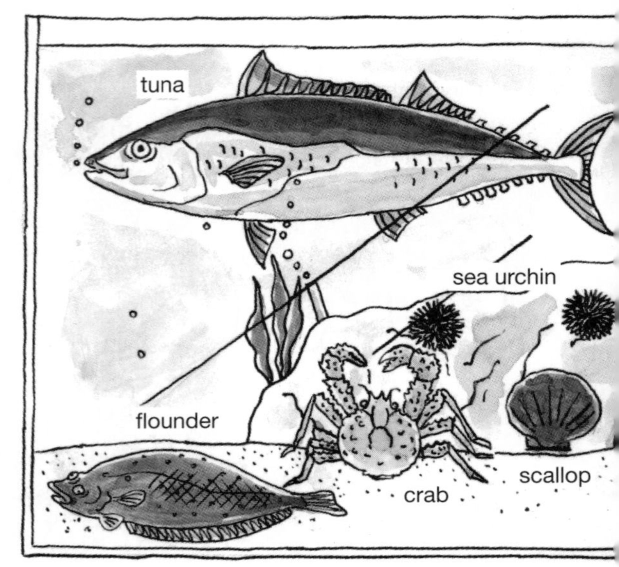


| | | |
|---|---|---|
| 1650 | **abalone** [æbəlóuni] | アワビ ※ear shell とも言う。 |
| 1651 | **bonito** [bəní:tou] | カツオ |
| 1652 | **clam** [klǽm] | ハマグリ |
| 1653 | **cod** [kɑ́:d] | タラ |
| 1654 | **conger eel** | アナゴ |
| 1655 | **crab** [krǽb] | カニ |
| 1656 | **eel** [í:l] | ウナギ |
| 1657 | **flounder** [fláundər] | ヒラメ；カレイ |
| 1658 | **globefish** [glóubfìʃ] | フグ |
| 1659 | **horse mackerel** | アジ |
| 1660 | **lobster** [lɑ́:bstər] | エビ，ロブスター ※はさみのある大エビ |
| 1661 | **prawn** [prɔ́:n] | 《主に英》エビ，クルマエビ |
| 1662 | **shrimp** [ʃrímp] | エビ，小エビ ※prawn より小型のもの |
| 1663 | **mackerel** [mǽkərəl] | サバ |
| 1664 | **octopus** [ɑ́:ktəpəs] | タコ |

音声

| | | |
|---|---|---|
| 1665 ☐ | **oyster** [ɔ́ɪstər] | カキ |
| 1666 ☐ | **salmon** [sǽmən] | サーモン |
| 1667 ☐ | **salmon roe** | イクラ　※ roe（魚卵） |
| 1668 ☐ | **sardine** [sɑːrdíːn] | イワシ |
| 1669 ☐ | **scallop** [skǽləp, skɑ́ːl-] | ホタテ |
| 1670 ☐ | **sea bass** | スズキ |
| 1671 ☐ | **sea bream** ／ 1672 ☐ **red snapper** | タイ |
| 1673 ☐ | **sea cucumber** | ナマコ |
| 1674 ☐ | **sea urchin** | ウニ |
| 1675 ☐ | **short-neck clam** | アサリ |
| 1676 ☐ | **squid** [skwíd] | イカ |
| 1677 ☐ | **tuna** [t(j)úːnə] | マグロ |
| 1678 ☐ | **turban shell** | サザエ |
| 1679 ☐ | **yellowtail** [jéloutèɪl] | ブリ　※ 80cm 以上のものを呼ぶ。 |
| 1680 ☐ | **young yellowtail** | ハマチ，イナダ　※ 40 ～ 60cm 程度のものを呼ぶ。 |

## Picture Dictionary ④ Aquarium —— 水族館

●魚

| | | |
|---|---|---|
| 1681 | **coelacanth** [sí:ləkæ̀nθ] | シーラカンス |
| 1682 | **monkfish** [mʌ́ŋkfɪ̀ʃ] | アンコウ |
| 1683 | **oarfish** [ɔ́:fɪ̀ʃ] | リュウグウノツカイ |
| 1684 | **sea horse** | タツノオトシゴ |
| 1685 | **shark** [ʃá:rk] | サメ |

●哺乳類

| | | |
|---|---|---|
| 1686 | **dolphin** [dá:lfɪn, dɔ́:l-] | イルカ |
| 1687 | **dugong** [dú:gɑ:ŋ, -gɔ:ŋ] | ジュゴン |
| 1688 | **polar bear** | シロクマ〔北極グマ〕 |

音声

| | | |
|---|---|---|
| 1689 | **fur seal** | オットセイ |
| 1690 | **sea lion** | アシカ |
| 1691 | **sea otter** | ラッコ |
| 1692 | **seal** [síːl] | アザラシ |
| 1693 | **walrus** [wɔ́ːlrəs] | セイウチ |
| 1694 | **whale** [wéɪl] | クジラ |

### ●その他

| | | |
|---|---|---|
| 1695 | **jellyfish** [dʒélifìʃ] | クラゲ |
| 1696 | **sea turtle** | ウミガメ |
| 1697 | **starfish** [stɑ́ːrfìʃ] | ヒトデ |

文学作品について話す

音声

# 94. Discussing the Poetry of Robert Frost

**Q** **What happens when the person in the poem comes to a fork in the road?**

1 Ann: I like the **poem** "The Road Not Taken" by American **poet** Robert Frost. **Are** you **familiar with** it?

Dave: I read it **back in** high school. Remind me what it's about.

Ann: It's about a person walking down a road. He comes to **a**
5 **fork in the road** and must decide which road to take. He takes the road that was less traveled, and it **works out fine** for him. But the poem is also about the road that was not taken. We **sometimes look back on** critical **decisions** we've made and wonder whether the **path** we chose was
10 right or not.

Dave: That's true. But I **would rather focus** on the future **than** the past. I think life is about **moving on**.

| | | |
|---|---|---|
| 1698 ☐ | **poetry** [póʊətri] | 名〈集合的に，散文 prose に対して〉詩，詩歌 |
| 1699 ☐ | **poem** [póʊəm, -em] | 名〈一編の〉詩 |
| 1700 ☐ | **poet** [póʊət] | 名詩人 |
| 1701 ☐ | **be familiar with ～** | ～をよく知っている |
| 1702 ☐ | ▶ **familiar** [fəmíljər] | 形見〔聞き〕慣れている；親しい |
| 1703 ☐ | **back in ～** | かつて～のときに，さかのぼって～の頃に |
| 1704 ☐ | **a fork in the road** | 分かれ道 |
| 1705 ☐ | **work out fine** | 見事な〔よい〕結果となる |
| 1706 ☐ | ▶ **work out ～** | 結果が～となる |
| 1707 ☐ | **sometimes** [sʌ́mtàɪmz] | 副時々 |
| 1708 ☐ | **look back on ～** | ～（過去の出来事など）を振り返る |
| 1709 ☐ | **decision** [dɪsíʒən, də-] | 名決断，決定 |

# 94. ロバート・フロストの詩について語り合う

アン：私はアメリカの詩人，ロバート・フロストの「選ばれざる道」という詩が好きなの。あなた，知っている？

デイヴ：かつて高校生のときに読んだよ。どんな内容だったのか，思い出させてよ。

アン：それは，道を歩いている人の詩なの。彼は分かれ道にさしかかり，どちらの道を行くか決めなければならないの。彼は踏みならされていなかった道を選び，それは彼にとってよい結果となる。でも，その詩は選ばれなかった道についても書いているわ。私たちはときに，自分が下した重要な決断を振り返り，選んだ道が正しかったのかどうか考えるわね。

デイヴ：本当だね。ただ，僕は過去よりもむしろ未来に目を向けたいな。人生とは前に進むことだと思うから。



| | | |
|---|---|---|
| 1710 ☐ | **path** [pǽθ] | ㊔小道；進路 |
| 1711 ☐ | **would rather ... than ～** | ～よりもむしろ…したい |
| 1712 ☐ | **focus** [fóʊkəs] | ㊐注目する；焦点を合わせる ㊕の焦点を合わせる ㊔ピント；集中点，中心 |
| 1713 ☐ | **move on** | 先に進む；（新しい話題に）移る |

**語句・表現**

*l.*8 critical「重要な」
*l.*12 be about ...ing「〈仕事や人生の目的・本質を示して〉…するということだ」

**Q** 詩の中の人物が分かれ道に来ると，どうなりますか。

**A** He must decide which road to take.
（彼はどちらの道を行くか決めなければなりません。）

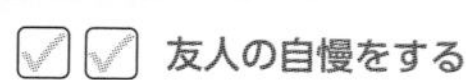

友人の自慢をする

音声

# 95. My friend is the best cook!

**Q** **What food that Susan makes is the speaker's favorite?**

1 ❶ I think my friend, Susan, is the best cook **on earth**. She has a job as a **waitress** at a French restaurant **from morning to evening** every day **except** Saturdays and Sundays. On the weekends, she **tries to** make **all sorts of** French food from ideas she learned at
5 the restaurant.

❷ **Every week** she prepares a special **supper** for us, starting with soup and salad. You should try her **corn** or **pea** soup. You would love it. Then she brings out a **tray** of French cheeses. After that, she **serves** the main dish. My favorite is her rolled cabbage. It's so
10 delicious. Then we have dessert and espresso coffee. What a meal!

❸ However, I think I **like** her desserts **the best** of all. She makes many **kinds of** delicious desserts **including** banana cake, chocolate cookies, and lemon **pie**. Most of the desserts she makes are **so** great **that** nothing else in the world can be better.

| No. | 語句 | 意味 |
|---|---|---|
| 1714 ☐ | **on earth** | 〈最上級を強めて〉この世で，地球上で |
| 1715 ☐ | **waitress** [wéɪtrəs] | ㊔ウェイトレス　⇔waiter（ウェイター） |
| 1716 ☐ | ▶ **server** [sə́ːrvər] | ㊔給仕係　※性別を問わない言い方。；料理を取り分ける道具 |
| 1717 ☐ | **from morning to evening** | 朝から晩まで |
| 1718 ☐ | **except** [ɪksépt, ek-, ək-] | ㊕～を除いて |
| 1719 ☐ | **try to ...** | …しようと試みる，…しようと努力する |
| 1720 ☐ | **all sorts of ～** | あらゆる種類の～，全種類の～（≒ all kinds of ～） |
| 1721 ☐ | **every week** | 毎週 |
| 1722 ☐ | **supper** [sʌ́pər] | ㊔夕食；（軽い）夜食　※supper は「1日の最後の食事」，dinner は「1日の主要な食事」。 |
| 1723 ☐ | **corn** [kɔ́ːrn] | ㊔とうもろこし |

# 95. 友人は最高の料理人！

❶ 私は，友人のスーザンはこの世で一番の料理人だと思います。彼女は，フランス料理店でウェイトレスとして，朝から晩まで，土曜日と日曜日を除く毎日働いています。週末には，彼女はレストランで学んだアイディアをもとにいろいろな種類のフランス料理に挑戦します。
❷ 毎週彼女は，スープとサラダから始まる特別な夕食を私たちのために用意してくれます。彼女のコーンスープかえんどう豆のスープを飲むといいですよ。きっと気に入るでしょう。それから彼女はフランス産のチーズを盛ったトレイを運び出します。そして，メインディッシュを出します。私が一番好きなのは，彼女のロールキャベツです。とてもおいしいのです。それから，デザートとエスプレッソコーヒーをいただきます。なんとすてきな食事でしょう！
❸ でも，私は彼女のデザートが中でも一番好きだと思います。彼女は，バナナケーキ，チョコレートクッキー，レモンパイなどのいろいろな種類のおいしいデザートを作ります。彼女が作るデザートのほとんどはとても素晴らしくて，世界でこれよりおいしいものは他にないと思います。

| | | |
|---|---|---|
| 1724 ☐ | **pea** [píː] | [名]えんどう豆　※**bean** はいんげん，そら豆，大豆など平たく長めの豆。 |
| 1725 ☐ | **tray** [tréɪ] | [名]トレイ，盆；盛り皿 |
| 1726 ☐ | **serve** [sə́ːrv] | [他]（食事・飲み物）を出す；（人）に仕える |
| 1727 ☐ | **like ～ the best** | ～が一番好きである |
| 1728 ☐ | **a kind of ～** | ～の一種（≒ a sort of ～）《複》kinds of ～ |
| 1729 ☐ | **including** [ɪnklúːdɪŋ] | [前]～を含む，～などの |
| 1730 ☐ | **pie** [páɪ] | [名]パイ |
| 1731 ☐ | **so ～ that ...** | とても～なので…だ |

[Q] スーザンが作る料理で，話し手が一番好きなものは何ですか。

[A] She likes the desserts the best of all.（デザートが一番好きです。）

1300 1400 1500 1600 1700 1800 1900 2000 2100 2200 2300 2400

☑☑ レシピを説明する　　音声

# 96. How to Make an Apple Turnover

**Q What do you do while you are cooking the apple?**

❶ Do you know how to make an apple turnover? First, you cut an apple into small pieces and **mix** it **with** two **spoonfuls** of sugar in a pan.
❷ Put the pan on the stove to **melt** the sugar into syrup. While you are cooking the apple, make the dough.
❸ To make the dough, you **mix butter**, sugar **and** an egg in a **mixing bowl** until it becomes **creamy**. Then add some **flour** to the bowl, mix it in and put the bowl in the refrigerator for 30 minutes.
❹ After that, put the dough on a **cutting board** and **roll** it **out** with a **rolling pin**. Finally, **wrap** the cooked apple in the dough and bake it in the **oven** for about 40 minutes at 180℃.

| | | |
|---|---|---|
| 1732 | **mix A with B** | AをBと混ぜる |
| 1733 | **spoonful** [spúːnfùl] | [名]スプーン１杯（分）　a spoonful of sugar（スプーン１杯の砂糖） |
| 1734 | **melt** [mélt] | [他]を溶かす　[自]溶ける |
| 1735 | **mix A and B** | AとBを混ぜる |
| 1736 | **butter** [bʌ́tər] | [名]バター |
| 1737 | **mixing bowl** | （料理材料などを混ぜるための）ボウル |
| 1738 | **creamy** [kríːmi] | [形]クリーム状の；クリームを含んだ |
| 1739 | **flour** [fláuər] | [名]小麦粉 |
| 1740 | **cutting board** | まな板 |
| 1741 | **roll out ～** | ～を（平らに）伸ばす |
| 1742 | ▶ **roll** [róul] | [他]を転がす；を丸める　[自]転がる　[名]巻いたもの |

# 96. アップルターンオーバーの作り方

❶ アップルターンオーバーの作り方を知っていますか。まず，りんごを小片に切り，平鍋の中でスプーン 2 杯の砂糖と混ぜます。
❷ その平鍋をコンロに乗せて，砂糖を溶かしてシロップ状にします。りんごを煮ている間に，生地を作ります。
❸ 生地を作るには，バターと砂糖と卵をボウルの中で，クリーム状になるまで混ぜます。そしてボウルに小麦粉を加えて混ぜ，ボウルを冷蔵庫で 30 分間寝かせます。
❹ 30 分経ったら生地をまな板に載せ，めん棒を使って伸ばします。最後に，煮たりんごを生地で包み，180 度のオーブンで約 40 分間焼きます。



|  |  |  |
| --- | --- | --- |
| 1743 ☐ | **rolling pin** | めん棒 |
| 1744 ☐ | **wrap** [rǽp] ♪ | ㊀を(～で)包む，をくるむ |
| 1745 ☐ | **oven** [ʌ́vn] | ㊔オーブン |

**語句・表現**

*title* turnover「ターンオーバー」パイ生地に詰め物をし，二つ折りにして焼いたパイのこと。
*l.*1 cut A into B「A（an apple）を B（small pieces）に切る」
*l.*5 dough「生地」
*l.*11 180℃「180 度」「摂氏～度（～℃）」は ～ degree Celsius と言う。

**Q** りんごを煮ている間に何をしますか。
**A** You make the dough.（生地を作ります。）

☑☑ レシピを説明する

# 97. How to Make a Yogurt Milkshake

**Q What do you put on top of the milkshake if you have it?**

1 ❶ It is easy to make a yogurt milkshake when you follow these steps. First, prepare one cup of yogurt, two cups of milk, and one teaspoon of honey.

❷ Next, cut up any fresh fruit that you like; for example, a peach,
5 some melon, some pineapple or some raspberries. Pour the yogurt, milk and honey into a blender and add the fruit. Then put the lid on the blender and blend it until the mixture becomes juicy.

❸ Finally, pour the milkshake into a tall glass. Don't fill up the glass completely. If you have a scoop of ice cream, put it on top of the
10 milkshake. You'll see that everybody will love this special drink.

|  |  |  |
|---|---|---|
| 1746 ☐ | **it ... (for ～) to ...** | …するのは(～にとって)…だ |
| 1747 ☐ | **milkshake** [mílkʃèɪk] | 名ミルクセーキ |
| 1748 ☐ | **cup** [kʌ́p] | 名カップ１杯の量；カップ，茶碗 |
| 1749 ☐ | **teaspoon** [tíːspùːn] | 名小さじ，ティースプーン |
| 1750 ☐ | **raspberry** [rǽzbèri, -bəri] ♪ | 名ラズベリー 《複》raspberries |
| 1751 ☐ | **blender** [bléndər] | 名（台所用）ミキサー，ブレンダー |
| 1752 ☐ | **lid** [lɪ́d] | 名ふた |
| 1753 ☐ | **blend** [blénd] | 他を混ぜ合わせる 自混ざる |
| 1754 ☐ | **juicy** [dʒúːsi] | 形汁気の多い，ジューシーな |
| 1755 ☐ | **fill up ～** | ～をいっぱいにする，～を満たす |
| 1756 ☐ | **ice cream** | アイスクリーム |
| 1757 ☐ | **you'll see** | (…ということ)が今にわかる；〈会話の中で〉まあ見ていて |



100 200 300 400 500 600 700 800 900 1000 1100 1200

# 97. ヨーグルトミルクセーキの作り方

❶ この手順のとおりにやれば，ヨーグルトミルクセーキを作るのは簡単です。最初に，ヨーグルト１カップ，牛乳２カップ，はちみつ小さじ１杯を用意します。
❷ 次に，桃，メロン，パイナップル，ラズベリーなどお好みの新鮮な果物を細かく切ります。ヨーグルト，牛乳，はちみつをミキサーに注ぎ入れて果物を加えます。ミキサーにふたをして中身がジューシーになるまで混ぜ合わせます。
❸ 最後にミルクセーキを背の高いグラスに注ぎます。グラスを完全にいっぱいにしてはいけません。アイスクリームがひとすくい分あったら，ミルクセーキの上にのせましょう。誰もがこの特別なドリンクを好きになるのが今にわかるでしょう。



**語句・表現**

*l*.1 when → ここでは「…すれば」の意。
*l*.4 any fresh fruit that you like「お好みの新鮮な果物」any fresh fruit に that you like という説明部分が付いている。any は肯定文で用いると「どんな～も，どの～も」の意味。
*l*.7 the mixture becomes juicy → the mixture とは，ミキサーに入れた材料が混ざったもの。
*l*.9 a scoop of ～「ひとすくい分の～」アイスクリームをすくうのに使う，先が半円状のスプーンでひとすくい分の分量。

**Q** もしあれば，ミルクセーキの上に何をのせますか。

**A** You put a scoop of ice cream on top.
（ひとすくい分のアイスクリームを上にのせます。）

 位置関係を説明する

音声 

## 98. A New Apartment

**Q What floor is Gina's apartment on?**

1 Mike: Whew! I'm **out of breath**.
Gina: Sorry to make you walk up to the fifth floor. The **elevator** is broken.
Mike: That's OK. Wow, nice apartment! This will be a great place to
5 **have a party**.
Gina: Yeah. And it's just two blocks from my office.
Mike: That's good. Is that a park **down there**?
Gina: Yes. It even has a zoo and a small **amusement park** in it.
Mike: And is that a bank on the other side of the street?
10 Gina: Yes, it's in front of the **police station**.
Mike: That's good. Nobody will try to **break into** the bank!
Gina: Ha ha. Well, **shall we** start?
Mike: Sure. What's first?
Gina: Let's move the bed. I want to turn it **the other way around**.
15 Mike: OK. Where do you want to put this rug?
Gina: Let's put it **at the foot of** the bed.

| No. | 語句 | 意味 |
|---|---|---|
| 1758 ☐ | **out of breath** | 息を切らして |
| 1759 ☐ | **elevator** [éləvèɪtər] | ㊔エレベーター |
| 1760 ☐ | **have a party** | パーティーをする |
| 1761 ☐ | **down there** | あそこに〔で〕, 下の方に〔で〕 |
| 1762 ☐ | ▶ **up there** | あそこに〔で〕(≒ over there), 向こう(前, 先, 上)に〔で〕 |
| 1763 ☐ | **amusement park** | 遊園地 |
| 1764 ☐ | **police station** | 警察署 |
| 1765 ☐ | ▶ **police** [pəlíːs] | ㊔警察 |
| 1766 ☐ | **break into ～** | (泥棒などが) ～に押し入る〔侵入する〕 |
| 1767 ☐ | ▶ **break** [bréɪk] | ㊀を壊す, を折る, を割る ㊂壊れる, 折れる, 割れる ㊔休憩；割れ目；骨折<br>**break** > broke > broken |

# 98. 新しいアパートの部屋

マイク：ふう。息が切れちゃったよ。
ジーナ：5階まで歩かせてごめんなさい。エレベーターが故障中なの。
マイク：いいんだよ。わあ，いい部屋だね！ パーティーをするのに最高の場所になるだろうね。
ジーナ：ええ。それに私の職場から2区画しか離れていないし。
マイク：いいね。あそこにあるのは公園？
ジーナ：うん。あの中には動物園もあるし，小さな遊園地もあるのよ。
マイク：そして，道の向こう側にあるのは銀行？
ジーナ：ええ，銀行は警察署の向かいにあるのよ。
マイク：それはいいね。あの銀行に押し入ろうとは誰も思わないだろうね！
ジーナ：あはは。さあ，始めましょうか。
マイク：うん，いいよ。まず何をする？
ジーナ：ベッドを動かしましょう。逆に向けたいの。
マイク：いいよ。このラグはどこに敷く？
ジーナ：ベッドの足元に敷こう。

| | | |
|---|---|---|
| 1768 ☐ | **Shall we ...?** | (私たちは)…しましょうか。 ※「一緒に何かをしましょうか」と提案する表現。 |
| 1769 ☐ | **the other way around** | (場所・状況を)逆〔反対〕(方向)に |
| 1770 ☐ | **at the foot of ～** | ～(ベッドなど)の足側の端に〔で〕；～のふもとに〔で〕 |

**語句・表現**

*l*.1 whew「ふう，やれやれ」「ひゅう」という口笛の音。疲れたとき，驚いたときなどに出す。
*l*.12 ha ha →「あはは，はは」という笑い声。

**Q** ジーナの（アパートの）部屋は何階にありますか。

**A** It's on the fifth floor.（5階にあります。）

買い物に誘う

音声

## 99. A Big Sale at ABC Discount Store

**Q** **Where will they go the day after tomorrow?**

1 Jane: **Have** you **been to** that big ABC Discount Store up on West Avenue?

Bill: Uh-huh. Why?

Jane: Well, they're having a big "**Going Out of Business**" Sale.

5 Here's an **ad** about it. It sounds like there will be some great **savings**. Some departments have 10-20% **discounts**. Others have over 50% discounts.

Bill: Really? We might just be in luck. We may **not** see these kinds of prices **ever again**. And I have a lot of shopping I

10 need to do.

Jane: Me, too. I'd like to **go up** there and **take a look** for myself. How about you?

Bill: Yes, I would, too. I think we'll be able to **fill** our shopping carts **with** lots of bargains.

15 Jane: When do you want to go?

Bill: How about **the day after tomorrow**?

Jane: Sure. And then if we still need more, we can go back **the following day**.

| No. | 語句 | 意味 |
|---|---|---|
| 1771 | **have been to ～** | ～に行ったことがある |
| 1772 | **go out of business** | 廃業〔倒産〕する |
| 1773 | ▶ **business** [bíznəs] | ㊔商売，取り引き；仕事；用件 |
| 1774 | **ad** [ǽd] | ㊔広告　※**advertisement**の略。 |
| 1775 | **saving** [séɪvɪŋ] | ㊔割引；節約；〈複数形〉貯金 |
| 1776 | **discount** [dɪ́skaʊnt] | ㊔割引，割引額〔率〕 |
| 1777 | **not ... ever again** | （もう）二度と…は（し）ない |
| 1778 | **go up** | （～まで）行く；上がる |
| 1779 | **take a look (at ～)** | （～を）見る，（～を）見てみる |
| 1780 | **fill A with B** | AをBでいっぱいにする |

# 99. ABCディスカウント・ストアの大売出し

ジェーン：ウエスト通り沿いにあるあの大きなABCディスカウント・ストアに行ったことある？

ビル：うん。どうして？

ジェーン：そのストアで大規模な閉店セールをやっているの。これがその広告。大幅な割引があるみたいよ。10～20%引きの売り場もあれば，50%以上値引くところもある。

ビル：本当？ ついているかもしれないね。こんな値段，もう二度とお目にかかることはないかもしれない。それに僕，買う必要があるものがたくさんあるんだ。

ジェーン：私もよ。店まで行って，この目で見てみたいと思うの。ビルはどう？

ビル：うん，僕も見てみたい。掘り出し物でショッピングカートをいっぱいにすることができそうだね。

ジェーン：いつ行く？

ビル：あさってはどう？

ジェーン：いいわよ。それで，もしもっと必要だったら，次の日にまた行けばいいしね。

3 Section 2

| | | |
|---|---|---|
| 1781 ☐ | ▶ **fill** [fɪl] | [他]を満たす [自]充満する |
| 1782 ☐ | **the day after tomorrow** | あさって |
| 1783 ☐ | **the following day** | その次の日 |

**語句・表現**

*l*.8 in luck「運がよくて」
*l*.11 for *oneself*「自分で」

[Q] 彼らはあさって，どこに行きますか。

[A] They will go to ABC Discount Store.
（ABCディスカウント・ストアに行きます。）

☑☑ 相手を気遣う

音声 

# 100. The Importance of Sun Protection

**Q Why does Bill have a bandage on his forehead?**

1 Mary: Hi Bill. Say, did you injure yourself?
Bill: Oh, this? (Pointing to the bandage on his forehead.) I just had a small area of skin removed. It was sun-damaged.
Mary: Wow, that sounds serious.
5 Bill: It can be. But luckily, my doctor noticed it early enough. It should heal completely.
Mary: That's good. I'm glad to hear that.
Bill: Yeah, I've been out in the sunshine a lot throughout my life. Since I have such fair skin, I should have taken better care
10 of it.
Mary: Oh, I see. Well, I hope that it heals quickly. And take it easy.
Bill: Thanks. I will. And, for sure, I'll be using sunscreen from now on.

|  |  |  |
|---|---|---|
| 1784 | **importance** [ɪmpɔ́ːrtns] | 名 重要性 |
| 1785 | **sun protection** | 日焼け防止 |
| 1786 | ▶ **protection** [prətékʃən, proʊ-] | 名 保護；保護するもの |
| 1787 | **bandage** [bǽndɪdʒ] | 名 包帯 |
| 1788 | **forehead** [fɔ́ːrhèd] | 名 額(ひたい) |
| 1789 | **skin** [skín] | 名 (人の) 皮膚, 肌；(動物からはいだ) 皮 |
| 1790 | **remove** [rɪmúːv, rə-] | 他 を取り除く；(身につけているもの) を脱ぐ |
| 1791 | **sun-damaged** [sʌ́ndæmɪdʒd] | 形 日焼けで損傷した, 日焼けで傷んだ |
| 1792 | **serious** [síəriəs] | 形 深刻な, (病気・事態などが) 重大な；まじめな, 本気の |
| 1793 | **notice** [nóʊtəs] | 他 に気づく 名 掲示；通知 |
| 1794 | **heal** [híːl] | 自 治る 他 を癒やす, を治す |



100 200 300 400 500 600 700 800 900 1000 1100 1200

# 100. 日焼け防止の重要性

メアリー：こんにちは，ビル。まあ，あなた，けがをしたの？
ビル：ああ，これかい？（自分の額の包帯を指さしながら）皮膚の一部をちょっと切除したところなんだよ。日焼けで傷んでいたんだ。
メアリー：わあ，深刻そうだわ。
ビル：そうかもしれないね。ただ幸運にも，お医者さんが十分早く気づいてくれたんだ。すっかり治るはずだよ。
メアリー：それはよかった。それを聞いてうれしいわ。
ビル：うん，僕は一生を通じて，ずっと外で太陽の光をたくさん浴びたんだ。僕はこんなに色白の肌だから，もっと気をつけるべきだったよ。
メアリー：ああ，なるほどね。ええと，すぐに治るといいわね。それと無理しないでね。
ビル：ありがとう。そうするよ。それから，きっと，今後は日焼け止めを使うことになるだろうな。

3 Section 2

|  |  |  |
|---|---|---|
| 1795 | **throughout *one*'s life** | 一生を通じて，生涯 |
| 1796 | ▶ **throughout** [θruáʊt] | 前 ～の間ずっと；～のいたるところに |
| 1797 | **since** [síns] | 接 …なので；…して以来　前 ～以来 |
| 1798 | **fair** [féər] | 形（肌が）色白の，（髪が）金髪の；晴れた；公正な　副 公正に，正々堂々と |
| 1799 | **I see.** | なるほど。；わかりました。；かしこまりました。 |
| 1800 | **take it easy** | 〈あいさつで〉無理をしないでね；気楽にね；じゃあね；くつろぐ |
| 1801 | **for sure** | きっと，間違いなく，確実に |
| 1802 | **sunscreen** [sʌ́nskrìːn] | 名 日焼け止め |
| 1803 | **from now on** | 今後は；この先ずっと |

**語句・表現**

*l*.1　injure *oneself*「けがをする」自分でけがをした場合，myself などの再帰代名詞を付け加える。

*l*.9　should have taken better care of it「もっと気をつけるべきだった」助動詞コラム⑧ should 参照。take care of ～ の care を better で修飾している。

**Q** ビルはなぜ額に包帯をしているのですか。

**A** Because he had a small area of sun-damaged skin removed.
（彼は日焼けで傷んだ皮膚の一部を少し切除したのです。）


100 200 300 400 500 600 700 800 900 1000 1100 1200

## ● カタカナ英語として身近な英単語

|  |  |  |
|---|---|---|
| | brush [brʌ́ʃ] | ブラシ，はけ；にブラシをかける |
| 1804 | bulldozer [búldòuzər] | ブルドーザー |
| 1805 | code [kóud] | コード，符号，信号 |
| 1806 | crane [kréɪn] | クレーン；〈鳥〉ツル |
| 1807 | digital [dídʒətl] | デジタル（方式）の |
| | elevator [éləvèɪtər] | 《米》エレベーター |
| 1808 | engine [éndʒən] | エンジン |
| 1809 | gun [gʌ́n] | 銃；拳銃；大砲 |
| 1810 | label [léɪbl] ♪ | ラベル；にラベルを貼る |
| | lift [líft] | （スキー場などの）リフト；《英》エレベーター；を引き上げる |
| 1811 | magnet [mǽgnət] | マグネット，磁石 |
| 1812 | mark [mɑ́ːrk] | マーク，印；記号；に印をつける |
| | milk [mílk] | 牛乳，ミルク |
| 1813 | mustard [mʌ́stərd] | からし，マスタード |
| 1814 | parachute [pérəʃùːt, pǽr-] | パラシュート |
| 1815 | paragraph [pérəgræ̀f, -pǽr] | パラグラフ，段落 |
| 1816 | passport [pǽspɔ̀ːrt] | パスポート |
| 1817 | pocket [pɑ́ːkət] | ポケット |
| | rule [rúːl] | ルール，規則；習慣 |
| 1818 | slide [sláɪd] | なめらかに滑る；（映写用の）スライド；（価値などの）低下 |
| | smooth [smúːð] | なめらかな；（動きなどが）スムーズな |
| 1819 | tank [tǽŋk] | （貯蔵用）タンク；水槽；戦車 |
| 1820 | tape [téɪp] | （接着）テープ；をテープで貼る |
| 1821 | target [tɑ́ːrgət] | 標的；を標的〔目的〕とする |
| 1822 | van [vǽn] | 小型トラック，ライトバン |
| 1823 | volunteer [vɑ̀ːləntíər] | ボランティア，有志 |
| 1824 | whistle [wísl] | （合図用の）ホイッスル；口笛；口笛を吹く |

☑☑ 天候について説明する

音声 

## 101. Portland Weather

**Q** **How is the weather in Portland in winter?**

1 ❶ People think of Portland, Oregon as a rainy city, but it has all kinds of weather. In summer it is usually sunny and warm, though it rains on some days. When it rains in summer, there is often also thunder and lightning. After it rains, the air smells fresh and clean.
5 If you are lucky, you will see a rainbow.
❷ In autumn, the weather is cool and it is sometimes windy. It also rains in autumn, but there are many fine days, too. As the weather gets colder, it can be foggy in the mornings and evenings. The fog makes it difficult to see.
10 ❸ Winter days are usually cold, rainy, and cloudy. There aren't many snowy days in Portland, but it snows a lot in the mountains near the city.
❹ In spring, the days are sometimes warm and sometimes cold. The weather may change a few times in one day. It is a good
15 idea to always carry an umbrella. It can be a beautiful day in the morning, with a bright sun and no clouds in the sky, but there is a good chance the rain clouds will return in the afternoon.

| No. | 語句 | 意味 |
|---|---|---|
| 1825 ☐ | **think of ～ as ...** | ～を…であると考える |
| 1826 ☐ | **all kinds of ～** | あらゆる種類の～ |
| 1827 ☐ | **thunder** [θʌ́ndər] | 名 雷の音，雷鳴 |
| 1828 ☐ | **lightning** [láɪtnɪŋ] | 名 稲妻 |
| 1829 ☐ | **lucky** [lʌ́ki] | 形 運のよい，幸運な |
| 1830 ☐ | **rainbow** [réɪnbòʊ] | 名 虹 |
| 1831 ☐ | **fine day** | 晴れの日 |
| 1832 ☐ | **as** [弱 əz 強 ǽz] | 接 …につれて；…なので；…のように<br>前 ～として；～の時に |
| 1833 ☐ | **foggy** [fɑ́:gi, fɔ́:gi] | 形 霧の深い |
| 1834 ☐ | **fog** [fɑ́:g, fɔ́:g] | 名 霧 |



100 200 300 400 500 600 700 800 900 1000 1100 1200

# 101. ポートランドの天候

❶ 一般に，オレゴン州ポートランドは雨の多い町だと思われていますが，天候はいろいろです。夏は時々雨が降りますが，たいていは晴れて暖かいです。夏に雨が降るときは，しばしば雷と稲妻を伴います。雨が降った後は，空気は新鮮で澄んだ香りがします。運がよければ，虹を見られるでしょう。
❷ 秋の天候は涼しく，風が強い時もあります。秋にも雨は降りますが，天気のいい日も多いです。寒くなるにつれて，朝夕は霧が出てきます。霧で視界が悪くなります。
❸ 冬の日々はたいてい寒く，雨や曇りの日が多いです。ポートランドでは雪の降る日は少ないですが，町の近くの山ではたくさん雪が降ります。
❹ 春は，暖かい日もあれば，寒い日もあります。天気は1日に数回変わることがあります。常に傘を持ち歩くのがいいでしょう。朝に太陽が輝き，空に雲ひとつなく，よく晴れて気持ちのいい日でも，午後には雨雲が戻ってくる可能性が高いです。



| | | |
|---|---|---|
| 1835 ☐ | **cloudy** [kláudi] | 形 曇りの |
| 1836 ☐ | **snow** [snóu] | 自 雪が降る　名 雪 |
| 1837 ☐ | **a few ～** | 少数の～，いくつかの |
| 1838 ☐ | **umbrella** [ʌmbrélə] | 名 傘 |
| 1839 ☐ | **cloud** [kláud] | 名 雲 |
| 1840 ☐ | **there is a good chance (that) ...** | …する可能性が高い〔十分ある〕 |

**Q** ポートランドの冬の天候はどうですか。

**A** It is usually cold, rainy, and cloudy.
（たいてい寒く，雨や曇りの日が多いです。）

☑☑ ホテルの紹介をする

音声

## 102. The Riverside Hotel

**Q** **What was the Riverside Hotel before?**

1 ❶The Riverside Hotel is very different from other hotels. For example, **up and down** the halls, the art on the walls shows pictures of old people, some in **wheelchairs**. That's because the hotel was once a **nursing home**! The pictures are **in memory of**
5 the people who lived here before.
❷The hotel is a great place to **get away from** the city and **get closer to** nature. You **are welcome to go for a walk** on quiet paths or have a picnic in one of our many gardens. We also have a playground for children.
10 ❸Next to the hotel, we have our own **movie theater**. Movies are free, but be sure to come early to get a good seat! Before the movie, you can have a delicious meal in one of our three restaurants. For **those who** enjoy going shopping, we have a large gift shop.
❹The Riverside Hotel is just ten miles east of the city center. You
15 can **reach** the hotel by car or bus. Take bus number 23 and **get off** at the Hillsdale bus stop.

|  |  |  |
|---|---|---|
| 1841 ☐ | **up and down** | いたるところに〔で〕；上下に |
| 1842 ☐ | **wheelchair** [wí:ltʃèər] | ㊔車いす　in wheelchairs（車いすに乗って） |
| 1843 ☐ | **nursing home** | 老人ホーム，療養所 |
| 1844 ☐ | **in memory of ～** | ～をしのんで，～を追悼して |
| 1845 ☐ | **get away from ～** | ～から離れる |
| 1846 ☐ | **get close to ～** | ～に近づく，～と親しむ |
| 1847 ☐ | **be welcome to ...** | 自由に…してよい |
| 1848 ☐ | **go for a walk** | 散歩に出かける |
| 1849 ☐ | **movie theater** | 映画館 |
| 1850 ☐ | ▶ **theater** [θí:ətər] | ㊔劇場 |

# 102. リバーサイド・ホテル

❶ リバーサイド・ホテルは，他のホテルと大きく異なります。例えば，廊下のいたるところにある壁面の美術品には，老人を描いた絵画があり，中には車いすの人も描かれています。なぜなら，このホテルはかつて老人ホームだったからです！ 絵は，以前ここに住んでいた人たちをしのんでいるのです。
❷ 当ホテルは，町から離れて自然と触れ合うには最高の場所です。静かな小道を散歩したり，たくさんある庭の 1 つでピクニックをしたり，どうぞご自由になさってください。お子様のための遊び場もあります。
❸ 当ホテルの隣には，ホテル専用の映画館もございます。映画は無料ですが，いい席を取るには早めにいらっしゃるようにしてください！ 映画の前には，3 つある私どものレストランのいずれかにて，おいしいお食事を召しあがっていただくことができます。買い物に行くのがお好きな方々には，大きな土産店がございます。
❹ リバーサイド・ホテルは町の中心から東に 10 マイルしか離れていません。車やバスでホテルにお越しいただけます。23 番のバスに乗って，ヒルズデール停留所でお降りください。



|  |  |  |
| --- | --- | --- |
| 1851 ☐ | **those who ...** | …する人々 |
| 1852 ☐ | **reach** [ríːtʃ] | 他 (目的地) に着く；に達する；に連絡する<br>自 手を伸ばす　名 達する範囲 |
| 1853 ☐ | **get off (～)** | (～から) 降りる |

**語句・表現**

*l*.2 the art on the walls shows ～「壁面の美術品には～が見られる」
*l*.5 the people who lived here before → the people はどんな人々か，who 以降で説明を加えている。

**Q** リバーサイド・ホテルは以前は何でしたか。

**A** It was a nursing home.（老人ホームでした。）

☑☑ 武道について説明する

音声

# 103. Martial Arts (*Budo*) in Japan (1)

**[Q] How is *kendo* similar to fencing?**

❶ A tour guide explains **Japanese** Martial Arts to some international tourists visiting Japan **for the first time**.

❷ Today not only boys but also girls in Japanese **junior high school** are **required** to learn and practice one of the “martial arts” in their **P.E.** classes. Let me explain three of them: *kendo*, *sumo*, and *judo*.

❸ First, I’d like to talk about *kendo*. *Kendo* is a modern form of Japanese **sword** fighting first practiced by the *samurai*. When you watch a *kendo* match, you may think it looks **similar to** fencing. In *kendo*, **speed** and skill using the sword are required, just like in fencing. However, *kendo* players wear traditional clothes with protective coverings, and **fight** with a **bamboo** sword. The players must make accurate strikes to specific areas of the **body** and respond to these **attacks**.

| | | |
|---|---|---|
| 1854 ☐ | **Japanese** [dʒæ̀pəníːz] | [形]日本の；日本語〔人〕の<br>[名]日本語〔人〕 |
| 1855 ☐ | **for the first time** | 初めて |
| 1856 ☐ | **junior high school** | 中学校 |
| 1857 ☐ | **require** [rɪkwáɪər, rə-] | [他]を義務づける；を必要とする |
| 1858 ☐ | **P.E.** | [名]体育 |
| 1859 ☐ | **sword** [sɔ́ːrd] ♪ | [名]刀 |
| 1860 ☐ | **similar to ～** | [形]～に似ている，～に類似した |
| 1861 ☐ | **speed** [spíːd] | [名]スピード，速さ |
| 1862 ☐ | **fight** [fáɪt] | [自]戦う，格闘する　[他]と戦う<br>[名]戦い，戦闘 |

# 103. 日本の武道(1)

❶ ツアーガイドが，初めて日本を訪れている外国人観光客に日本の武道を説明します。

❷ 現在，日本の中学校では，男子だけでなく女子も体育の授業で「武道」の１つを学び，練習することが義務づけられています。それらの３つ，剣道，相撲，柔道について説明させていただきます。
❸ まず，剣道についてお話ししましょう。剣道は最初は侍によって行われていた日本の剣術の近代的な形式です。剣道の試合を見ると，フェンシングに似ていると思われるかもしれません。剣道ではフェンシングと同様に，剣を使うスピードと技術が要求されます。しかし，剣道の選手は保護用の覆いが付いた伝統的な衣類を着て，竹刀で戦います。選手は体の特定の部位を正確に打ち，攻撃に反応しなければなりません。



| | | |
|---|---|---|
| 1863 ☐ | **bamboo** [bæmbúː] | 名 竹 |
| 1864 ☐ | **body** [báːdi] | 名 身体，胴体；本体 |
| 1865 ☐ | **attack** [ətǽk] | 名 攻撃；非難　他 を攻撃する |

**語句・表現**

*l.*12 protective coverings「保護用の覆い」防具のことを言っている。
*l.*13 accurate「正確な」
*l.*14 respond to ～「～に反応する，応じる」

**Q** 剣道はフェンシングとどのように似ているのでしょうか。

**A** *Kendo* requires speed and skill using the sword, just like fencing does.
（剣道はフェンシングと同様に，剣を使うスピードと技術が要求されます。）

武道について説明する

音声

## 104. Martial Arts (*Budo*) in Japan (2)

**Q How do *sumo* wrestlers win the match?**

1 Next, I'd like to explain *sumo*, Japan's national sport. *Sumo* is a form of competitive full-contact **wrestling**. In some schools, both boys and girls practice *sumo*, but there are no professional women players. *Sumo* differs from other styles of wrestling **in that**
5 *sumo* **wrestlers** lose if they are pushed out of the ring. Or, if any **part** of their bodies, except the **feet**, touch the ground. Therefore, *sumo* wrestlers try to throw or even **lift** their competitors in the air and then **toss** them **down**. It is especially exciting to see a small wrestler **beat** a bigger one.

| | | |
|---|---|---|
| 1866 ☐ | **wrestling** [résliŋ] ♪ | 名レスリング；相撲（= sumo wrestling） |
| 1867 ☐ | **in that ...** | …という点で |
| 1868 ☐ | **wrestler** [réslər] ♪ | 名レスリング選手；力士 |
| 1869 ☐ | **part** [pá:rt] | 名部分；部品；役目　他を分ける<br>自分かれる |
| 1870 ☐ | **foot** [fút] | 名（足首から下の）足；下部；ふもと<br>《複》feet |
| 1871 ☐ | **lift** [líft] | 他を持ち上げる　名《英》エレベーター |
| 1872 ☐ | **toss ～ down** | ～を投げ落とす，～を放り投げる |
| 1873 ☐ | **beat** [bí:t] | 他を打ち負かす　※**beat** は「人・チームなどに勝つ」，**win** は「試合・戦争などに勝つ」の意味。；を打つ |

# 104. 日本の武道(2)

次に，日本の国技である相撲について説明したいと思います。相撲はフルコンタクトの競技レスリングの一種です。学校によっては，男子も女子も相撲の練習をするところもありますが，女性のプロの力士はいません。相撲がレスリングの他のスタイルと違うのは，相撲レスラーが土俵の外に押し出されると負けるという点です。あるいは，足以外の体の部分が地面につくと負けとなります。そのため，力士は対戦相手を投げたり，空中に持ち上げてから投げ落とそうとしたりさえします。体が小さい力士が大きい力士を打ち負かすのを見るのは特に興奮します。



**語句・表現**

*l*.2 competitive「競争の；競合する」
*l*.2 full-contact「フルコンタクトの」対戦相手の体に直接接触することを表す。
*l*.4 differ from ～「～と異なる」
*l*.7 competitor「競争相手」

**Q** 相撲の力士（選手）はどうやって試合に勝ちますか。

**A** They win by pushing their competitor out of the ring.
（対戦相手を土俵の外に押し出して勝ちます。）

# 105. Martial Arts (*Budo*) in Japan (3)

**Q What is most impressive about these three types of martial arts?**

❶ Finally, let me cover *judo*. *Judo* was first introduced in the Tokyo **Olympic** Games in 1964. Players fight one another **without** using any equipment. While **standing up**, they try to lift and throw their competitors onto their backs. **Various techniques** are used to **pin** the person **down** to the floor, such as by using a tight hold **around** the **neck**. Or, it might involve "**joint locks**." You may think it's a **dangerous** sport, but *judo* does not involve kicking or any kind of striking.

❷ What is most impressive about these three types of martial arts is that they reflect Japanese **tradition** and **values**. They are all performed with **honor** and **grace**.

|  |  |  |
|---|---|---|
| 1874 ☐ | **Olympic** [əlímpɪk, oʊ-] | 形 オリンピック大会〔競技〕の<br>名 〈the Olympics で〉オリンピック大会 |
| 1875 ☐ | **without** [wiðáʊt] | 前 ～なしで |
| 1876 ☐ | **stand up** | 立つ，立ち上がる |
| 1877 ☐ | **various** [véəriəs] | 形 さまざまな |
| 1878 ☐ | **technique** [tekníːk] | 名 テクニック，技術，手法 |
| 1879 ☐ | **pin ～ down** | ～を押さえつける，～を身動きできなくする |
| 1880 ☐ | **around** [əráʊnd] | 前 ～のまわりに；～のあちこちに<br>副 回って；まわりに |
| 1881 ☐ | **neck** [nék] | 名 首 |
| 1882 ☐ | **joint lock** | 関節技　※jointは「関節」，lockは「ロック」（相手を動けなくする技）のこと。 |
| 1883 ☐ | **dangerous** [déɪndʒərəs] | 形 危険な |

# 105. 日本の武道(3)

❶ 最後に，柔道について取り上げます。柔道は 1964 年の東京オリンピックで初めて採用されました。道具をまったく使わず，選手同士が戦います。立ったまま，相手を持ち上げたり，あおむけに投げたりします。相手を床に押さえつけるために，首のあたりを強く絞めるなど，さまざまな技が使われます。あるいは「関節技」を伴うこともあります。危険なスポーツと思われるかもしれませんが，柔道には蹴りや打撃の類はありません。
❷ この 3 種類の武道について最も印象的なことは，日本の伝統と価値観が反映されていることです。いずれも敬意と礼儀正しさを伴って行われます。



| | | |
|---|---|---|
| 1884 ☐ | **tradition** [trədíʃən] | 名 伝統，しきたり |
| 1885 ☐ | **value** [vǽljuː] | 名〈複数形〉価値観；価値 |
| 1886 ☐ | **honor** [ɑ́ːnər] | 名 敬意；名誉 |
| 1887 ☐ | **grace** [gréɪs] | 名 礼儀正しさ；優美 |

**語句・表現**

*l.*1 cover「(範囲・問題など) を扱う」
*l.*3 equipment「用具，備品」
*l.*6 involve「～を伴う，～を含む」
*l.*9 impressive「印象的な」

**Q** この 3 種類の武道で最も印象的なことは何ですか。

**A** They all reflect Japanese tradition and values.
（どれもすべて日本の伝統と価値観を反映しています。）

☑☑ 旅程を確認する

音声 

# 106. A Visit to New York

**Q When will Kathy be able to go shopping?**

1 John: What's our schedule for this week?
Kathy: On Monday, we fly into New York in the evening. We'll go directly from the airport to the hotel.
John: Good. We'll be able to get some rest after our flight.
5 Kathy: Yes. The tour company recommends we be at their bus station by 9:30 the next morning. We can walk there.
John: Are we doing the Statue of Liberty tour?
Kathy: Actually, that's on Wednesday. On Tuesday we're going to the Natural History Museum in the morning and the
10 Guggenheim in the afternoon.
John: That sounds exciting and educational. But you won't have time to go shopping.
Kathy: Yes, I will. The Guggenheim is near all the big department stores. We have a two-hour break for our midday meal, so
15 I'll go shopping as soon as I finish eating!

| | | |
|---|---|---|
| Monday | Arrive in New York | 6:00 p.m. |
| | Go to hotel | 6:30 p.m. |
| Tuesday | Arrive at tour company bus station | 9:30 a.m. |
| | American Museum of Natural History | 10:00 a.m.-12:00 noon |
| 20 | Meal break / Free time | 12:00 noon-2:00 p.m. |
| | Guggenheim Museum | 2:00-4:30 p.m. |
| Wednesday | Leave hotel by taxi | 10:00 a.m. |
| | Arrive at ferry terminal | 10:30 a.m. |
| | Statue of Liberty Tour | 11:00 a.m.-3:00 p.m. |

# 106. ニューヨーク訪問

ジョン：今週の僕たちのスケジュールはどうなっているの？

キャシー：月曜日は夕方に，飛行機でニューヨークに着くわ。空港から直接ホテルに行く予定よ。

ジョン：よかった。フライトのあとで，少し休むことができるね。

キャシー：そうね。旅行会社は，翌朝 9 時 30 分までに，会社のバス乗り場にいるよう勧めているの。そこへは歩いて行けるわ。

ジョン：自由の女神像の見学に行くことになっているの？

キャシー：実は，それは水曜日。火曜日は，午前中に自然史博物館へ，そして午後にグッゲンハイムへ行く予定よ。

ジョン：それはわくわくするし，ためになる感じがするね。けれど，君が買い物に行く時間がないよ。

キャシー：いえ，行くわよ。グッゲンハイムは，あらゆる大きなデパートの近くにあるの。私たちは昼の食事で 2 時間の休憩をとるから，私は食べ終えたらすぐに買い物に行くつもりよ。

| | | |
|---|---|---|
| 月曜日 | ニューヨークに到着 | 午後 6 時 |
| | ホテルに行く | 午後 6 時 30 分 |
| 火曜日 | 旅行会社のバス乗り場に到着 | 午前 9 時 30 分 |
| | アメリカ自然史博物館 | 午前 10 時～正午 |
| | 食事休憩 / 自由時間 | 正午～午後 2 時 |
| | グッゲンハイム美術館 | 午後 2 時～午後 4 時 30 分 |
| 水曜日 | タクシーでホテルを出発 | 午前 10 時 |
| | フェリーターミナルに到着 | 午前 10 時 30 分 |
| | 自由の女神見学 | 午前 11 時～午後 3 時 |

|  |  |  |
|---|---|---|
| 1888 | **fly into ～** | ～に飛行機で着く，～に乗り入れる |
| 1889 | **in the evening** | 夕方に |
| 1890 | **directly** [dəréktli, daɪ-] | 副 直接 |
| 1891 | **get some rest** | 少し休む |
| 1892 | **recommend** [rèkəménd] | 他 〈recommend (that) ... で〉…するよう勧める |
| 1893 | **bus station** | バス乗り場 |
| 1894 | **the Statue of Liberty** | 自由の女神像 |
| 1895 | ▶ **statue** [stǽtʃuː] | 名 像，彫像 |
| 1896 | ▶ **liberty** [líbərti] | 名 自由 |
| 1897 | **actually** [ǽktʃuəli, ǽktʃəli] | 副 実は，実際には |
| 1898 | **in the afternoon** | 午後に |
| 1899 | **educational** [èdʒəkéɪʃənl] | 形 ためになる，教育的な；教育の |
| 1900 | **go shopping** | 買い物に行く |
| 1901 | **department store** | デパート |
| 1902 | **have a break** | 休憩する |
| 1903 | **midday** [míddéɪ, ⌐⌐] | 名 正午（前後），真昼 |
| 1904 | **as soon as ...** | …するとすぐに |
| 1905 | **ferry terminal** | フェリーターミナル ※terminalは「終着〔始発〕駅」のこと。 |

**語句・表現**

*l*.5 ～ recomends we be ... = ～ recommends that we should be ... 通例 that と should を省略する。

**Q** キャシーはいつ買い物に行けるようになりますか。

**A** She can go on Tuesday during the midday meal break.
（彼女は火曜日に，昼食の休憩の間に行くことができます。）



100 200 300 400 500 600 700 800 900 1000 1100 1200

MEMO

# Quiz
## PART 3　Section 2

空所に当てはまる単語を選びましょう。

【1】

I think my friend, Susan, is the best cook ( 1 ). She has a job as a waitress at a French restaurant from morning to evening every day ( 2 ) Saturdays and Sundays. On the weekends, she tries to make ( 3 ) French food from ideas she learned at the restaurant.

(1) (a) directly　(b) down there　(c) on earth　(d) out of breath
(2) (a) around　(b) as　(c) except　(d) in that
(3) (a) all sorts of　(b) fair　(c) own　(d) spoonful

【2】

Mary : Hi Bill. Say, did you injure yourself?
Bill : Oh, this? (Pointing to the bandage on his ( 1 ). I just had a small area of skin removed. It was sun-damaged.
Mary : Wow, that sounds ( 2 ).
Bill : It can be. But luckily, my doctor ( 3 ) it early enough. It should heal completely.

(1) (a) ad　(b) forehead　(c) honor　(d) statue
(2) (a) familiar　(b) foggy　(c) lucky　(d) serious
(3) (a) lifted　(b) noticed　(c) reached　(d) recommended

**Answers**

【1】No.95 参照
(1) (c) その他の選択肢：(a) → 106　(b) → 98　(d) → 98 参照
(2) (c) その他の選択肢：(a) → 105　(b) → 101　(d) → 104 参照
(3) (a) その他の選択肢：(b) → 101　(c) → 93　(d) → 96 参照

【2】No.100 参照
(1) (b) その他の選択肢：(a) → 99　(c) → 105　(d) → 106 参照
(2) (d) その他の選択肢：(a) → 94　(b) → 101　(c) → 101 参照
(3) (b) その他の選択肢：(a) → 104　(c) → 102　(d) → 106 参照

【3】

The Riverside Hotel is very different from other hotels. For example, ( 1 ) the halls, the art on the walls shows pictures of old people, some in ( 2 ). That's because the hotel was once a nursing home! The pictures are ( 3 ) the people who lived here before.

(1) (a) for the first time (b) up and down

(2) (a) clouds (b) decisions (c) wheelchairs (d) wrestlers

(3) (a) at the foot of (b) in memory of

【4】

First, I'd like to talk about *kendo*. *Kendo* is a modern form of Japanese sword fighting first practiced by the *samurai*. When you watch a *kendo* match, you may think it looks ( 1 ) fencing. In *kendo*, ( 2 ) and skill using the sword are required, just like in fencing. However, *kendo* players wear traditional clothes with protective coverings, and ( 3 ) with a bamboo sword.

(1) (a) all kinds of (b) dangerous (c) for sure (d) similar to

(2) (a) grace (b) liberty (c) path (d) speed

(3) (a) fight (b) fill (c) melt (d) roll



【3】No.102 参照

(1) (b) その他の選択肢：(a) → 103 参照

(2) (c) その他の選択肢：(a) → 101 (b) → 94 (c) → 104 参照

(3) (b) その他の選択肢：(a) → 98 参照

【4】No.103 参照

(1) (d) その他の選択肢：(a) → 101 (b) → 105 (c) → 100 参照

(2) (d) その他の選択肢：(a) → 105 (b) → 106 (c) → 94 参照

(3) (a) その他の選択肢：(b) → 99 (c) → 96 (d) → 96 参照

## Picture Dictionary ⑤ Zoo —— 動物園

| | | |
|---|---|---|
| 1906 | **alligator** [ǽləgèɪtər] | ワニ　※あごは丸く，口を閉じると歯が隠れる。 |
| 1907 | **crocodile** [krɑ́:kədàɪl] | ワニ　※あごが尖っていて，口を閉じても歯が見える。 |
| 1908 | **bear** [béər] | クマ |
| 1909 | **camel** [kǽml] | ラクダ |
| 1910 | **capybara** [kæ̀pibéərə, -bǽ-] | カピバラ |
| 1911 | **chimpanzee** [tʃɪmpænzí:, ⎯⎯́⎯] | チンパンジー　=《口語》chimp |
| 1912 | **duck** [dʌ́k] | あひる |
| 1913 | **elephant** [éləfənt] | ゾウ |
| 1914 | **giraffe** [dʒərǽf] | キリン |
| 1915 | **goat** [góʊt] | ヤギ |
| 1916 | **goose** [gú:s] | がちょう |
| 1917 | **gorilla** [gərílə] | ゴリラ |
| 1918 | **hippopotamus** [hìpəpɑ́:təməs] | カバ　=《口語》hippo |
| 1919 | **kangaroo** [kæ̀ŋgərú:] | カンガルー |

音声 

|  |  |  |
|---|---|---|
| 1920 | **koala** [kouá:lə] | コアラ |
| 1921 | **lion** [láɪən] | ライオン |
| | **monkey** [mʌ́ŋki] | サル |
| 1922 | **ostrich** [á:strɪtʃ] | ダチョウ |
| 1923 | **panda** [pǽndə] | パンダ |
| 1924 | **peacock** [pí:kɑ̀:k] | （特に雄の）クジャク |
| 1925 | **penguin** [péŋgwɪn] | ペンギン |
| 1926 | **pig** [píg] | 豚 |
| 1927 | **rhinoceros** [raɪná:sərəs] | サイ　＝《口語》rhino [ráɪnoʊ] |
| 1928 | **sheep** [ʃí:p] | 羊 |
| 1929 | **squirrel** [skwə́:rəl, skwʌ́rəl] | リス |
| 1930 | **tiger** [táɪgər] | トラ |
| 1931 | **zebra** [zí:brə] | シマウマ |

## Picture Dictionary ⑥ Vehicles —— 乗り物

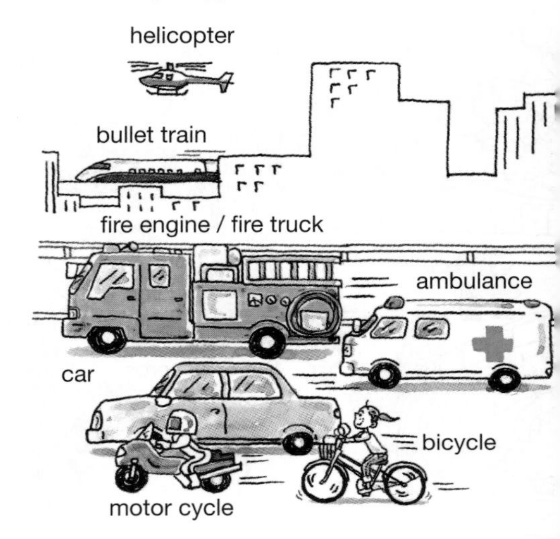


### ●道路

| | | |
|---|---|---|
| 1932 ☐ | **automobile** [ɔ́ːtəmoʊbìːl, ⌐⌐⌐⌐] | 自動車 |
| | **bicycle** [báɪsəkl] | 自転車 |
| | **bus** [bʌ́s] | バス |
| 1933 ☐ | **cab** [kǽb] ／ 1934 ☐ **taxi** [tǽksi] | タクシー |
| 1935 ☐ | **limousine** [límәzìːn, ⌐⌐⌐] | リムジン |
| 1936 ☐ | **motorcycle** [móʊtərsàɪkl] | バイク，自動二輪車　≒ motorbike |
| 1937 ☐ | **tractor** [trǽktər] | トラクター |
| 1938 ☐ | **trailer** [tréɪlər] | トレーラー |
| 1939 ☐ | **truck** [trʌ́k] ／ 1940 ☐ **lorry** [lɔ́ːri] | トラック |

### ●緊急車両

| | | |
|---|---|---|
| 1941 ☐ | **ambulance** [ǽmbjələns] | 救急車 |
| 1942 ☐ | **fire engine** ／ 1943 ☐ **fire truck** | 消防車 |
| 1944 ☐ | **police car** ／ 1945 ☐ **patrol car** | パトカー |

音声 

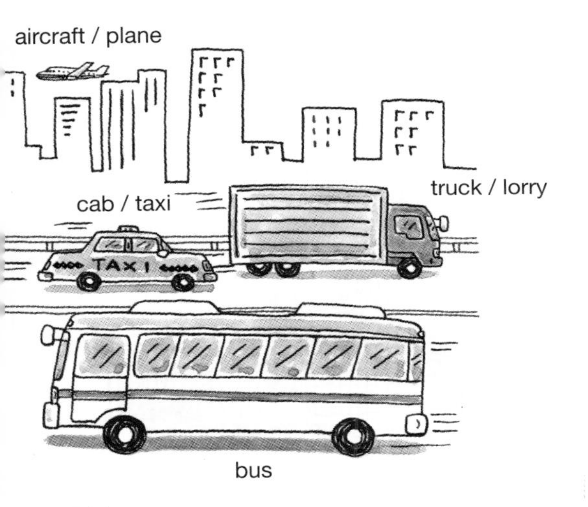


●列車

| | | |
|---|---|---|
| 1946 ☐ | **bullet train** | 新幹線 |
| 1947 ☐ | **monorail** [má:nərèɪl] | モノレール |
| 1948 ☐ | **sleeper train** | 寝台列車 |
| | **subway** [sʌ́bwèɪ] | 地下鉄 |

●海・水辺

| | | |
|---|---|---|
| 1949 ☐ | **boat** [bóʊt] | ボート，小舟　※ **ship** より小さいものを指すのが普通。 |
| 1950 ☐ | **ferry** [féri] | フェリー（ボート） |
| 1951 ☐ | **ship** [ʃíp] | （大型の，遠洋航路の）船 |
| 1952 ☐ | **yacht** [já:t] | 大型クルーザー；ヨット |
| 1953 ☐ | **sailboat** [séɪlbòʊt] | 小型ヨット，小さな帆船 |

●空・空中

| | | |
|---|---|---|
| 1954 ☐ | **aircraft** [éərkræ̀ft] ／ **plane** [pléɪn] | 航空機；飛行機 |
| 1955 ☐ | **helicopter** [hélәkà:ptər] | ヘリコプター |
| 1956 ☐ | **jet aircraft** | ジェット機 |
| 1957 ☐ | **ropeway** [róʊpwèɪ] | ロープウェイ |

## Picture Dictionary ⑦ Sports —— スポーツ

|  |  |  |
|---|---|---|
| 1958 | **(American) football** | （アメリカン・）フットボール |
| 1959 | **archery** [ɑ́ːrtʃəri] | アーチェリー |
| 1960 | **badminton** [bǽdmɪtn, -mɪntn] | バドミントン |
| | **baseball** [béɪsbɔ̀ːl] | 野球 |
| | **basketball** [bǽskətbɔ̀ːl] | バスケットボール |
| 1961 | **bouldering** [bóʊldərɪŋ] | ボルダリング |
| 1962 | **canoe** [kənúː] | カヌー |
| 1963 | **curling** [kə́ːrlɪŋ] | カーリング |
| 1964 | **futsal** [fúːtsɔːl] | フットサル |
| 1965 | **golf** [gɑ́ːlf, gɔ́ːlf] | ゴルフ |
| 1966 | **gymnastics** [dʒɪmnǽstɪks] | 体操競技 |
| 1967 | **handball** [hǽndbɔ̀ːl] | ハンドボール |
| | **hockey** [hɑ́ːki] | ホッケー |

音声

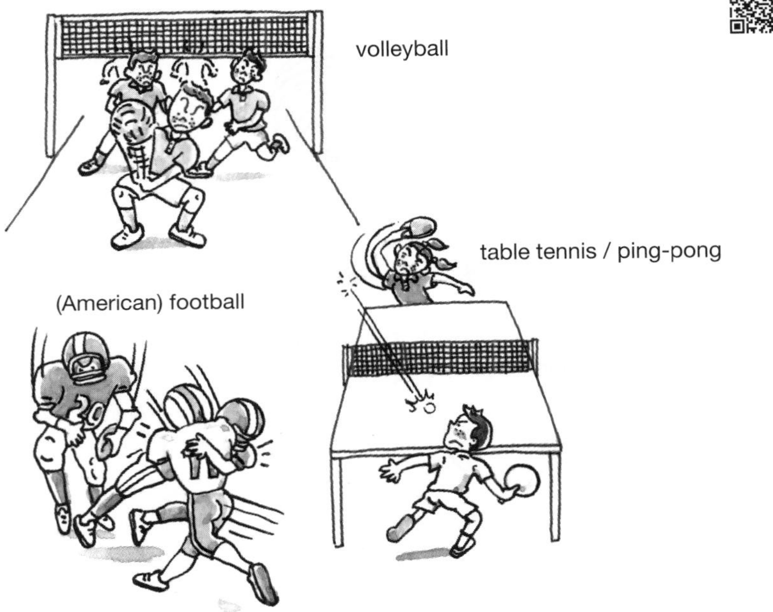


| | | |
|---|---|---|
| 1968 ☐ | **lacrosse** [ləkrɔ́(:)s] | ラクロス |
| 1969 ☐ | **marathon** [mérəθɑ̀:n, mǽrə-] | マラソン |
| 1970 ☐ | **table tennis** | 卓球　= ping-pong　※くだけた表現 |
| | **rugby** [rʌ́gbi] | ラグビー |
| 1971 ☐ | **skateboarding** [skéɪtbɔ̀:rdɪŋ] | スケートボード |
| | **skiing** [skí:ɪŋ] | スキー |
| | **soccer** [sɑ́:kər] | サッカー　《英》football |
| | **swimming** [swímɪŋ] | 競泳，水泳 |
| 1972 ☐ | **tennis** [ténəs] | テニス |
| 1973 ☐ | **track and field** | 陸上競技 |
| 1974 ☐ | **triathlon** [traɪǽθlɑ:n, -lən] | トライアスロン |
| 1975 ☐ | **volleyball** [vɑ́:libɔ̀:l] | バレーボール |
| | **wrestling** [réslɪŋ] | レスリング |

## Picture Dictionary ⑧ Human Face and Body —— 顔・身体

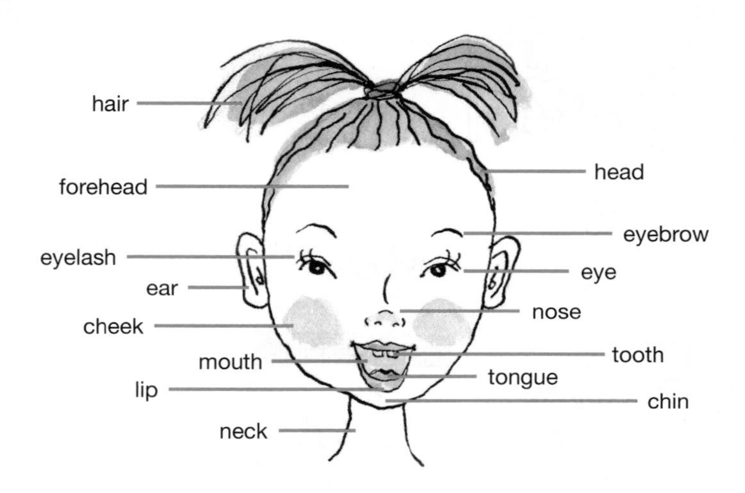


|  |  |  |
|---|---|---|
| 1976 ☐ | **cheek** [tʃíːk] | ほお |
| 1977 ☐ | **chin** [tʃín] | あご |
| 1978 ☐ | **ear** [íər] | 耳 |
| 1979 ☐ | **eye** [áɪ] | 目 |
| 1980 ☐ | **eyebrow** [áɪbràʊ] | 眉毛(まゆげ), 眉(まゆ) |
| 1981 ☐ | **eyelash** [áɪlæ̀ʃ] | まつげ |
| | **forehead** [fɔ́ːrhèd] | 額(ひたい) |
| 1982 ☐ | **hair** [héər] | 髪の毛 |
| | **head** [héd] | 頭 |
| 1983 ☐ | **lip** [líp] | 唇 |
| | **mouth** [máʊθ] | 口 |
| | **neck** [nék] | 首 |
| 1984 ☐ | **nose** [nóʊz] | 鼻 |
| 1985 ☐ | **tongue** [tʌ́ŋ] | 舌 |
| | **tooth** [túːθ] | 歯　《複》teeth |

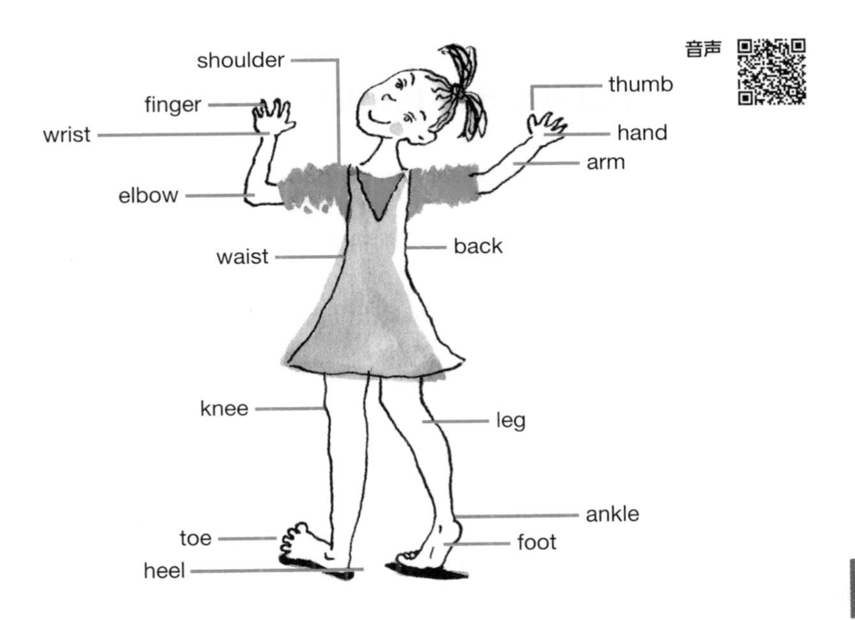


| | | |
|---|---|---|
| 1986 ☐ | **ankle** [ǽŋkl] | 足首，くるぶし |
| | **arm** [ɑ́ːrm] | 腕 |
| | **back** [bǽk] | 背中；背面 |
| 1987 ☐ | **elbow** [élboʊ] | ひじ |
| 1988 ☐ | **finger** [fíŋgər] | 〈手の〉指 |
| | **foot** [fʊ́t] | 足　《複》feet |
| | **hand** [hǽnd] | 手 |
| 1989 ☐ | **heel** [híːl] | かかと |
| | **knee** [níː] | ひざ |
| 1990 ☐ | **leg** [lég] | 脚；脚部（きゃくぶ） |
| 1991 ☐ | **nail** [néɪl] | つめ |
| 1992 ☐ | **shoulder** [ʃóʊldər] | 肩 |
| 1993 ☐ | **thumb** [θʌ́m] | 〈手の〉親指 |
| 1994 ☐ | **toe** [tóʊ] | つま先；足の指 |
| 1995 ☐ | **waist** [wéɪst] | 腰 |
| 1996 ☐ | **wrist** [ríst] | 手首 |

☑☑ スピーチをする

## 107. Keys to Effective Public Speaking

**Q What three steps are necessary for preparing a speech?**

1 ❶ Good afternoon! I'm happy to see so many people here. Today, I am going to share some **basic tips** on how to prepare and **give an effective** public **speech**. After that, you'll have a chance to **put** my advice **into practice**.

5 ❷ First of all, the listeners' **impression** of you is very important. You want them to see you as relaxed, **friendly**, and **frank**. In my opinion, **preparation** is the key to achieving this. Be sure to **research** your topic well. Then, take plenty of time to write and **rewrite** your speech. Finally, practice giving your speech in front of
10 another person if possible.

❸ Now, let's **go over** some **details** concerning research, writing, and **delivery** …

|  |  |  |
|---|---|---|
| 1997 ☐ | **basic** [béɪsɪk] | 形 基本的な，基礎的な |
| 1998 ☐ | **tip** [típ] | 名 秘訣，こつ；チップ |
| 1999 ☐ | **give a speech** | スピーチ〔演説〕をする |
| 2000 ☐ | **effective** [ɪféktɪv] | 形 効果的な，有効な |
| 2001 ☐ | **put ～ into practice** | ～を実行する |
| 2002 ☐ | **impression** [ɪmpréʃən] | 名 印象 |
| 2003 ☐ | **friendly** [fréndli] | 形 親し気な，友好的な |
| 2004 ☐ | **frank** [fræŋk] | 形 率直な，ざっくばらんな |
| 2005 ☐ | **preparation** [prèpəréɪʃən] | 名 準備 |
| 2006 ☐ | **research** 動 [rɪsə́ːrtʃ, rə-] 名 [⌐⌐, ⌐⌐] | 他 を調査〔研究〕する 自 調査〔研究〕する 名 研究 |



100 200 300 400 500 600 700 800 900 1000 1100 1200

# 107. 効果的なパブリック・スピーキングの秘訣

❶ こんにちは！ ここでこんなにたくさんの方にお目にかかれてうれしいです。今日は，効果的なパブリック・スピーチを準備して行うための基本的な秘訣をいくつか紹介します。その後，私のアドバイスを実践する機会がございます。
❷ まず，聞き手が持つみなさんの印象はとても大切です。みなさんは，リラックスしていて，親しみやすく，率直な人だと思われたいですよね。そのためには，準備が大切だと私は考えています。必ずテーマについてよく調べておいてください。そしてスピーチを執筆し書き直すために，十分な時間をかけてください。そして最後に，可能であれば人前でスピーチをする練習をします。
❸ それでは，調査，執筆，話し方に関して詳細を確認していきましょう…。



|  |  |  |
|---|---|---|
| 2007 | **rewrite** 動 [rì:ráɪt] 名 [rí:ràɪt] | 他を書き直す 名書き直し<br>rewrite > rewrote > rewritten |
| 2008 | **go over ～** | ～をよく調べる，～を見直す |
| 2009 | **detail** [dí:teɪl, dɪtéɪl] | 名詳細 |
| 2010 | **delivery** [dɪlívəri, də-] | 名話し方；配達；分娩 |

**Q** スピーチの準備に必要な３つのステップとは何ですか。

**A** Research, writing, and practice are necessary.
（調査，執筆，練習が必要です。）

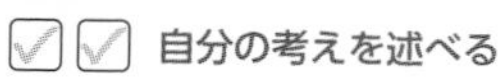
自分の考えを述べる

音声 

## 108. Women have more political power.

**Q In what ways does the speaker say gender roles for married couples are more equal today?**

1 An international **organization** is having a **discussion** on **gender** equality. Mr. Johnson is making his remarks.

Over the past 50 years, the position of women in society has changed a lot. Before the 1970s, most women worked **at home**.
5 They raised children and **took care of** the house. **Nowadays**, more women work outside the home. They **are** more **likely to graduate** from **university** and earn a good amount of money. **As a result**, gender roles for married people have become more equal. Married couples **support** the family and make decisions together.
10 Women have more **political power**, too. In my country, we even have a **female** vice president. **Therefore**, I believe women should feel happy about their place in society.

|  |  |  |
| --- | --- | --- |
| 2011 | **organization** [ɔ̀ːrɡənəzéɪʃən] | 名組織，団体 |
| 2012 | **discussion** [dɪskʌ́ʃən] | 名議論 |
| 2013 | **gender** [dʒéndər] | 名（文化的・社会的役割としての）性 |
| 2014 | **at home** | 在宅して；本国で；くつろいで |
| 2015 | **take care of 〜** | 〜を引き受ける；〜の世話をする |
| 2016 | **nowadays** [náʊədèɪz] | 副近頃では，最近では |
| 2017 | **be likely to ...** | …する可能性が高い，…しそうである，…しがちである ⇔ unlikely ※**likely** の前に **more** や **most** を置いてその可能性の程度を表す。 |
| 2018 | **graduate** [ɡrǽdʒuèɪt] | 自〈**from** 〜で〉〜を卒業する，〈**in** 〜で〉〜を専攻し卒業する |
| 2019 | **university** [jùːnəvə́ːrsəti] | 名大学 |
| 2020 | **as a result** | その結果（として） |
| 2021 | **support** [səpɔ́ːrt] | 他を支える；を支持する 名支持；援助 |



100 200 300 400 500 600 700 800 900 1000 1100 1200

# 108. 議論 (1) 女性の政治的な権力が強くなっています

ある国際機関で，ジェンダー平等に関する議論が行われています。ジョンソン氏が発言しているところです。

この 50 年間で，社会における女性の地位は大きく変化しました。1970 年代以前は，ほとんどの女性は家庭で働いていました。子育てをし，家のことを引き受けていました。近頃では，より多くの女性が家庭の外で働いています。大学を卒業して相当の収入を得る可能性がより高くなっています。その結果，既婚者のジェンダーロール（性別役割分担）がより平等になってきました。夫婦は共に家族を支え，意思決定を行います。女性は，政治的な権力も強くなっています。私の国では，女性の副大統領がいるほどです。ですから，私は女性は社会の中での自分の立場を幸せに感じたほうがよいと考えています。



| | | |
|---|---|---|
| 2022 ☐ | **political** [pəlítɪkl] | 形 政治的な |
| 2023 ☐ | **power** [páʊər] | 名 権力；力 |
| 2024 ☐ | **female** [fíːmeɪl] | 形 女性の　⇔ male（男性の） |
| 2025 ☐ | **therefore** [ðéərfɔ̀ːr] | 副 したがって，それゆえに |

**語句・表現**

*l*.2　equality「平等」冒頭のQにある equal は形容詞で「平等な」。
*l*.7　a ＋形容詞＋ amount of ～→数えられないものの量の多寡を表す。

**Q** 話し手はどのような点で，今日では既婚者の性別役割分担はより平等だと言っているのでしょうか。

**A** He says that married couples today support the family and make decisions together.
（彼は，今の既婚者は共に家庭を支え，意思決定をしていると言っています。）

☑☑ 自分の考えを述べる

音声 

## 109. I'm sorry to disagree.

**Q Where might women experience violence against them in many countries?**

1 Ms. Smith **disagrees** with Mr. Johnson.

I'm sorry to disagree, but the **reality** for many women isn't so simple. Sure, more women have jobs today. However, working **conditions** for women are often **unfair**. Even in **developed**
5 countries, men usually make more money than women who do the same job. Also, many married women with jobs still have to do most of the housework. The situation is **worse** in less developed places. Consider Africa, for example. In many **villages**, girls can't go to school and women can't work. That's **mostly** because
10 they have to spend their days looking for water for their families. Also, in many countries, **physical** violence **against** women is still **common** in homes, schools, and **workplaces**. As long as these **harmful** conditions exist, we can't say women have **fully** achieved gender equality.

|  |  |  |
|---|---|---|
| 2026 ☐ | **disagree** [dìsəgríː] | 自〈with ～で〉～と意見が合わない；～と一致しない |
| 2027 ☐ | **reality** [riǽləti] | 名 現実 |
| 2028 ☐ | **condition** [kəndíʃən] | 名 条件；状態 |
| 2029 ☐ | **unfair** [ʌ̀nféər] | 形 不公平な；ずるい |
| 2030 ☐ | **developed** [dɪvéləpt] | 形 発展した，先進の |
| 2031 ☐ | **worse** [wə́ːrs] | 形 より悪い　副 より悪く |
| 2032 ☐ | **village** [vílɪdʒ] | 名 村 |
| 2033 ☐ | **mostly** [móustli] | 副 主として，たいてい |
| 2034 ☐ | **physical** [fízɪkl] | 形 身体の；物質の |
| 2035 ☐ | **against** [əgènst, ɪ-, -gèɪnst] | 前 ～に対して；〈試合などで〉～を相手にして；～に反対して |

# 109. 議論 (2) 申し訳ありませんが同意できません

スミス氏はジョンソン氏の意見に反対しています。

同意できず申し訳ないのですが，多くの女性の現実はそれほど単純ではありません。確かに，今日ではより多くの女性が職に就いています。しかし，女性の労働条件は不公平なことが多いのです。先進国でも，同じ仕事をする女性より男性のほうが多く稼いでいるのが普通です。また，仕事を持つ既婚女性の多くは，いまだに家事のほとんどをしなければなりません。あまり発展していない地域では，状況はさらに悪くなります。例えば，アフリカを考えてみてください。多くの村では，女の子は学校に行けず，女性は働くことができません。これは主に，家族のために水を探すことに日々を費やさなければならないからです。また，多くの国では，家庭や学校，職場内で女性に対する身体的暴力がいまだによくあります。このような悪影響を及ぼす環境が存在する限り，女性が十分にジェンダー平等を達成したとは言えません。



| | | |
|---|---|---|
| 2036 ☐ | **common** [kɑ́ːmən] | 形 ふつうの，よく起こる；共通の |
| 2037 ☐ | **workplace** [wə́ːrkplèɪs] | 名 職場 |
| 2038 ☐ | **harmful** [hɑ́ːrmfl] | 形 悪影響を及ぼす，有害な |
| 2039 ☐ | **fully** [fʊ́li] | 副 十分に，完全に |

**語句・表現**

*l*.7 housework「家事」
*l*.11 violence「暴力」

**Q** 多くの国で，女性は自分に対する暴力をどこで経験する可能性がありますか。

**A** It is common in homes, schools and workplaces.
（家庭，学校，職場内でよくあります。）

☑☑ 家の予定について説明する

# 110. Repairs on Our House

**Q** **How often does the speaker repair her house?**

❶ **Every** five **years**, we do some major **repairs** on our house. So this week we've asked a **builder** to come and **make up** a plan to design a new area **downstairs**. We want him to remove the old window in the family room and **put in** a new one, made out of large glass blocks. We also want him to build a **patio** outside. Unfortunately, he'll have to **dig up** part of our garden to do it.
❷ Next week, the **painter** will come to re-paint all the walls and the **ceiling**. Then **in a month** he'll come back again and paint the **roof**. We also may need to have a **plumber** come because sometimes we have a problem with the hot water.
❸ This year, we'll also buy new curtains, have all the **rugs** cleaned and repair the **chimney** as well. By this summer, our house will be so beautiful. And it will be just **in time** for our summer guests.
❹ But it's important for us to **keep to** our schedule for the repairs and the cleaning. **In this way**, we can **make the most of** our house by keeping everything in the best **shape**.

|  |  |  |
|---|---|---|
| 2040 ☐ | **every ～ years** | ～年ごとに |
| 2041 ☐ | **repair** [rɪpéər, rə-] | 名 修理　他 を修理する |
| 2042 ☐ | **builder** [bíldər] | 名 建築業者 |
| 2043 ☐ | **make up ～** | ～を作成する，～を作り上げる |
| 2044 ☐ | **downstairs** [dáʊnstéərz] | 副 1階に〔で〕，階下に〔で〕<br>名 1階，階下 |
| 2045 ☐ | ▶ **upstairs** [ʌ́pstéərz] | 副 2階に；上の階に　名 2階；上の階 |
| 2046 ☐ | **put in ～** | ～を取り付ける；～〈言葉〉を差し挟む |
| 2047 ☐ | **patio** [pǽtiòʊ, pɑ́ːt-] | 名 中庭 |
| 2048 ☐ | **dig up ～** | ～を掘り起こす |
| 2049 ☐ | ▶ **dig** [díg] | 他 を掘る　自 地面を掘る |



100 200 300 400 500 600 700 800 900 1000 1100 1200

# 110. 家の修繕

❶ 5 年ごとに，わが家では大掛かりな修繕を行います。そこで今週，工務店の人に来てもらって 1 階に新しいスペースを作るための設計図を作成してもらうようにお願いしました。居間の古い窓を取り壊して，大きなガラスブロックでできた新しい窓を取り付けてもらいたいのです。また，屋外には中庭を造ってもらいたいと思っています。残念ながら，そうするために庭を一部掘り起こさなければなりません。
❷ 来週には，ペンキ屋が来て壁と天井をすべて塗り直します。それから 1 カ月後に，屋根を塗りにまたやって来ます。また，時々お湯の出に問題があるので，配管工にも来てもらわなくてはならないかもしれません。
❸ 今年はまた，新しいカーテンを買い，じゅうたんをすべてきれいにし，煙突も修理します。この夏までには，わが家はとてもきれいになるでしょう。そして，夏のお客様にちょうど間に合うはずです。
❹ でも，修理と清掃をスケジュールに沿って進めることが重要です。このようにして，すべてを最善の状態にすることで，わが家を最大限に楽しむことができるのです。



| No. | 語句 | 意味 |
|---|---|---|
| 2050 ☐ | **painter** [péɪntər] | 名 塗装工，ペンキ屋；画家 |
| 2051 ☐ | **ceiling** [síːlɪŋ] | 名 天井 |
| 2052 ☐ | **in a month** | 1 カ月のうちに |
| 2053 ☐ | **roof** [rúːf, rʊ́f] | 名 屋根 |
| 2054 ☐ | **plumber** [plʌ́mər] ♪ | 名 配管工 |
| 2055 ☐ | **rug** [rʌ́g] | 名〈床の一部に敷く〉敷物，じゅうたん |
| 2056 ☐ | **chimney** [tʃɪ́mni] | 名 煙突 |
| 2057 ☐ | **in time** | 〈for ～で〉～に間に合って |
| 2058 ☐ | ▶ **on time** | 時間どおりに |
| 2059 ☐ | **keep to ～** | ～〈計画など〉を守る，～に沿って進める |
| 2060 ☐ | **in this way** | このように(して) |

| | | |
|---|---|---|
| 2061 ☐ | **make the most of ～** | ～を最大限に利用する |
| 2062 ☐ | **shape** [ʃéɪp] | 名（物事の）状態；（物の）形；姿　in the best shape（最善の状態に）　他を形作る |

**語句・表現**

- *l*.4　the family room「居間」
- *l*.4　put in a new one → one は window を指す。
- *l*.4　made out of large glass blocks → 新しい窓について説明した部分。
- *l*.6　to do it = to build a patio outside
- *l*.9　have a plumber come → 'have ＋〈人〉＋動詞の原形' で「〈人〉に…してもらう」という意味。
- *l*.11　have all the rugs cleaned → 'have ＋〈もの〉＋動詞の過去分詞形' で「〈もの〉を…してもらう」という意味。

**Q**　話し手はどのくらいの頻度で家を修繕しますか。

**A**　She repairs it every five years.（5年ごとに修繕します。）

MEMO

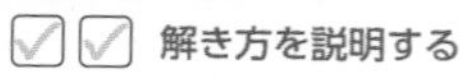

解き方を説明する

音声

# 111. Math Questions

**Q** **Did Ben solve the second question by himself in the end?**

1 Ms. Brown: Look at triangle 1 below. How long is line C?
Ben: I don't have any idea. I'm not good at this sort of question.
Ms. Brown: It's 5 centimeters long. Let's try it step by step. First,
5 line B is 3 centimeters long and line A is 4 centimeters long, right?
Ben: Yes, that's right.
Ms. Brown: So I multiply 3 by 3. That's 9. Then, I multiply 4 by 4. That's 16. The sum of 9 plus 16 is 25, right?
10 Ben: Uh-huh.
Ms. Brown: Well, if you multiply 5 by 5 you get 25, so the answer is 5. Do you understand?
Ben: Well, maybe ...
Ms. Brown: OK. Look at triangle 2. How long is line C?
15 Ben: Let me see. Is it 10 meters long?
Ms. Brown: Well done!

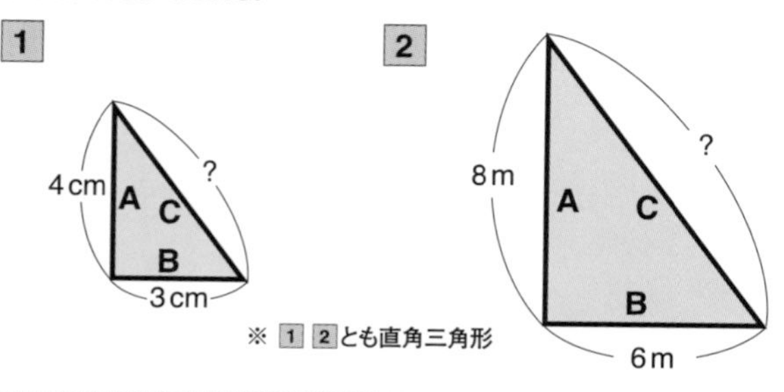


| | | |
|---|---|---|
| 2063 ☐ | **triangle** [tráɪæ̀ŋgl] | 名 三角形；(楽器の) トライアングル |
| 2064 ☐ | **line** [láɪn] | 名 線；列；セリフ 他 に線を引く 自 並ぶ |
| 2065 ☐ | **sort** [sɔ́ːrt] | 名 種類 (≒ kind) 他 を分類する |



100 200 300 400 500 600 700 800 900 1000 1100 1200

# 111. 数学の問題

ブラウン先生：下の三角形 1 を見て。辺Cの長さがわかる？
ベン：まったくわからない。こういう類の問題は苦手なんです。
ブラウン先生：5センチよ。順を追って考えていきましょう。まず，辺Bは3センチで辺Aは4センチでしょ。
ベン：はい，そうです。
ブラウン先生：だから，3掛ける3で9。それから4掛ける4は16。9足す16の合計は25でしょ。
ベン：うん。
ブラウン先生：それから，5掛ける5は25になるから，答えは5なの。わかる？
ベン：うん，たぶん…
ブラウン先生：いいわね。次に三角形 2 を見て。辺Cの長さは？
ベン：えーと。10メートル？
ブラウン先生：よくできました！



| | | |
|---|---|---|
| 2066 | **centimeter** [séntəmìːtər] | 名 センチメートル |
| 2067 | **step by step** | 一歩一歩，着実に |
| 2068 | **multiply** [mʌ́ltəplài] | 他〈計算で〉(ある数に)～(ある数)を掛ける；を増やす 自 増える |
| 2069 | **sum** [sʌ́m] | 名 合計 他 を合計する<br>sum up ～ (～を要約する) |
| 2070 | ▶ **in all** | 全部で |
| 2071 | **meter** [míːtər] | 名 メートル |
| 2072 | **well done** | よくやった |

**Q** ベンは最終的に2つめの問題を自分で解きましたか。

**A** Yes, he did.（はい，解きました。）

☑☑ 頼みごとをする

音声 

## 112. We'll do our best!

**Q Why would James be a good person to help Emi?**

Emi's boss is asking her to **lead** a sales **presentation**.
(on the phone)

Thomas: Hi, Emi. This is Thomas. My flight has been **delayed** and I'm still in Chicago. I definitely won't get back in time for the sales presentation tomorrow. Can you possibly lead it? I'll email you the slide show.

Emi: Well… I know all about our drugstore sales. But I'm not very familiar with our online **market**. I don't want to make any **mistakes**.

Thomas: Hmm… Can you ask one of the other **managers** to help you? James would **probably** be good.

Emi: That's a great idea. He can **operate** the slide show, too.

Thomas: OK. I'll send the slide show to him, too. It includes a **review** of last year's sales. I have no **doubt** the two of you will do fine.

Emi: Thanks, Thomas. We'll **do our best**!

|  |  |  |
|---|---|---|
| 2073 | **lead** [lí:d] | 他（会議など）をリードする，を導く；（人々）を率いる 自通じる 名先導；リード<br>lead > led > led |
| 2074 | **presentation** [prì:zəntéɪʃən] | 名プレゼンテーション，（口頭の）発表 |
| 2075 | **delay** [dɪléɪ] | 自遅れる 他を遅らせる 名遅れ |
| 2076 | **market** [má:rkɪt] | 名市場，マーケット |
| 2077 | **mistake** [məstéɪk] | 名誤り，間違い |
| 2078 | **manager** [mǽnɪdʒər] | 名責任者；経営者 |
| 2079 | **probably** [prá:bəbli] | 副たぶん，おそらく |
| 2080 | **operate** [á:pərèɪt] | 他を操作する |
| 2081 | **review** [rɪvjú:] | 名（過去の出来事の）報告；見直し；論評<br>他を振り返る；を見直す，を再調査する |

# 112. 最善を尽くします！

エミの上司がエミに販売プレゼンテーションをリードするよう頼んでいます。
(電話で)

トーマス：もしもし，エミ。トーマスです。飛行機が遅れていて，まだシカゴにいるんだ。明日の販売プレゼテーションには絶対間に合わないだろう。ひょっとしてプレゼンをリードしてもらえないかな。スライドショーをメールで送るよ。

エミ：そうですね…ドラッグストアの売上については全部わかっているんです。でも，オンライン市場のことはあまり詳しくありません。ひとつも誤りを犯したくないんです。

トーマス：うーん，他のマネージャーの一人に君の手伝いをお願いできないかな。たぶんジェームズがいいだろうね。

エミ：それはいい考えですね。彼はスライドショーも操作することができます。

トーマス：よし。彼にもスライドショーを送ろう。昨年の売上の報告も含んでいる。私は，疑いを抱いていないんですよ，あなたたち二人がうまくやるだろうということに。

エミ：ありがとう，トーマス。最善を尽くします。

3 Section 3

| | | |
|---|---|---|
| 2082 | **doubt** [dáʊt] | 名 疑い，疑念 他 を疑う |
| 2083 | **do *one*'s best** | 最善を尽くす |

**語句・表現**

*l*.4 definitely「〈否定文で〉絶対に，決して」

**Q** なぜジェームズはエミを手伝うのに適した人物なのでしょうか。

**A** Because he is more familiar with the online market and he can operatethe slide show.（彼はオンライン市場により詳しく，またスライドショーを操作することができるからです。）

☑☑ お知らせを聞く

# 113. Dangerous Weather

**Q Why will the risk of tornadoes and flooding be higher during the next few days?**

1 This is an **emergency announcement** from the National Weather Service. Please listen **carefully** and follow **instructions**. A tornado has been seen in your area. If you live in the **northern** part of the city, we **advise** you to **take action** immediately. Move to a room 5 in the **inner** part of your house. Rooms below ground are safer. Stay there until the danger has passed. We will **provide** updates on television, on the radio, and by **text message**. Please note that we are **predicting thunderstorms** and heavy **rain** for the next few days. There will be a higher risk of tornadoes and flooding during 10 that time.

|  |  |  |
|---|---|---|
| 2084 | **emergency** [ɪmə́ːrdʒənsi] | 名緊急 |
| 2085 | **announcement** [ənáunsmənt] | 名発表，告知 |
| 2086 | **carefully** [kéərfəli] | 副注意深く，慎重に |
| 2087 | **instruction** [ɪnstrʌ́kʃən] | 名指示，命令 |
| 2088 | **northern** [nɔ́ːrðərn, nɔ́ːrðn] | 形北の，北方の |
| 2089 | **advise** [ədváɪz] | 他〈専門家などが〉に忠告する，に助言する；を勧める |
| 2090 | **take action** | 行動を起こす |
| 2091 | **inner** [ínər] | 形奥の，内側の；内面的な，精神的な |
| 2092 | **provide** [prəváɪd, prou-] | 他を提供する，を与える |
| 2093 | **text message** | （携帯電話で送受信する）メール |
| 2094 | **predict** [prɪdíkt] | 他を予測する |

# 113. 危険な天候

これは，国立気象局からの緊急発表です。注意深く聞いて，指示に従ってください。お住まいの地域で竜巻が目撃されました。市の北部にお住まいの場合，すぐに行動を起こすよう勧告します。家の奥の部屋に移動してください。地下の部屋ならより安全です。危険が去るまでそこにいてください。テレビ，ラジオ，携帯メールで最新情報をお伝えします。今後数日間は雷雨や大雨が予想されますのでご注意ください。その間，竜巻や洪水の危険性が高くなるでしょう。



| | | |
|---|---|---|
| 2095 | **thunderstorm** [θʌ́ndərstɔ̀ːrm] | 名（激しい）雷雨 |
| 2096 | **rain** [réɪn] | 名雨　自雨が降る |

**語句・表現**

- *l*.1 National Weather Service「国立気象局」
- *l*.2 tornado「竜巻」
- *l*.6 update「最新情報」
- *l*.9 flooding「洪水」

**Q** なぜ今後数日間，竜巻や洪水の危険性が高くなるのでしょうか。

**A** Because thunderstorms and heavy rain will occur during that time.
（その期間に雷雨と大雨が発生するだろうからです。）

☑☑ ゲストスピーカーを紹介する

音声 

## 114. A warm welcome

**Q How did Dr. Goodwin learn about the behavior and habitats of Asian elephants?**

Good evening! I'm happy to introduce our guest speaker, Dr. Sarah Goodwin. Dr. Goodwin has had a long **career** as a **researcher**, author, and public speaker. She is famous for her **significant** work with **endangered** Asian elephants. Dr. Goodwin has spent a lot of time studying the elephants in **remote** villages and jungles. She has an amazing **knowledge** of elephant **behavior** and habitats. Her latest book, *Walking with Elephants*, includes powerful **writing** and beautiful **photography**. It has sold millions of copies and won many **awards all over the world**. Let's give Dr. Goodwin a warm welcome.

|  |  |  |
|---|---|---|
| 2097 ☐ | **career** [kəríər] | 名経歴；（専門的な）職業 |
| 2098 ☐ | **researcher** [rɪsə́ːrtʃər] | 名研究者 |
| 2099 ☐ | **significant** [sɪgnífɪkənt] | 形重要な；意味のある |
| 2100 ☐ | **endangered** [endéɪndʒərd] | 形絶滅の危機に瀕した，危険にさらされた |
| 2101 ☐ | **remote** [rɪmóʊt] | 形人里離れた，遠く離れた |
| 2102 ☐ | **knowledge** [náːlɪdʒ] | 名知識 |
| 2103 ☐ | **behavior** [bɪhéɪvjər, bə-] | 名行動 |
| 2104 ☐ | **writing** [ráɪtɪŋ] | 名書かれた物，文書 |
| 2105 ☐ | **photography** [fətáːgrəfi] | 名写真撮影；写真の技術 |
| 2106 ☐ | **award** [əwɔ́ːrd] | 名賞 |
| 2107 ☐ | **all over the world** | 世界中で |

# 114. 温かい歓迎

こんばんは。今回のゲストスピーカー，サラ・グッドウィン博士をご紹介します。グッドウィン博士は，研究者，作家，講演者として長いご経歴をお持ちです。絶滅の危機に瀕しているアジアゾウに関する重要な活動で有名でいらっしゃいます。グッドウィン博士は，人里離れた村やジャングルで，多くの時間をかけてゾウを研究されてきました。ゾウの行動や生息地について驚くべき知識をお持ちです。彼女の最新刊『ゾウとともに歩む』は，力強い文章と美しい写真が掲載されています。この本は世界中で何百万部も売れ，多くの賞を獲得しています。グッドウィン博士を温かくお迎えしましょう。



**語句・表現**

- *l.*4 spent a lot of time studying 〜→ 'spend +〈時間〉+ (in) ...ing' で「…するのに〈時間〉を使う，〈時間〉をかけて…する」という意味。
- *l.*6 habitat「生息地」
- *l.*8 It has sold millions of copies → この sell は「〈商品が〉(部数・個数) を売る」の意味。copy は「(本・雑誌などの) 部，冊」。

**Q** グッドウィン博士は，アジアゾウの行動や生息地についてどのように学んだのでしょうか。

**A** She spent a lot of time studying them in remote villages and jungles.
(彼女は人里離れた村やジャングルで，多くの時間をかけて研究しました。)

☑☑ 見た夢を詳細に説明する

音声

## 115. An Unusual Dream

**Q** **What did the creature give to the speaker?**

❶ Early this morning I had an unusual dream. In my dream, I went on a **one-day** trip to the moon by spaceship. When I got on the spaceship, a member of the **crew** was waiting for me outside the door. "Welcome aboard," he said. He told me to **watch my step** as I **got in** the spaceship, but he didn't come inside with me. He **shut** the door, and **nobody** else was inside the spaceship. I **was all alone**.

❷ In the spaceship, I could **go around freely**. When I was in the air, I **looked out of** the window and I could see the stars. When I arrived on the moon, a creature I'd never seen before came and talked to me. He was friendly and **showed** me **around** the moon. The tour took **half an hour**, but it seemed that the time **passed** quickly. When I said goodbye to the creature, he gave me a beautiful ring and said, "This ring is made from the **sand** of the moon. It will bring you happiness in the future."

❸ As soon as the spaceship **took off**, I **fell asleep** and when I **woke** up the next time, I was already in my bed. Then I found I was holding a ring in my hand.

| | | |
|---|---|---|
| 2108 | **one-day** [wʌ́ndéi] | [形] 1日の　one-day trip (日帰り旅行) |
| 2109 | **crew** [krúː] | [名] 乗組員，乗務員 |
| 2110 | **watch *one*'s step** | 足元に気をつける |
| 2111 | **get in ～** | ～に乗る |
| 2112 | **shut** [ʃʌ́t] | [他] (戸やふたなど) を閉める　[自] 閉じる<br>shut > shut > shut |
| 2113 | **nobody** [nóʊbədi] | [代] 誰も…ない |
| 2114 | **be all alone** | ひとりぼっちである |
| 2115 | **go around** | 動き回る |
| 2116 | **freely** [fríːli] | [副] 自由に |
| 2117 | **look out of ～** | ～から外を見る |

# 115. 不思議な夢

❶ 今朝早く，私は不思議な夢を見ました。夢の中で私は，宇宙船に乗って月へ日帰り旅行に行きました。宇宙船に乗ると，乗組員の一人が，ドアの外で私を待っていました。「ご搭乗ありがとうございます」と，乗組員は言いました。彼は，宇宙船に乗り込む私に，足元に気をつけるように言いました。でも彼は，私と一緒に中には入ってきませんでした。乗組員はドアを閉めました。宇宙船の中には他に誰もいませんでした。私はひとりぼっちでした。
❷ 宇宙船の中で，私は自由に動き回ることができました。宙に浮かんだとき，窓の外を見ると星が見えました。月に到着すると，見たこともない生物がやって来て，私に話しかけました。その生物は人なつこく，月を案内してくれました。ツアーは 30 分でしたが，時がたつのが速く感じられました。私がその生物にさようならを言うと，その生物はきれいな指輪を私にくれて，「この指輪は月の砂でできています。あなたの将来に幸せをもたらすでしょう」と言いました。
❸ 宇宙船が飛び立つと同時に，私は眠りにつき，次に目が覚めたときはもう自分のベッドの中にいました。そして，私は手に指輪をにぎっていることに気がついたのです。



| No. | 語句 | 意味 |
|---|---|---|
| 2118 ☐ | **show ～ around** | ～を案内する |
| 2119 ☐ | **half an hour** | 30分 |
| 2120 ☐ | **pass** [pǽs] | 自 過ぎる 他 を手渡す<br>名 通行などの許可証 |
| 2121 ☐ | **sand** [sǽnd] | 名 砂，砂浜 |
| 2122 ☐ | **take off** | 離陸する |
| 2123 ☐ | **fall asleep** | 眠りにつく |
| 2124 ☐ | **wake** [wéɪk] | 自 目覚める ※**wake up** とも言う。⇔ sleep<br>他 を起こす |

**Q** その生物は話し手に何をあげましたか。

**A** He gave her a beautiful ring.（彼はきれいな指輪をあげました。）

☑☑ 見た夢を詳細に説明する

音声 

# 116. A Bad Nightmare

**Q** **Who did the speaker see last in his dream?**

1 ❶ Yesterday I had a bad **nightmare**. In the nightmare, I walked outside of my house. **Just then** I discovered a strange little **doll** standing in front of me. The doll was clapping its hands and inviting me to come with it.
5 ❷ I was so scared that I **ran back to** my house to hide from it. When I entered my house, there was a big hole in the floor and I **fell into** it. In the dark hole, I heard the **voices** of a man and a woman talking. Suddenly, a bright light came on and I saw two people who looked like a king and a **queen**. They **moved away** when they were
10 aware of me watching them.
❸ Soon, I was surrounded by a lot of **guards** and they started to **shoot** at me. I was afraid they might **kill** me. I was frightened by them and I ran **up to** a big **pond**. But they were still **chasing** me. So I **jumped into** the pond, and then I realized I was already in my
15 bed. I didn't **have a good sleep** at all last night.

|  |  |  |
|---|---|---|
| 2125 | **nightmare** [náɪtmèər] | ㊔悪夢 |
| 2126 | **just then** | ちょうどその時 |
| 2127 | **doll** [dá:l, dɔ́:l] | ㊔人形 |
| 2128 | **run back to ～** | ～に走って戻る |
| 2129 | **fall into ～** | ～に落ちる |
| 2130 | **voice** [vɔ́ɪs] | ㊔声 |
| 2131 | **queen** [kwí:n] | ㊔女王 |
| 2132 | **move away** | 立ち去る |
| 2133 | **guard** [gá:rd] | ㊔衛兵；警備員 ㊎を見張る ㊌用心する |
| 2134 | **shoot** [ʃú:t] | ㊌撃つ ㊎を撃つ ㊔射撃 shoot > shot > shot |
| 2135 | **kill** [kíl] | ㊎を殺す |

# 116. ひどい悪夢

❶ 昨日，私はひどい悪夢を見ました。悪夢の中で，私は家の外を歩いていました。ちょうどその時，私は奇妙な小さな人形が私の前に立っているのに気づきました。その人形は，手をたたいていて，一緒についてくるようにと誘っていました。
❷ 私はとても怖かったので，家に走って戻り，人形から隠れようとしました。家に入ると，床に大きな穴があいていて，私はその中に落ちてしまいました。暗い穴の中で，男の人と女の人が話している声が聞こえました。突然，明るい光が降り注ぎ，王様と女王様のような二人の人物の姿が目に入りました。私が二人を見ていることに気づくと，二人は去っていきました。
❸ まもなく，私はたくさんの衛兵に囲まれ，衛兵は私に向かって撃ち始めました。彼らが私を殺すかもしれないと恐れていました。私は彼らにおびえて，大きな池まで走ってたどりつきました。でも，彼らはまだ私を追いかけてきていました。そこで，私は池に飛び込みました。そして，自分がすでにベッドの中にいることに気づいたのです。昨晩は，まったく熟睡することができませんでした。



| No. | 語句 | 意味 |
|---|---|---|
| 2136 ☐ | **up to ～** | ～まで，～に達して |
| 2137 ☐ | **pond** [pɑ́ːnd] | 名 池 |
| 2138 ☐ | **chase** [tʃéɪs] | 他 を追いかける　自 追いかける　名 追跡 |
| 2139 ☐ | **jump into ～** | ～に飛び込む |
| 2140 ☐ | **have a good sleep** | ぐっすりとよく眠る |

**語句・表現**

*l*.2 discover a strange little doll standing → 'discover + 〈人・もの〉 + ...ing' で，「〈人・もの〉が…しているのを見つける」という意味。
*l*.5 I was so scared that ... → so ～ that ... で「あまりに～なので…だ」の意。

**Q** 話し手は夢の中で最後に誰を見ましたか。

**A** He saw a lot of guards.（彼はたくさんの衛兵を見ました。）

 昔話を読む

# 117. The Story of Momotaro (1)

**Q** **What did Momotaro want to do for the people?**

❶ **Once upon a time**, there lived an old man and woman in the country. **One day** the old woman went to the river to wash some clothes. When she was washing the clothes, she saw a big peach **floating** down the river. “Wow, that’s a big peach!” she said. “I want it.” She **reached out for** it, got it and **brought** it **back** to her house. When her husband cut the peach, he found a baby boy inside. They named him “Momotaro” because he came from a peach.

❷ As Momotaro grew up, he became stronger and stronger **year after year**. One night, he heard that a **nearby** town was being destroyed by some *oni*, Japanese ogres, and that the people **were in danger of** being killed. He **decided that** he would go to the island where the *oni* lived. He would fight the *oni* and **release** the people **from** their **fear**.

|  |  |  |
|---|---|---|
| 2141 | **once upon a time** | 〈昔話の始まりに用いて〉昔々 |
| 2142 | **one day** | ある日 |
| 2143 | ▶ **in those days** | 当時は |
| 2144 | ▶ **at that time** | その時，当時は |
| 2145 | **float** [flóut] | 自 浮かぶ；流れる　他 を浮かべる |
| 2146 | **reach out for ～** | ～を取ろうと手を伸ばす |
| 2147 | **bring ～ back** | ～を持って帰る，～を取り戻す |
| 2148 | **year after year** | 毎年毎年 |
| 2149 | **nearby** [níərbáɪ] | 形 近くの |
| 2150 | **be in danger of ～** | ～の危険がある，～の危険にさらされている |
| 2151 | **decide that ...** | …と決心〔決意〕する |
| 2152 | **release A from B** | AをBから解放する |

# 117. 桃太郎のお話(1)

❶ 昔々，ある田舎におじいさんとおばあさんが住んでいました。ある日，おばあさんは川へ洗濯をしに行きました。着物を洗っていると，大きな桃が川に浮かんで下ってくるのが見えました。「まあ，大きな桃！ 欲しいわ」と，おばあさんは言いました。おばあさんは手を伸ばして桃を取って，家に持って帰りました。おじいさんが桃を切ると，中から男の赤ちゃんが出てきました。桃から出てきたので，二人はその子を「桃太郎」と名付けました。
❷ 桃太郎は成長するにつれて年々たくましくなっていきました。ある晩，桃太郎は，近くの町が鬼に破壊されつつあり，人々の命が危険にさらされているということを聞きました。桃太郎は鬼が住む島へ行こうと決めました。桃太郎は鬼と戦い，その町の人々を恐怖から解放しようと思ったのです。

3 Section 3

| 2153 ☐ | **fear** [fɪər] | ㊔恐怖 |
|---|---|---|

**語句・表現**

- *l*.3 saw a big peach floating down the river → 'see ＋〈人・もの〉＋ ...ing' で，「〈人・もの〉が…しているのを見る」の意味。
- *l*.7 name him "Momotaro" → 'name A B' で「A を B と名付ける」
- *l*.8 as ...「…につれて」
- *l*.10 *oni*, Japanese ogres → ogre は，民話などに登場する人食い鬼のこと。*oni* という日本語を導入した直後に，それがどういうものかを説明している。

**Q** 桃太郎は人々のために何をしたいと思いましたか。

**A** He wanted to fight the *oni* and release the people from their fear.
（彼は鬼と戦い，人々を恐怖から救いたいと思いました。）

昔話を読む

音声

# 118. The Story of Momotaro (2)

**Q** **Who did Momotaro get married to?**

1 ❶ On the way to the island, Momotaro met a dog, a **monkey** and a pheasant. They decided to join his fight to kill the *oni*.
❷ Later, Momotaro and his friends arrived on the island. Soon they found the house where the *oni* lived and **ran into** it. The *oni*
5 were there and started fighting them. One of the *oni* **swung** down towards Momotaro, and jumped at him with a big **hammer** in his hand. **In spite of** this attack, Momotaro didn't fall down because of the brave actions of his friends. The dog bit the *oni*'s legs, the monkey scratched their faces and the pheasant pecked at their
10 eyes. Finally, Momotaro with the help of his friends **drove** the *oni* **away**.
❸ Momotaro saved a lot of people and he became a **hero**. "Thank you very much. Please be my **son-in-law**," the lord of the town said. So Momotaro **got married** to a beautiful **lady** and lived
15 happily **ever after**.

|  |  |  |
|---|---|---|
| 2154 ☐ | **monkey** [mʌ́ŋki] | サル |
| 2155 ☐ | **run into ～** | ～にかけこむ |
| 2156 ☐ | **swing** [swíŋ] | ㊐体を左右に振って歩く；揺れる ㊍を揺らす ㊔振ること；ブランコ **swing** > swung > swung |
| 2157 ☐ | **hammer** [hǽmər] | ㊔金づち，ハンマー |
| 2158 ☐ | **in spite of ～** | ～にもかかわらず |
| 2159 ☐ | **drive ～ away** | ～を追い出す |
| 2160 ☐ | **hero** [híːroʊ, híːəroʊ] | ㊔英雄，ヒーロー |
| 2161 ☐ | **son-in-law** [sʌ́nɪnlɔ̀ː] | ㊔義理の息子，婿 |
| 2162 ☐ | **get married** | 結婚する |
| 2163 ☐ | **lady** [léɪdi] | ㊔女性；婦人 |
| 2164 ☐ | **ever after** | それからずっと |


100 200 300 400 500 600 700 800 900 1000 1100 1200

# 118. 桃太郎のお話 (2)

❶ 島へ行く途中，桃太郎は犬とサルとキジに会いました。彼らは，一緒に戦いに参加し鬼退治をすることにしました。
❷ その後，桃太郎と仲間たちは島に着きました。まもなく，桃太郎たちは，鬼が住む家を見つけ，そこにかけこみました。鬼たちは家におり，桃太郎たちを相手に戦いを始めました。一匹の鬼がのっしのっしと体を揺らしながら桃太郎たちの方へ近づいてきて，手に大きな金づちを持って桃太郎に飛びかかってきました。この攻撃にもかかわらず，仲間が勇敢に戦ってくれたおかげで，桃太郎は倒れませんでした。犬は鬼の足にかみつき，サルは鬼の顔をひっかき，キジは鬼の目をつつきました。ついに，桃太郎は仲間の助けを得て，鬼を追い出しました。
❸ 桃太郎はたくさんの人を助けて英雄になりました。「ありがとうございます。どうかうちの婿になってください」と，町の長者が言いました。そこで，桃太郎は，美しい女性と結婚して，いつまでも幸せに暮らしました。



**語句・表現**

- *l*.2 pheasant「〈鳥の〉キジ」
- *l*.4 the house where the *oni* lived → どんな house を見つけたのか，where 以降で説明している。
- *l*.5 swung down towards Momotaro → この場面では，体を揺すってのっしのっしと歩いてくる様子を表している。
- *l*.6 with a big hammer in his hand「手に大きな金づちを持って」
- *l*.9 scratch their faces「(鬼の) 顔をひっかく」
- *l*.9 peck at their eyes「(鬼の) 目をつつく」
- *l*.13 the lord of the town「町の長者，地主」

**Q** 桃太郎は誰と結婚しましたか。

**A** He got married to a daughter of the lord of the town.
(彼は町の長者の娘と結婚しました。)

童話を読む　　音声

## 119. Goldilocks and the Three Bears (1)

**Q What did Goldilocks eat after she entered the house in the woods?**

A girl **named** Goldilocks lived near the **edge** of the woods. One morning she went out to catch **butterflies** and **somehow ended up deep** in the woods. She was **lost** but saw a house nearby. So, she went and knocked on the door. No answer. She tried the door **handle**, and the door opened. She went inside. **No one** was home. She saw three bowls of **oatmeal** on a table. "That **smells** so good!" she said. She **tasted** a little from the big bowl. Too hot. Then, from the next bowl. Too cold. And finally, from the little bowl. Just right. She was very hungry, so, she **ate it all**.

| | | |
|---|---|---|
| 2165 | **name** [néɪm] | [他]を(～と)名付ける　[名]名前 |
| 2166 | **edge** [édʒ] | [名](中心から最も遠い)はずれ，端，へり；刃 |
| 2167 | **butterfly** [bʌ́tərflàɪ] | [名]蝶(ちょう) |
| 2168 | **somehow** [sʌ́mhàʊ] | [副]どういうわけか；なんとかして |
| 2169 | **end up** | 最後は～に行き着く；ついには～になる |
| 2170 | **deep** [díːp] | [副]奥深く，深く　[形]深い |
| 2171 | **lost** [lɔ́(ː)st] | [形]道に迷った，行方不明の；失った；負けた |

# 119. ゴルディロックスと3匹のクマ(1)

ゴルディロックスという名の女の子は，森のはずれの近くに住んでいました。ある朝，彼女は蝶をつかまえようと外に出て，どういうわけかしまいには森の奥深くに入ってしまいました。彼女は迷子になりましたが，近くに１軒の家が見えました。そこで，彼女は家まで行って，とびらをトントンとたたきました。答えはありません。とびらの取っ手に手をかけてみると，とびらは開きました。彼女は中に入りました。家には誰もいませんでした。机の上にオートミールのおわんが３つ置いてあるのが見えました。「とてもおいしそうな香り！」と彼女は言いました。彼女は大きなおわんから少し味見をしました。熱すぎます。それから次のおわんから味見しました。冷たすぎます。そして最後に，小さなおわんからです。ちょうどいい。彼女はとてもお腹が空いていましたので，それを全部食べてしまいました。



| | | |
|---|---|---|
| 2172 ☐ | **handle** [hǽndl] | 名 取っ手，ハンドル　他 を扱う |
| 2173 ☐ | **no one** | 誰も…ない |
| 2174 ☐ | **oatmeal** [óʊtmìːl] | 名 オートミール，麦のおかゆ |
| 2175 ☐ | **smell** [smél] | 自 〈～の〉においがする　他 のにおいを感じる　名 におい |
| 2176 ☐ | **taste** [téɪst] | 他 の味見をする　自 ～の味がする |
| 2177 ☐ | **eat ～ all〔eat all ～〕** | ～を全部食べる |

**Q** ゴルディロックスは森の中の家に入ったあと，何を食べましたか。

**A** She ate oatmeal.（彼女はオートミールを食べました。）

☑☑ 童話を読む　　音声

## 120. Goldilocks and the Three Bears (2)

**[Q] What did Goldilocks do when she saw the bears?**

Three bears, who lived in this house, went outside **for a short time** that morning. Why? They wanted their oatmeal to **cool down** before eating it. Meanwhile, Goldilocks said "I'm **full**. Now, I feel very tired." So, she went into the **bedroom** and found three beds. She decided to **lie down** on the smallest bed and quickly fell asleep. The bears came home and **immediately** noticed that something was wrong. "Someone has been at our breakfast table," they said. The little bear cried, "**somebody ate up** all my oatmeal." They then found the girl sleeping in the little bear's bed. Goldilocks **woke up** and saw three bears. She got up and ran to an open window. She **jumped out of** the window and the bears never saw her again.

| | | |
|---|---|---|
| 2178 ☐ | **for a short time** | 少しの間 |
| 2179 ☐ | **cool down** | 冷める，涼しくなる；～を冷やす；～を静める |
| 2180 ☐ | **full** [fúl] | [形]満腹の；満員の，いっぱいの |
| 2181 ☐ | **bedroom** [bédrù:m, -rùm] | [名]寝室 |
| 2182 ☐ | **lie down** | 横になる |
| 2183 ☐ | ▶ **lie** [láɪ] | [自]横になる，寝る　※「～を横たえる」は lay。 lie > lay > lain |
| 2184 ☐ | **immediately** [ɪmí:diətli] | [副]すぐに，ただちに |
| 2185 ☐ | **somebody** [sʌ́mbɑ̀:di, -bʌ̀di, -bədi] | [代]誰か，ある人 |
| 2186 ☐ | **eat up ～** | ～を残さず食べ（終え）る，～を食べ尽くす |

# 120. ゴルディロックスと3匹のクマ(2)

この家に住んでいた3匹のクマは，その朝少しの間，外に出かけました。どうしてでしょうか。彼らはオートミールを食べる前に冷ましたかったのです。一方で，ゴルディロックスは言いました「お腹がいっぱい。さてとっても疲れちゃったわ。」そこで，彼女は寝室に入り，ベッドを3つ見つけました。一番小さいベッドに横になることを決めると，すぐに眠りにつきました。クマたちは家に帰って来ると，すぐさま何かがおかしいと気づきました。「誰かが私たちの朝食のテーブルにいた」と彼らは言いました。小さいクマは「誰かが僕のオートミールを全部残さず食べちゃった。」と声をあげて泣きました。それから彼らは女の子が小さいクマのベッドで眠っているのを見つけました。ゴルディロックスは目を覚まし，3匹のクマを見ました。彼女は起き上がって開いている窓へと走りました。彼女は窓から外に飛び降りて，それからクマたちは二度と彼女を見ることはありませんでした。



| | | |
|---|---|---|
| 2187 ☐ | **wake up** | 目を覚ます，目が覚める，起きる |
| 2188 ☐ | **jump out of ～** | ～から飛び降りる |

**語句・表現**

*l*.2 They wanted their oatmeal to cool down → 直訳すると「彼らはオートミールが冷めることを望んでいる」want O（＝人・もの）to ... で「O が…することを望んでいる，O に…してもらいたい」の意味。

**Q** ゴルディロックスはクマを見たとき，どうしましたか。

**A** She got up, ran to an open window, and jumped out.
（彼女は起き上がって開いた窓へと走り，そして外に飛び降りました。）

# Quiz
## PART 3　Section 3

空所に当てはまる単語を選びましょう。

【1】

Over the past 50 years, the position of women in society has changed a lot. Before the 1970s, most women worked at home. They raised children and ( 1 ) the house. ( 2 ), more women work outside the home. They are more likely to ( 3 ) from university and earn a good amount of money.

| | | | |
|---|---|---|---|
| (1) (a) jumped out of | (b) made the most of | (c) showed around | (d) took care of |
| (2) (a) Fully | (b) Just then | (c) Nowadays | (d) One day |
| (3) (a) graduate | (b) lead | (c) provide | (d) shut |

【2】

Every five years, we do some major ( 1 ) on our house. So this week we've asked a builder to come and ( 2 ) a plan to design a new area ( 3 ). We want him to remove the old window in the family room and put in a new one, made out of large glass blocks.

| | | | |
|---|---|---|---|
| (1) (a) awards | (b) mistakes | (c) repairs | (d) researchers |
| (2) (a) get in | (b) go over | (c) make up | (d) run into |
| (3) (a) deep | (b) downstairs | (c) probably | (d) therefore |

**Answers**

【1】No.108 参照

(1) (d) その他の選択肢：(a) → 120　(b) → 110　(c) → 115 参照
(2) (c) その他の選択肢：(a) → 109　(b) → 116　(d) → 117 参照
(3) (a) その他の選択肢：(b) → 112　(c) → 113　(d) → 115 参照

【2】No.110 参照

(1) (c) その他の選択肢：(a) → 114　(b) → 112　(d) → 114 参照
(2) (c) その他の選択肢：(a) → 115　(b) → 107　(d) → 118 参照
(3) (b) その他の選択肢：(a) → 119　(c) → 112　(d) → 108 参照

【3】

This is an emergency ( 1 ) from the National Weather Service. Please listen carefully and follow ( 2 ). A tornado has been seen in your area. If you live in the northern part of the city, we ( 3 ) you to take action immediately.

(1) (a) announcement (b) detail (c) power (d) roof
(2) (a) delivery (b) discussions (c) instructions (d) shapes
(3) (a) advise (b) disagree (c) research (d) shut

【4】

A girl ( 1 ) Goldilocks lived near the ( 2 ) of the woods. One morning she went out to catch butterflies and somehow ended up deep in the woods. She was ( 3 ) but saw a house nearby. So, she went and knocked on the door.

(1) (a) chased (b) floated (c) named (d) waked
(2) (a) edge (b) fear (c) somebody (d) voice
(3) (a) full (b) inner (c) lost (d) remote



---

【3】No.113 参照

(1) (a) その他の選択肢：(b) → 107 (c) → 108 (c) → 110 参照
(2) (c) その他の選択肢：(a) → 107 (b) → 108 (d) → 110 参照
(3) (a) その他の選択肢：(b) → 109 (c) → 107 (d) → 115 参照

【4】No.119 参照

(1) (c) その他の選択肢：(a) → 116 (b) → 117 (d) → 115 参照
(2) (a) その他の選択肢：(b) → 117 (c) → 120 (d) → 116 参照
(3) (c) その他の選択肢：(a) → 120 (b) → 113 (d) → 114 参照

# More! ❸ Cooking——料理

音声 

## ●食器

|  |  |  |
|---|---|---|
| | **bowl** [bóʊl] | ボウル，どんぶり，茶わん，お椀 |
| 2189 | **chopsticks** [tʃá:pstìks] | 〈通例複数形〉はし |
| 2190 | **dish** [díʃ] | 〈料理を盛って出す深めの〉皿 |
| 2191 | **fork** [fɔ́:rk] | フォーク |
| 2192 | **plate** [pléɪt] | 〈各自が料理を取り分ける，平たくて丸い〉皿 |
| 2193 | **saucer** [sɔ́:sər] | 〈ティーカップなどの〉受け皿 |

## ●調理器具

|  |  |  |
|---|---|---|
| 2194 | **colander** [kʌ́ləndər] | ざる，水切り |
| | **cutting board** | まな板 |
| 2195 | **frying pan** | フライパン　※pan「(柄がついた片手の) 平鍋」 |
| 2196 | **gas stove** | ガスこんろ，ガスレンジ |
| 2197 | **kettle** [kétl] | やかん |
| 2198 | **kitchen knife** | 包丁 |
| 2199 | **ladle** [léɪdl] | おたま |
| 2200 | **measuring spoon** | 計量スプーン |
| 2201 | **peeler** [pí:lər] | 皮むき器 |
| 2202 | **pepper mill** | こしょう挽き |
| 2203 | **pitcher** [pítʃər] | 水差し，ピッチャー |
| 2204 | **pot** [pá:t] | 〈両手がついた深めの〉鍋 |
| 2205 | **tongs** [tá:ŋz, tɔ́:ŋz] | 〈通例複数形〉トング |

## ●台所家電

|  |  |  |
|---|---|---|
| | **blender** [bléndər] | ミキサー |
| 2206 | **dishwasher** [díʃwɑ̀:ʃər] | 食器洗い機 |
| 2207 | **microwave oven** | 電子レンジ |
| | **refrigerator** [rɪfrídʒərèɪtər] | 冷蔵庫　※短縮形は fridge。 |
| 2208 | **rice cooker** | 炊飯器 |

## ●切り方

| | | |
|---|---|---|
| 2209 | **chop** [tʃáːp] | を細かく刻む |
| 2210 | **chop ～ into chunks** | ～をぶつ切りにする　※chunk「かたまり」 |
| 2211 | **cut ～ into round slices** | ～を輪切りにする |
| 2212 | **cut ～ into strips** | ～を千切りにする |
| 2213 | **mince** [míns] | (肉)を(肉挽き機で)細かく刻む |
| 2214 | **slice** [sláɪs] | を薄切りにする |

## ●調理法

| | | |
|---|---|---|
| 2215 | **boil** [bɔ́ɪl] | をゆでる |
| 2216 | **broil** [brɔ́ɪl] | 〈グリル・焼き網で〉を焼く |
| 2217 | **fry** [fráɪ] | を油で揚げる，を炒める |
| 2218 | **grill** [gríl] | 〈強火で焼き網などで〉を焼く |
| 2219 | **steam** [stíːm] | を蒸す |
| 2220 | **stew** [st(j)úː] | をとろ火で煮込む |
| 2221 | **stir-fry** [stéːrfráɪ] | を強火でさっと炒める |
| | **roast** [róʊst] | をあぶり焼きにする，(豆など)を炒る |

## ●調味料

| | | |
|---|---|---|
| 2222 | **bean paste〔miso〕** | 味噌 |
| 2223 | **bouillon** [búljaːn, búːl-] | ブイヨン |
| | **flour** [fláʊər] | 小麦粉 |
| 2224 | **pepper** [pépər] | こしょう |
| 2225 | **rice wine〔sake〕** | 日本酒 |
| 2226 | **soy sauce** | 醤油 |
| 2227 | **starch** [stáːrtʃ] | 片栗粉 |
| 2228 | **sweet sake** | みりん |
| 2229 | **vinegar** [vínəgər] | 酢 |

3 More!

# More! ④ Fruit, Nuts——果物・ナッツ

音声 

## ●果物

|  |  |  |
|---|---|---|
| 2230 | **apple** [ǽpl] | りんご |
| 2231 | **avocado** [æ̀vəkɑ́:doʊ] | アボカド |
| | **banana** [bənǽnə] | バナナ |
| 2232 | **blueberry** [blú:bèri] | ブルーベリー |
| 2233 | **cherry** [tʃéri] | さくらんぼ |
| 2234 | **chestnut** [tʃésnʌ̀t, -nət] | 栗 |
| | **grape** [gréɪp] | ぶどう |
| 2235 | **grapefruit** [gréɪpfrù:t] | グレープフルーツ |
| 2236 | **Japanese pear** | 梨　※ **pear**「洋梨」 |
| 2237 | **kiwi fruit** | キウイ |
| 2238 | **lemon** [lémən] | レモン |
| 2239 | **lime** [láɪm] | ライム |
| 2240 | **melon** [mélən] | メロン |
| 2241 | **orange** [ɔ́:rɪndʒ, -əndʒ] | オレンジ |
| 2242 | **peach** [pí:tʃ] | 桃 |
| 2243 | **persimmon** [pərsímən] | 柿 |
| 2244 | **pineapple** [páɪnæ̀pl] | パイナップル |
| 2245 | **strawberry** [strɔ́:bèri] | いちご |
| 2246 | **watermelon** [wɑ́:tərmèlən] | すいか |

## ●ナッツ

|  |  |  |
|---|---|---|
| 2247 | **almond** [ɑ́:mənd, ǽl-] | アーモンド |
| 2248 | **cashew nut** | カシューナッツ |
| 2249 | **peanut** [pí:nʌ̀t] | ピーナッツ |
| 2250 | **pistachio** [pɪstǽʃiòʊ, -ʃoʊ] | ピスタチオ |
| 2251 | **walnut** [wɔ́:lnʌ̀t, -nət] | くるみ |

# More! ⑤ Vegetables——野菜

音声 

|  |  |  |
|---|---|---|
| 2252 | **asparagus** [əspérəgəs, -pǽr-] | アスパラガス |
| 2253 | **bean sprout** | もやし　※sprout「芽」 |
| 2254 | **broccoli** [brɑ́ːkəli] | ブロッコリー |
| 2255 | **cabbage** [kǽbɪdʒ] | キャベツ |
| | **carrot** [kérət, kǽr-] | にんじん |
| 2256 | **cauliflower** [kɔ́ːlɪflàʊər, kɑ́ːlɪ-, -liː-] | カリフラワー |
| 2257 | **Chinese cabbage** | 白菜 |
| | **corn** [kɔ́ːrn] | とうもろこし |
| 2258 | **cucumber** [kjúːkʌmbər] | キュウリ |
| 2259 | **eggplant** [égplæ̀nt] | なす |
| 2260 | **garlic** [gɑ́ːrlɪk] | にんにく |
| 2261 | **ginger** [dʒíndʒər] | 生姜 |
| 2262 | **green pepper** | ピーマン |
| 2263 | **Japanese radish** | 大根 |
| 2264 | **lettuce** [létəs] | レタス |
| 2265 | **lotus root** | れんこん |
| 2266 | **okra** [óʊkrə] | オクラ |
| | **onion** [ʌ́njən] | 玉ねぎ |
| | **potato** [pətéɪtoʊ] | じゃがいも |
| 2267 | **pumpkin** [pʌ́mpkɪn] | かぼちゃ　※皮がオレンジ色で Halloween でも使われる。 |
| 2268 | **red bean** | あずき，赤いんげん豆 |
| 2269 | **scallion** [skǽljən] | 青ねぎ　≒ spring onion |
| 2270 | **soybean** [sɔ́ɪbìːn] | 大豆 |
| 2271 | **spinach** [spínɪtʃ] | ほうれん草 |
| 2272 | **squash** [skwɑ́ːʃ] | かぼちゃ　※皮が緑色の，日本で食されるもの。 |
| | **tomato** [təméɪtoʊ] | トマト |
| 2273 | **turnip** [tə́ːrnəp] | かぶ |

☑☑

# More! ❻ Clothes——衣服

音声 

● トップス

|  |  |  |
|---|---|---|
| 2274 ☐ | **blouse** [bláus, bláuz] | ブラウス |
| | **coat** [kóut] | コート |
| 2275 ☐ | **short-sleeved shirt** | 半袖シャツ |
| 2276 ☐ / 2277 ☐ | **hooded sweatshirt** ／ **hoodie** [hú:di] | パーカー |
| | **jacket** [dʒǽkɪt] | ジャケット，上着 |
| 2278 ☐ | **long-sleeved shirt** | 長袖シャツ |
| 2279 ☐ | **sleeveless shirt** | ノースリーブのシャツ |
| 2280 ☐ | **sweatshirt** [swétʃə̀:rt] | ジャージ，トレーナー　※ trainerは「指導者」の意味であることに注意。 |
| | **sweater** [swétər] | セーター |
| 2281 ☐ | **tank top** | タンクトップ |
| 2282 ☐ | **T-shirt** [tí:ʃə̀:rt] | Tシャツ |
| 2283 ☐ | **vest** [vést] | ベスト |

● ボトムス

|  |  |  |
|---|---|---|
| 2284 ☐ | **jeans** [dʒí:nz] | ジーンズ（のズボン） |
| 2285 ☐ | **pants** [pǽnts] | 《米》パンツ，ズボン |
| | **skirt** [skə́:rt] | スカート |
| 2286 ☐ | **trousers** [tráuzərz] | 《英》ズボン |

● その他

|  |  |  |
|---|---|---|
| 2287 ☐ | **dress** [drés] | ワンピース，ドレス　※ one-piece は通例，ワンピースの水着，子供のつなぎ服などを指す。 |
| | **suit** [sú:t] | スーツ |

## ●下着・水着

|  |  |  |
|---|---|---|
| 2288 | **underpants** [ʌ́ndərpæ̀nts] | （下着の）パンツ |
| 2289 | **undershirt** [ʌ́ndərʃə̀ːrt] | （下着の）シャツ，肌着 |
| 2290 | **underwear** [ʌ́ndərwèər] | 〈集合的に〉下着類，肌着類 |
| 2291 | **stockings** [stɑ́ːkɪŋz] | 〈通例複数形〉（女性用の膝の上まである）長い靴下 |
| 2292 | **socks** [sɑ́ːks] | 〈通例複数形〉靴下 |
| 2293 | **panty stockings** | 〈通例複数形〉ストッキング |
| | **swimsuit** [swímsùːt] | （一般的に女性の）水着　= swimming suit |
| 2294 | **trunks** [trʌ́ŋks] | 〈通例複数形〉（水泳用の男性の）パンツ ※男性用下着のトランクスは (boxer) shorts と言う。 |

## ●帽子・小物・靴

|  |  |  |
|---|---|---|
| 2295 | **bag** [bǽg] | かばん |
| 2296 | **cap** [kǽp] | （縁のない）帽子，キャップ |
| 2297 | **hat** [hǽt] | （縁のある）帽子 |
| 2298 | **knit cap** | ニット帽　※knit（ニット）のつづりと発音[nít]に注意。 |
| | **gloves** [glʌ́vz] | 〈通例複数形〉手袋 |
| 2299 / 2300 | **necktie** [néktàɪ] ／ **tie** [táɪ] | ネクタイ |
| 2301 | **scarf** [skɑ́ːrf] | スカーフ；マフラー |
| 2302 | **boots** [búːts] | 〈通例複数形〉ブーツ |
| 2303 | **leather shoes** | 〈通例複数形〉革靴 |
| 2304 | **sandals** [sǽndlz] | 〈通例複数形〉サンダル |
| | **shoes** [ʃúːz] | 〈通例複数形〉靴 |
| 2305 | **sneakers** [sníːkərz] | 〈通例複数形〉スニーカー |

## ●「～を身につける」

|  |  |
|---|---|
| **put on ～** | ～を身につける〔着る，履く，かぶる〕 ※身につける動作 |
| **wear** [wéər] | ～を身につけている〔着ている，履いている，かぶっている〕　※身につけている状態 |

3 More!

# More! ❼ Electronic Appliances ——電化製品

音声

|  |  |  |
|---|---|---|
| 2306 | **air cleaner** | 空気清浄機 |
| 2307 | **air conditioner** | エアコン，クーラー |
| 2308 | **battery charger** | 充電器 |
| 2309 | **desk lamp** | 電気スタンド |
| 2310 | **dryer** [dráɪər] | 乾燥機 |
| | **fan** [fǽn] | 扇風機；うちわ |
| | **hair dryer** | ドライヤー |
| 2311 | **heater** [híːtər] | ストーブ　※ stove は「(料理用の) コンロ；暖炉」の意味であることに注意。 |
| 2312 | **humidifier** [hjuːmídəfàɪər] | 加湿器　⇔ dehumidifier (除湿機) |
| 2313 | **iron** [áɪərn] | アイロン；鉄 |
| 2314 | **printer** [príntər] | プリンター |
| 2315 | **scanner** [skǽnər] | スキャナー |
| 2316 | **shredder** [ʃrédər] | シュレッダー |
| 2317 | **vacuum cleaner** | 掃除機 |
| | **washing machine** | 洗濯機 |

# More! ⑧ PC, Smartphone ——パソコン・スマートフォン

音声 

## ●ハードウェア・ソフトウェア

|  |  |  |
| --- | --- | --- |
| 2318 | **application** [æ̀plɪkéɪʃən] | アプリケーション |
| 2319 | **desktop (computer)** | デスクトップパソコン |
| 2320 | **keyboard** [kíːbɔ̀ːrd] | キーボード |
| 2321 | **laptop (computer)** | ノートパソコン |
| 2322 | **monitor** [mɑ́ːnətər] | モニター |
| 2323 | **mouse** [máʊs] | （コンピューターの）マウス |
| 2324 | **personal computer 〔PC〕** | パソコン |
| 2325 | **smartphone** [smɑ́ːrtfòʊn] | スマートフォン，スマホ |
| 2326 | **software** [sɔ́(ː)ftwèər] | ソフトウェア ⇔ hardware（ハードウェア） |

## ●操作

|  |  |  |
| --- | --- | --- |
| 2327 | **attach** [ətǽtʃ] | （ファイル）を添付する；を貼り付ける |
| 2328 / 2329 | **boot (up)** ／ **start (up)** | を起動する，を立ち上げる |
| 2330 | **browse** [bráʊz] | （ウェブサイトなど）を閲覧する |
| 2331 | **close down an application** | アプリケーションを終了する |
| 2332 | **drag** [drǽg] | をドラッグする；を引きずる |
| 2333 | **install** [ɪnstɔ́ːl] | をインストールする |
| 2334 | **left-click** [léftklɪ̀k] | 左クリックする；左クリック |
| 2335 | **open a file** | ファイルを開く ⇔ close a file（ファイルを閉じる） |
| 2336 | **overwrite** [òʊvərráɪt] | に上書きする |
| 2337 / 2338 | **reboot** [rìbúːt] ／ **restart** [rìstɑ́ːrt] | を再起動する |
| 2339 | **right-click** [ráɪtklɪ̀k] | 右クリックする；右クリック |
| 2340 | **save** [séɪv] | （データ）を保存する；を救う；を蓄える |
| 2341 | **scroll** [skróʊl] | スクロールする |
| 2342 | **start an application** | アプリケーションを起動する |
| 2343 | **tap** [tǽp] | をタップする |
| 2344 | **turn on silent mode** | マナーモードにする |
|  | **type** [táɪp] | をタイプする，を打ち込む |

# More! ⑨ Stationery——文房具

音声 

●筆記用具

|  |  |  |
|---|---|---|
| 2345 | **ballpoint pen** | ボールペン |
| 2346 | **erasable ballpoint pen** | 消せるボールペン |
| 2347 | **eraser** [ɪréɪsər, ə-] | 消しゴム |
| 2348 | **felt tip pen** | サインペン |
| 2349 | **fountain pen** | 万年筆 |
| 2350 | **highlighter** [háɪlàɪtər] | 蛍光ペン |
| 2351 | **mechanical pencil** | シャープペン |
| 2352 | **notebook** [nóʊtbʊ̀k] | ノート |
| 2353 | **notepad** [nóʊtpæ̀d] | メモ帳 |
| 2354 | **pencil** [pénsl] | 鉛筆 |
| 2355 | **whiteout** [wáɪtàʊt] | 修正液 |

●事務用品

|  |  |  |
|---|---|---|
| 2356 | **box cutter** | カッター |
| 2357 | **calculator** [kǽlkjəlèɪtər] | 電卓 |
| 2358 | **clip** [klíp] | クリップ |
| 2359 | **glue** [glúː] | のり |
| 2360 | **Post-it** [póʊstɪt] | [商標] 付箋 |
| 2361 | **ruler** [rúːlər] | 定規 |
| 2362 | **scissors** [sízərz] | はさみ |
| 2363 | **stapler** [stéɪplər] | ホチキス |
| 2364 / 2365 | **thumbtack** [θʌ́mtæ̀k] ／ **drawing pin** | 画びょう |

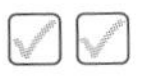

# More! ⑩ Subject——教科・科目

音声 

|  |  |  |
| --- | --- | --- |
| 2366 | **classical Japanese** | 古典 |
| 2367 | **Japanese language** | 国語 |
| 2368 | **arithmetic** [əríθmətìk] | 算数；計算能力 |
| 2369 | **mathematics** [mæ̀θəmǽtɪks] | 数学 |
| 2370 | **algebra** [ǽldʒəbrə] | 代数（学） |
| 2371 | **geometry** [dʒiɑ́ːmətri] | 幾何学 |
| 2372 | **biology** [baɪɑ́ːlːədʒi] | 生物 |
| 2373 | **chemistry** [kéməstri] | 化学 |
| 2374 | **physics** [fízɪks] | 物理 |
|  | **science** [sáɪəns] | 理科；自然科学；～学 |
| 2375 | **ethics** [éθɪks] | 道徳，倫理 |
| 2376 | **geography** [dʒiɑ́ːgrəfi] | 地理 |
| 2377 | **Japanese history** | 日本史 |
| 2378 | **social studies** | 社会 |
| 2379 | **world history** | 世界史 |
| 2380 | **Chinese** [tʃàɪníːz, ˊˋ] | 中国語 |
| 2381 | **English** [íŋglɪʃ, íŋlɪʃ] | 英語 |
| 2382 | **French** [fréntʃ] | フランス語 |
| 2383 | **German** [dʒə́ːrmən] | ドイツ語 |
|  | **art** [ɑ́ːrt] | 美術；芸術；美術品 |
|  | **arts and crafts** | 図画工作 |
| 2384 | **health and physical education** | 保健体育 |
| 2385 | **home economics** | 家庭科 |
|  | **information** [ìnfərméɪʃən] | 情報 |
|  | **music** [mjúːzɪk] | 音楽 |
|  | **P.E.** | 体育　= physical education |

3 More!

## More! ⑪ Sickness, Illness, Diseases (Symptoms) ——病気・症状

音声 

### ●病気

|  |  |  |
|---|---|---|
| 2386 | **anemia** [əníːmiə] | 貧血 |
| 2387 | **asthma** [ǽzmə] | 喘息 |
| 2388 | **atopy** [ǽtəpi] | アトピー |
| 2389 | **cancer** [kǽnsər] | がん |
| | **cold** [kóuld] | 風邪；冷たい，寒い |
| 2390 | **diabetes** [dàɪəbíːtiːz] | 糖尿病 |
| 2391 | **flu** [flúː] | 〈通例 the ～で〉インフルエンザ |
| 2392 | **influenza** [ìnfluénzə] | インフルエンザ |
| 2393 | **hay fever** | 花粉症 |
| 2394 | **heatstroke** [híːtstròuk] | 熱中症 |
| 2395 | **high〔low〕blood pressure** | 高〔低〕血圧 |
| 2396 | **hives** [háɪvz] | じんましん |
| 2397 | **measles** [míːzlz] | はしか |

### ●症状

|  |  |  |
|---|---|---|
| 2398 | **cavity** [kǽvəti] | 虫歯　※ cavity は「くぼみ」の意味。 |
| 2399 | **decayed tooth** | 虫歯　※ decay は「を腐らせる」の意味。 |
| 2400 | **cough** [kɔ́(ː)f] | 咳 |
| 2401 | **constipation** [kɑ́ːnstəpéɪʃən] | 便秘 |
| 2402 | **diarrhea** [dàɪəríːə] | 下痢 |
| | **fever** [fíːvər] | 熱 |
| 2403 | **hangover** [hǽŋòuvər] | 二日酔い |
| 2404 | **heartburn** | 胸焼け |
| 2405 | **nausea** [nɔ́ːziə, -ʒə] | 吐き気 |
| 2406 | **runny nose** | 鼻水 |

### ●痛み

|  |  |  |
|---|---|---|
| 2407 | **backache** [bǽkèɪk] | 腰痛 |
| | **headache** [hédèɪk] | 頭痛 |

| | | |
|---|---|---|
| 2408 | **menstrual cramps** | 生理痛 |
| 2409 | **migraine** [máɪgrèɪn] | 片頭痛 |
| 2410 | **stiff shoulder** | 肩こり |
| | **stomachache** [stʌ́məkèɪk] | 腹痛 |
| 2411 | **toothache** [tú:θèɪk] | 歯痛 |

## ●けが

| | | |
|---|---|---|
| 2412 | **bruise** [brú:z] | 打ち身，あざ |
| 2413 | **burn** [bə́:rn] | やけど |
| 2414 | **injury** [índʒəri] | 〈事故などによる〉けが |
| 2415 | **scar** [ská:r] | 〈切り傷，やけどなどの〉傷 |
| 2416 | **scrape** [skréɪp] | すり傷；をすりむく |
| 2417 | **scratch** [skrǽtʃ] | 傷，ひっかき傷；にかき傷をつける |
| 2418 | **sprain** [spréɪn] | ねんざ |
| 2419 | **wound** [wú:nd] | 〈刃物や銃による〉けが；を傷つける |

## ●症状・辛さを伝える，その他

| | | |
|---|---|---|
| | **catch a cold〔the flu〕** | 風邪をひく；インフルエンザにかかる |
| 2420 | **feel dizzy〔nauseous〕** | めまいがする；吐き気を催す |
| | **have a cold〔the flu；a fever〕** | 風邪をひいている；インフルエンザにかかっている；熱がある |
| 2421 | **have an allergy to ～ (milk；eggs)** | ～（牛乳；卵）にアレルギーがある |
| | **hurt** [hə́:rt] | （身体の一部が）痛む |
| 2422 | **suffer (from) ～ (heatstroke; hay fever)** | ～（熱中症；花粉症）にかかる〔苦しむ〕 |
| 2423 | **suffer** [sʌ́fər] | に苦しむ，を被る；〈**suffer from** ～で〉～に苦しむ，～を患う |
| 2424 | **twist *one's* ～ (ankle；wrist)** | ～（足首；手首）をねんざする |
| 2425 | **vomit** [vá:mət] | 吐く |
| 2426 | **medicine** [médəsn] | 薬　take a medicine（薬を飲む） |

3 More!

1300 1400 1500 1600 1700 1800 1900 2000 2100 2200 2300 2400

# INDEX

1) 見出し語 (=通しNo.を振ってある語) を掲載しています。
2) 数字は掲載ページ数を表します。イタリックは再掲載ページを表しています。

## A

## INDEX



### B

## D

## F

## G

## I

## M

## T

## INDEX

## 【参考文献】

### [辞書]

『ウィズダム英和辞典』(三省堂)
『エースクラウン英和辞典』(三省堂)
『オーレックス英和辞典』(旺文社)
『ジーニアス英和辞典』(大修館書店)
『ジュニア・アンカー英和辞典』(学研プラス)
『ジュニアプログレッシブ英和辞典』(小学館)
『新英和中辞典』(研究社)
『スーパー・アンカー英和辞典』(学研プラス)
『プログレッシブ英和中辞典』(小学館)
『マイスタディ英和辞典』(旺文社)
『ロングマン英和辞典』(桐原書店)

### [参考サイト]

Cambridge Dictionary Online
Collins Online Dictionary
Longman Dictionary of Contemporary English Online
Weblio英和辞典・和英辞典

### [参考資料]

『CEFR-J Wordlist Version 1.6』東京外国語大学投野由紀夫研究室.
(URL: http://www.cefr-j.org/data/CEFRJ_wordlist_ver1.6.zip#back より2022年5月ダウンロード)
「CEFR-J Grammar Profile 教員版」
(URL: http://www.cefr-j.org/PDF/sympo2020/CEFRJGP_TEACHERS.pdf#back より2022年4月21日ダウンロード)

【編著者略歴】

**松本　茂**（まつもと・しげる）
東京国際大学言語コミュニケーション学部教授。立教大学名誉教授。コミュニケーション教育学専攻。
「松本茂のはじめよう英会話」「リトル・チャロ 2」「おとなの基礎英語」など長らくNHKのテレビ・ラジオ番組の講師および監修者を務めてきた。現在はNHKラジオ「基礎英語」（4番組）シリーズ全体監修者および「中学生の基礎英語レベル2」講師（2023年4月より），東京都英語村（TGG）プログラム監修者も務めている。
著作：『速読速聴・英単語』シリーズ（Z会，監修），『会話がつづく！ 英語トピックスピーキング』（Z会），『頭を鍛えるディベート入門』（講談社）他，多数。

**Gail K. Oura**（ゲイル・K・オーウラ）
英文ライター。サンタクララ大学卒業。ハワイ大学大学院修士課程修了（コミュニケーション学専攻）。東海大学講師，上智短期大学助教授などを経て現職。著作：『速読速聴・英単語 Daily 1500』，『速読速聴・英単語 Core 1900』，『速読速聴・英単語 Opinion 1100』，『速読速聴・英単語 Business 1200』，『速読速聴・英単語 Advanced 1100』，『TOEIC® TEST 速読速聴・英単語 STANDARD 1800』，『TOEIC® TEST 速読速聴・英単語 GLOBAL 900』（Z会，共著）。

**Robert L. Gaynor**（ロバート・L・ゲイナー）
英文ライター。ルイス＆クラーク大学卒業。ポートランド州立大学大学院修士課程修了（TESOL 専攻）。東海大学講師などを経て現職。著作：『速読速聴・英単語 Daily 1500』，『速読速聴・英単語 Core 1900』，『速読速聴・英単語 Opinion 1100』，『速読速聴・英単語 Business 1200』，『速読速聴・英単語 Advanced 1100』，『TOEIC® TEST 速読速聴・英単語 STANDARD 1800』，『TOEIC® TEST 速読速聴・英単語 GLOBAL 900』，『会話がつづく！ 英語トピックスピーキング Story 2 英語で仕事！編』（Z会，共著）

【音声吹き込み】
Howard Colefield（アメリカ）
Anya Floris（アメリカ）

書籍のアンケートにご協力ください

抽選で図書カードを
プレゼント！

Z会の「個人情報の取り扱いについて」はZ会Webサイト（https://www.zkai.co.jp/home/policy/）に掲載しておりますのでご覧ください。


## 速読速聴・英単語　Basic 2400 ver. 4

初版第1刷発行……………………… 2002年12月10日
ver. 2 第1刷発行………………… 2008年 1月20日
ver. 3 第1刷発行………………… 2015年 3月10日
ver. 4 第1刷発行………………… 2023年 3月10日
ver. 4 第4刷発行………………… 2024年 7月 1日
監修者……………………………… 松本茂
発行人……………………………… 藤井孝昭
発行………………………………… Z会
〒411-0033 静岡県三島市文教町1-9-11
【販売部門：書籍の乱丁・落丁・返品・交換・注文】
TEL 055-976-9095
【書籍の内容に関するお問い合わせ】
https://www.zkai.co.jp/books/contact/
【ホームページ】
https://www.zkai.co.jp/books/
単語説明イラスト………………… 久野仁
執筆協力…………………………… 松本祥子（株式会社そうだね）
翻訳協力…………………………… 西田直子
編集協力…………………………… 株式会社 シー・レップス
校閲協力…………………………… 堀田史恵（株式会社にこにこ），山下友紀
装丁………………………………… 犬飼奈央
録音・編集………………………… 一般財団法人 英語教育協議会（ELEC）
印刷・製本………………………… シナノ書籍印刷株式会社




ISBN978-4-86290-417-1 C0082